JN443993

[제3판]

영유아 생활지도

김정희 · 이용주 · 조숙영

KNOWLEDGE COMMUNITY 공동체

우리 사회는 현재 저출산이라는 국가적 위기를 실감하고 있는데, 이는 자녀를 출산하고 양육하는 것이 여러모로 어려운 일임을 증명하는 것이다. 특히 영유아기 자녀를 양육하는 데 있어 부모와 교사는 과거와 다른 영유아의 생활방식과 행동 습관의 특성과 문제들로 인해 어떻게 지도해야 할지 혼동과 갈등을 경험한다. 특히 영유아교육기관을 이용하는 대상자의 연령은 점점 하향화되고, 장시간 가정 밖인 유치원과 어린이집 등의 기관에서 영유아의 생활이 이루어지고 있다. 이를 감안할 때 과거 부모에 의해 자녀의 인성과 생활습관 등이 길러졌다면 이제 영유아기의 생활과 바람직한 태도나 성향, 사회적 행동 등은 기관의 교사에 의해 교육되는 비중이 점점 높아지고 있다.

영유아를 대상으로 한 생활지도란 영유아의 성격이나 적응에 관련된 문제뿐 아니라 기본생활교육, 사회생활교육, 건강교육, 안전교육, 환경교육과 관련된 여러 가지 문제를 종합적으로 포함한다. 전문적인 교사의 책임하에 영유아로 하여금 자기 자신과 자신이 살고 있는 환경에 대한 이해와 통찰을 통해 자율적이고 자주적인 생활습관을 가지고 보다 안정되고 통합된 성장 · 발달을 하도록 조직적이고도 전문적으로 도와주는 교육활동이 바로 생활지도인 것이다.

전통적인 관점에서 훈육은 대체로 가정에서 자녀가 본보기가 되는 대상을 관찰하고 행동을 배우도록 하는 것이며, 부모는 자녀가 바람직한 행동을 하도록 이끌고 바로잡는 일이라고 보았다. 그리하여 자녀들은 권위나 통제에 순종하여 부모가 바라거나 옳다고 생각하는 것을 따르고, 바람직하지 못한 행동을 하였을 때는 체벌을 통해서 통제를 받게 된다. 이러한 전통적인 훈육의 의미는 점차 발달심리의 연구와 아동중심적인 사상의 확산을 계기로, 어른에 의한 훈육보다는 영유아 자신의 자율적인 자기통제에 의한 훈육의 개념으로 수용되고 있다. 이로 인해 점차 훈육보다는 생활지도라는 용어를 사용하는 경향으로 변화되었다.

이 책은 현재 영유아를 양육하거나 가르치는 부모나 교사들뿐만 아니라 미래의 영유아들을 책임질 예비유아교사들에게 실질적인 도움을 제공하기 위해 집필되었다. 먼저 생활지도의 기본적인 이론을 이해하고 구체적인 상황에서 어떻게 영유아를 지도해야 할 것인지에 대한 실제를 종합적으로 다루었다. 영유아교육기관에서 오래된 교사경험이 있는 현직의 대학 교수들이 모여 영유아기의 생활지도의 중요성을 절감한 가운데 대학을 비롯한 유아교사양성기관에서 충분히 활용될 수 있는 내용으로 집필하는 데 정성을 기울였다.

이 책은 총 3부로 구성하였다. 먼저 제1부에서는 영유아 생활지도의 기초를 영유아 생활지도의 이해 측면과 영유아의 발달 및 행동 특성, 영유아 생활지도와 관련된 이론적 접근을 통해 정리하였다. 제2부에서는 영유아 생활지도와 관련된 교육의 역할과 교사의 생활지도의 운영원리와 환경구성의 실제, 영유아 행동 분석방법을 구체적으로 제시하였다. 마지막 제3부에서는 교육현장에서 활용할 수 있는 영유아 생활지도의 실제를 영아와 유아로 구분하여 이들의 발달심리 특성을 반영한 실제적인 내용들로 구성하였다. 영유아기에 나타날 수 있는 문제행동을 효율적으로 지도하기 위한 접근법을 몇 가지 차원에서 제시하였고, 영유아의 문제행동 지도의 실제를 다루었다.

집필을 시작하였을 때 저자들의 포부는 컸으나 마무리하는 시점에서 아쉬움이 있다. 영유아교육현장과 예비교사를 양성하는 대학 등의 교육기관에서 다만 이 책이 교사들의 역량을 한층 높이는 데 조금이나마 보탬이 되길 간절히 바라는 마음으로 이 책을 세상에 내놓는다. 바쁜 일정 속에 집필과정을 끝까지 도와주시고 좋은 책으로 발간되도록 애쓰신 공동체 출판사 가족 여러분께 진심으로 감사의 마음을 전달한다.

2025년 8월

저자 일동

Contents

PART 2 영유아 생활지도와 관련된 교육의 역할

PART 3 영유아 생활지도의 실제

PART 01

영유아 생활지도의 기초

Chapter 1

영유아 생활지도의 이해

이 장에서는 영유아의 발달행동 특성을 기초로 일반적인 영유아 생활지도를 이해하기 위해 필요한 생활지도의 기본 개념과 목표, 생활지도가 필요한 이유와 생활지도에서 다루어야 할 내용과 지도원리에 대해 살펴보고자 한다.

학습목표

1. 영유아 생활지도의 개념과 목표를 제시하고, 영유아 생활지도의 필요성을 설명한다.
2. 영유아 생활지도의 내용을 기본생활습관 지도, 예의범절 지도, 건강, 안전 및 영양 지도의 차원에서 이해한다.
3. 영유아 생활지도의 원리와 방향을 제시한다.
4. 영유아 생활지도를 위한 교사의 자질과 역할을 설명하고, 생활지도를 계획할 때 고려해야 할 사항을 이해한다.

1. 영유아 생활지도의 개념

1) 영유아 생활지도의 개념

영유아 생활지도의 목표는 각 개인이 자기의 문제를 스스로 해결할 수 있는 능력과 새로운 환경에서의 적응능력을 길러주는 데 있다. 생활지도는 영유아가 자기 자신에 대한 이해를 깊게 하여, 자율적이고 자주적인 생활습관을 가지고, 보다 안정되고 통합된 성장과 발달을 하도록 체계적이고 전문적으로 도와주는 과정이기도 하다. 생활지도의 초점은 영유아가 보이는 문제 자체를 수정해 주는 것에 중점을 두기보다는 개인의 자율적 성장을 촉진시키는 것에 의미가 있다. 현실적으로 유아들은 지적 · 정서적 · 신체적 · 사회적으로 미성숙하고, 발달해 나가는 과정에 있으므로 생활 속에서 부딪히게 되는 문제나 위기를 스스로 해결해 나가기 어렵다. 따라서 교사와 부모는 영유아들이 겪는 문제를 바르게 인식하고 해결해 나갈 수 있도록 지원해야 한다.

영유아를 대상으로 한 생활지도는 훈육, 유아행동지도, 버릇 고치기 등 여러 가지 용어로 사용되어 왔는데, 전통적으로는 훈육이라는 개념이 많이 쓰이고 있다. 훈육(discipline)은 유아의 행동을 변화시키거나 통제하려는 시도로 이루어지는 모든 행동이나 말로 정의된다. 훈육은 라틴어의 'disciplina'에서 유래된 말로 지시하거나 가르치는 것을 의미한다(Morrison, 2001). 전통적인 관점에서 훈육은 본보기가 되는 대상을 관찰하고 행동을 배우도록 하는 것이며, 유아가 바람직한 행동을 하도록 이끌고 바로잡는 일이라고 보았다. 따라서 유아들은 권위나 통제에 순종하여 부모나 교사들이 기대하거나 옳다고 생각하는 것을 따르고, 바람직하지 못한 행동을 하였을 때는 벌이나 체벌을 통해서 통제를 받게 된다. 이러한 전통적인 훈육의 의미는 아동중심적인 사상이 확산됨에 따라 어른에 의한 훈육보다는 영유아 자신의 자율적인 자기통제에 의한 훈육의 개념으로 수용되고 있다. 이로 인해 점차 훈육보다는 생활지도라는 용어를 사용하는 경향으로 변화되었다(조운주 · 최일선, 2011).

생활지도란 모든 교육적 활동의 개념을 가지고 유아교육기관뿐 아니라 가정이나 사회에서의 일상생활을 통해 이루어지는 모든 학습 경험을 포함한다. 영유아들에게는 생활 자체가 교육적 의의를 지니기 때문에 생활과 교육은 밀접한 관계를 가지고 있다. 그러므로 영유아 생활지도는 영유아의 성격이나 적응에 관련된 문제뿐 아니라 기본생활교육, 사회생활교육, 건강교육, 안전교육, 환경교육과 관련된 여러 가지 문제를 종합적으로 다루어야 한다. 따라서 생활지도는 부모나 교사가 모든 영유아를 대상으로 개인과 그 주위 세계에 대한 이해능력 향상, 현명한 선택과 가치판단, 독립적이고 자율적이며 책임감 있는 결정력 개발, 여러 가지 문제해결 능력 향상, 영유아의 미래 준비와 자아실현을 원조하기 위한 학문적 이론과 실증적 연구를 토대로 한 일련의 지속적인 조력 과정이다(정용부 · 고영인 · 신경일, 1998).

생활지도는 크게 두 가지 의미가 포함되어 있다. 한 가지는 인간이 생활해 나가는 데 필요한 행위가 무엇인지, 어떻게 하는 것이 이로운지를 알게 하는 것이고, 다른 한 가지는 그 행위를 지속적으로 습관화하는 것이다. 생활습관의 의미는 국어대사전에 의하면 "평소의 생활에서 어떤 의식형태가 고정되어 그것이 언제나 같은 형태로 무의식중에 나타나게 된 것"으로 정의되어 있다(이대균 · 송정원, 2005). 따라서 생활습관이란 사람으로서 생활하는 데 지녀야 할 기본 자질을 몸에 익히는 것으로, 출생에서부터 세상을 살아가면서 익히고 지속적으로 행해지는 특정한 행동과 사고를 말한다. 이러한 습관은 주변 환경에 적응해 가면서 일정한 행동이 반복되었을 때 형성되며 "세 살 버릇 여든 간다"는 속담에서처럼 한 번 형성된 습관은 유아기 이후에는 쉽게 변하지 않는 특성을 지니고 있다(심은혜, 2001).

생활습관은 인지적인 학습 이전에 갖추어야 할 기본적인 요소이다. 특히 인지적인 교수 · 학습에 앞서 가장 중요한 것은 다른 학습을 잘 받아들일 수 있게 하는 기본적인 것, 즉 건강, 학습태도, 정서적인 안정, 절제, 정리정돈 습관, 다른 유아와의 평화로운 관계, 교사와의 신뢰관계, 적극적인 참여, 적절한 방법으로의 감정과 의사 표현 등과 관련된 것이다.

영유아 생활지도의 개념은 유아교육을 보는 관점과 유아기의 의미에 대한 견해, 유아의 생활 특성의 이해에 따라 달라질 수 있는데, 다음의 관점에서 접근할 수 있다.

첫째, 유아교육을 조기교육, 특수교육, 또는 취학 전의 준비교육으로, 보호의 기능을 강조한 교육 등으로 보는 입장도 있었으나 현재의 바람직한 경향은 유아교육을 전인교육의 관점에서 이해하고 있다. 즉, 유아로 하여금 그 연령 단계에서 이를 수 있는 최대한의 발달을 여러 영역에서의 통합적인 방법으로 돕는 데 그 의의를 두고 있는 것이다. 따라서 유아의 생활교육은 따로 분리된 생활교육의 장에서만 이루어지는 것이 아니라 여러 발달영역과 교육내용 전반에서 지식과 행위의 통합 형태로 접근하는 것으로 이해되어야 한다(이대균 · 송정원, 2005).

둘째, 유아기를 보는 현대적인 관점 역시 다음 시기나 성인의 시기를 준비하기 위해 유아 시기에 누려야 할 것들을 무시하고 현재의 삶과 상관없는 노력만을 해야 하는 단계로 보지 않는다. 유아기는 그 자체로의 독특한 의미가 있고 즐길 수 있어야 하며 현 시기를 편리하게 지낼 수 있어야 한다. 이는 아동기의 생활교육과는 다른 유아기에 맞는 생활교육이 이루어져야 함과 유아기를 적절히 돕는 데 초점을 맞춘 개념 정의가 필요함을 의미한다.

셋째, 유아의 생활 특성을 고려한 개념 정의가 필요하다. 유아기 생활의 특징은 가정과 밀착되어 있으며, 유아의 생활과 교육의 장이 분리되어 있지 않다. 또한 유아교육에서는 생활교육이 차지하는 비중이 크고 중요하다. 기존 사회가 만들어서 익숙하게 행해 오는 법, 규칙, 규범, 바람직하다고 생각하여 강요하는 요구들이 이미 있기 때문에 유아 시기부터 습득해야 할 정신적 · 실천적 사항들이 많다. 전통적으로 사회에서 기대하는 바가 생활과 교육을 완전히 분리하여 생각하기에는 현실적으로 불가능하므로 하므로 유아의 생활 속에서 이루어져야 함을 시사한다. 생활 그 자체가 너무나도 큰 교육적 의미를 지니기 때문이다.

넷째, 유아기의 생활지도를 이해할 때 상급학교의 '생활지도'라는 것과는 다름을 고려해야 한다. 유아기에는 생활이 놀이 활동의 연속으로 이루어져 있다. 놀이 활동과 교육이 분리하여 이루어질 수 없듯이 생활교육 역시 놀이 활동을 통하여 교육되어야 한다. 유아들은 자발적인 상황에서 재미를 느낄 때 효과적으로 학습한다. 따라서 유아를 위한 생활교육은 강요와 훈계로 이루어지는 것보다는 놀이상황에서 즐거움을 동반하면서 다양한 방법으로 이루어져야 한다.

위의 개념들을 고려할 때, 생활지도라는 것은 우리의 눈에 보이는 행동으로 나타나는 것만이 아닌 그 행동을 일으키고 지속시키는 사고와 정신이 포함되어야 함과 생활행동을 잘 할 수 있게 하는 기술 습득을 도와주는 교육이 뒤따라야 함을 시사한다. 이러한 의미에서 정리하면, 영유아 생활지도란 영유아의 현재와 미래의 편리하고 즐거운 생활을 위하여 이들의 생활 속에서 다양한 활동을 통해 판단과 결정능력 및 자율적이고 책임감 있는 사고와 그것을 실천할 수 있는 태도를 지니게 하며 생활기술을 습득하여 지속할 수 있도록 체계적으로 돕는 일이다.

2) 영유아 생활지도의 목표

교사나 부모는 아동의 생활 속에서 사소하게 보이는 부분까지도 교육을 하며 기대한다. 밀러(Miller, 2000)는 영유아 생활지도의 궁극적인 목표를 아동이 책임감, 자신감 그리고 자아통제감을 발달시키는 것이라고 말한다. 책임감 있는 성인이 되려면 영유아는 자신의 행동과 충동을 조절하는 방법을 배워야 한다.

이를 위해서 부모나 교사는 영유아를 지도할 때 먼저 어떤 유형의 사람으로 키우기를 바라는지 생각해 보아야 한다. 대부분의 성인들은 영유아가 바람직한 행동을 할 수 있도록 지도하는 것을 원한다. 그러나 바람직한 행동이 무엇인지의 기준은 사람마다 다르며 시대나 문화, 영유아의 연령에 따라서도 다를 것이다. 따라서 생활지도의 목표를 설정함에 있어 어떤 영유아가 다루기 쉬운지 여부보다 영유아가 사회에서 역할을 잘 수행할 수 있는지에 초점을 두는 것이 필요하다. 예를 들어, 성인의 지시나 규칙에 순종하는 사람이 되도록 지도하는 것을 목표로 한다면, 급변하는 사회에 능동적이며 도전적으로 대처하기보다는 정해진 것을 잘 따르는 수동적인 사람으로 성장할 수 있게 된다. 따라서 생활지도 시 즉각 해결되기를 바라는 행동에 초점을 두기보다 장차 사회의 일원으로서의 능력을 발휘할 수 있는 성격, 태도 등을 염두에 두어야 한다. 필드와 뵈세(Fields & Boesser, 1994)는 영유아 생활지도의 장기적 목표를 다음과 같이 설정하였다.

첫째, 영유아가 긍정적인 자아감을 가지고 성장하도록 돕는 것이다. 자기 존중감은 자신에 대한 가치, 자신의 능력, 자신의 영향력 등 3요소에 의해 결정된다(Kostelník, Stein, Whiren, & Soderman, 1993). 이 요소들은 자신뿐 아니라 타인으로부터 가치를 인정받고, 존중받으며, 자신이 상황을 조절할 수 있도록 허용될 때 키워진다. 특히 긍정적 자아감은 타인으로부터 영유아가 존중받고, 자신의 일에 대한 보상이 아니라 정당하게 평가받는 것에서 강화되므로 개인이 어떻게 취급받느냐는 중요하다. 영유아를 한 인격체로서 존중하는 것에서 생활지도는 시작되어야 하며 이를 통해 긍정적인 자아감을 갖도록 지원하는 것이 바람직하다.

둘째, 영유아가 자기통제력을 가지고 성장하도록 돕는 것이다. 여기서의 자기통제력은 타인이 강요하여 따르기보다는 개인적 가치와 사회적 기대에 맞게 자신의 행동을 자발적으로 조절할 수 있는 능력이라고 본다(Marion, 1991). 영아는 처음에는 외적인 통제에 의해 행동하다가 2세경부터 점차 내적으로 통제할 수 있는 능력이 생긴다. 자기통제력은 외적 기준과 자신의 행동 간의 차이로부터 느끼게 되는 죄책감과 다른 사람의 감정을 인식하고 공유하는 감정이입의 정서적인 요인, 다른 사람의 관점에서 조망하는 능력, 원인과 결과에 대한 이해, 기억력, 언어 등의 인지적인 요인에 의해 결정된다.

셋째, 영유아에게 도덕적 자율성을 갖도록 돕는 것이다. 도덕적 자율성은 보상과는 상관없이 타인의 관점을 고려하여 스스로 결정을 내리는 능력이다. 피아제(Piaget)는 자율성 발달은 상호 존중이 기본이 되어야 하며, 다른 사람과의 상호작용을 통해 스스로 도덕적 가치를 구성한다고 보았다(Kami, 1985).

대부분 부모나 교사는 현재 직면하는 행동이나 문제의 해결에 초점을 두어 빠른 효과를 볼 수 있는 방법을 찾기 쉬우나, 오히려 빠른 해결방안은 아동이 긍정적 자아감, 자기통제력, 도덕적 자율성을 갖도록 도와주지 못한다. 그러므로 부모나 교사는 현재 직면한 문제나 행동의 해결책을 찾기보다는 장기적인 관점에서 영유아에게 경험을 통해 무엇을 가르칠 것인가를 먼저 생각할 수 있어야 할 것이다.

유아는 다른 유아와 함께하는 놀이시간 속에서 협동성을 배우고, 공동의 목표를 가지고 자기 주변의 환경과 적절한 관계를 맺고 성장한다. 즉, 공동생활에서의 관계의 중요성을 중요시하는 것으로 김진경(2002)은 유아들의 공동생활에서는 다음과 같은 네 가지 하위 목표가 있다고 제시하였다.

첫째, 예절 바르게 행동하고, 질서를 지키며 아껴 쓰는 생활습관을 가지도록 하며 일상적인 인간관계에서 비롯되는 식사, 옷차림, 인사, 언어 등의 기본 예절을 익힘으로써 집단의 규범을 수용할 수 있도록 한다. 정직과 질서는 자율적인 도덕성 발달에 토대가 되는 기본 덕목이므로, 사물의 차례나 순서를 익히고, 아껴 쓰고 절제하는 생활을 통해 질서, 예절 등의 기본생활습관의 다른 덕목과 연결되도록 하여, 일상생활에 필요한 사회적 규범과 문화를 따를 수 있도록 한다.

둘째, 긍정적 자아개념을 기초로 자신의 일을 계획하고 실천함으로써 자기조절

능력을 기르며, 개인생활 경험을 통해 다른 사람을 수용하고 존중할 수 있는 능력을 기른다. 유아의 자발적인 흥미와 요구를 기초로 주변 상황에 알맞게 통합, 조정함으로써 자기를 둘러싼 환경과 조화를 이루게 하는 것이다. 유아의 자율적인 생활태도는 우선 자신을 긍정적으로 생각하는 것에서부터 시작하여 스스로의 일을 계획하고 실천해 볼 수 있는 기회를 통해 자기조절 능력을 기르도록 지도한다.

셋째, 나와 다른 사람의 관계를 이해함으로써 서로 협력하고 더불어 살아가는 능력을 기르며, 가족의 소중함과 고마움을 느끼는 가운데 가족 구성원의 요구나 선호도 그리고 느낌을 수용하며 협력하고 화합하여 서로에게 만족감을 가져다주는 사회생활이 되도록 지도한다. 유아의 사회능력이 다른 사람과 함께 공유하고, 협동하며 의견을 나누는 과정을 통해 발달할 수 있도록 상황에 적합한 행동을 알려주고 타인의 권리를 존중하며, 자신의 느낌과 생각을 자유로이 표현할 수 있는 다양한 경험과 환경을 제공한다.

넷째, 우리가 살고 있는 사회와 환경에 대하여 관심을 가짐으로써 사회적 적응력을 기르며, 유능한 시민적 자질을 배양하기 위해서는 지역사회, 국가, 역사, 경제, 직업, 환경, 민족적 전통, 세계화, 정보화 등에 관한 지식과 비판적 · 창조적 사고과정을 보다 심화하고 정교하게 할 수 있도록 하는 사회학습의 기술능력이 필요하다. 더욱이 현대사회는 다양한 생활양식이 공존하고 있기 때문에 유아 자신이 속한 사회의 여러 가지 현상과 환경에 관심을 가지고, 개인생활, 가정생활, 집단생활을 함에 있어 지속적인 자원이 되도록 한다.

이 외에 많은 국내외 학자들이 영유아를 대상으로 생활지도를 할 경우 정립해야 할 목표를 제시하였는데, 〈표 1-1〉과 같다.

〈표 1-1〉 영유아 생활지도의 목표에 대한 학자들의 견해

Traxler & Humphreys(1954)	Muro & Kottman (1995)	박성수(1996)	김충기 외(2000)	김준규 외(2010)
• 자신을 정확하게 이해하기 • 자신의 노력으로 성장 가능성, 흥미, 여러 자질들을 발견, 발전시키기 • 당면한 문제를 파악해서 자기 힘으로 해결하기 • 다양한 생활환경 속에서 현명한 선택과 적응하기 • 건전하게 성숙하고 적응할 수 있는 기초 마련하기 • 발달의 모든 면에서 조화된 삶 누리기 • 사회 구성원으로서 공헌하기	• 사회적 상호작용을 통한 긍정적인 느낌 경험하기 • 학습활동 속에서 개인적인 의미 찾기 • 자신에 대한 긍정적인 감정, 정체감 기르기 • 학업기술을 계발하기 • 생활에 필요한 대처기술 학습하기 • 자신의 행동에 책임지기	• 자신의 능력, 성격, 신체적 조건 등을 정확하게 파악하는 통찰 및 자기 이해하기 • 정신 건강과 적응하기 • 건전한 성격 및 사회성 발달시키기 • 바른 생활습관 형성하기 • 적절한 학습을 촉진시키기	• 기본적인 생활습관과 예의범절 익히기 • 자율적 성장 돕기 • 자기 주변의 환경과 적절한 관계 맺기 • 협동성 신장시키기 • 전인적 성장과 발달하기	• 자신을 이해하고 당면한 문제를 스스로 선택, 판단하여 해결하기 • 조화로운 인격체로서 성장하기 • 개인차를 고려한 올바른 습관 형성하기 • 성숙한 민주시민으로 성장·발달하기

위의 여러 견해를 종합해 볼 때, 영유아 생활지도란, 모든 영유아가 안정되고 건전하며 통합된 성장과 발달을 이루도록 돕는 교육적인 활동이라는 데에 그 최종 목표가 있으며, 유아교육의 목적을 구현하기 위한 방법 중의 하나로서 유아의 저마다 독특한 발달 가능성을 발견하고, 계발할 수 있도록 도와 행복한 삶을 개척하도록 돕는 것이다. 이러한 목표를 달성하기 위하여 교사는 생활지도의 의의를 인식하고 생활지도의 절차와 방법에 익숙하여야 하며, 지도할 내용에 따라 전문적인 실천을 하도록 노력해야 할 것이다.

3) 영유아 생활지도의 필요성

사회가 산업화됨에 따라 사회의 주요 기능이 도시로 집중되었고, 이러한 도시화는 가족의 구조와 형태, 가족의식, 성역할, 가치관, 부모의 역할 등을 변화시켰다. 따라서 과거 가족에 의해 이루어졌던 자녀의 생활지도의 문제들을 교육기관에서 체계적으로 지도해야 하는 상황에 있다. 정보화 사회는 온갖 정보를 신속하고 정확하게 처리하는 이점도 있지만, 인간의 이기심과 개인주의적인 의식을 확대시키고 고립된 인간으로 살아가는 데 영향을 주기 때문에 남과 더불어 생활함으로써 자기 자신을 재발견하도록 하는 생활지도가 영유아기에 더욱 필요하다. 또한 국제화와 세계화 속에 영유아기부터 개인의 자유와 사회질서를 존중하는 민주시민으로 자랄 수 있게 하는 생활지도가 필요한 것이다.

영유아기는 변화 가능성이 높은 인생의 초기 단계로, 이 시기의 바람직한 생활지도는 미래의 성장과 발달에 기여할 수 있다. 따라서 유아들이 앞으로 직면하게 되는 다양한 변화에 대응하여 살아갈 수 있도록 적극적인 생활지도가 필요하다. 생활지도의 필요성을 사회적인 차원과 개인적 · 발달적 차원 등에서 살펴보면 다음과 같다(조운주 · 최일선, 2011).

(1) 사회적 필요성

첫째, 가족구조의 변화로 인해 영유아기의 생활지도가 필요하다. 가정이라고 하면 모든 사람들이 따뜻한 공간으로 알고 있다. 특히 유아에게 있어 가족은 앞으로 세상을 살아가면서 필요한 기본적인 생활습관을 배우는 곳이다. 그러나 현재는 핵가족이 다수를 차지하고 있으며, 여성 고학력자가 증가하면서 모성의 역할보다는 사회의 일원으로서의 역할이 더 중요시되고 있다. 결국 가족구조의 변화는 가족의 해체 위기를 가져왔으며 이로 인하여 이혼율의 증가와 저출산 시대에 직면하였다.

둘째, 문제행동의 증가로 인해 영유아기의 생활지도가 더욱 강조된다.

가족구조의 변화에 따른 영향력으로 가정에서의 역할이 축소됨에 따라 그만큼 아이들은 가정보다는 학원 및 대중매체에 쉽게 빠져들기 시작했다. 가정의 보살핌에서 점점 멀어지면서 문제행동은 날이 갈수록 증가하고 있으며 더 나아가 청소년기에 영향을 미칠 수 있다. 따라서 유아 시기의 잘못된 생활습관은 어느 순간 고착화되어 쉽게 고쳐지지 않기 때문에 인성의 기본 성향이 완성되는 유아기부터 긍정적인 사고를 가질 수 있도록 해야 한다.

셋째, 도시화 현상에 따른 변화에 있다. 현재 도시의 인구는 포화상태로 이에 따른 교육 혼잡, 주택 부족, 공해의 문제가 발생하고 있다. 이는 결국 도시 성원 간의 타산적 사고방식, 개인주의 성향, 가치관의 혼미 등을 야기하고 있다.

넷째, 환경의 오염이 생활지도의 필요성을 제기한다. 물질적으로 풍요로워지면서 각종 자원의 결핍과 환경오염 등으로 자연이 힘들어하고 있다. 또한 자연을 있는 그대로 활용하기보다는 가치창출의 관점으로 바라보면서 생태계는 더욱더 파괴되어 갔으며 이는 사람들의 가치관도 변하게 했다.

다섯째, 유아교육의 확대에 따라 기관에서의 생활지도의 필요성이 증가되고 있다. 유아교육이 점차 일반화되고 공교육화되어 가면서 교육받을 기회가 많아짐과 동시에 일찍부터 유아교육기관 생활을 경험하는 기간과 머무는 시간이 늘어나게 만든 조기교육의 열풍과 적기교육은 생활지도의 필요성을 부각시켰다.

(2) 개인적 · 발달적 필요성

첫째, 영유아기 성격형성을 위한 생활지도의 중요성을 들 수 있다(박정옥 · 김태인, 2011). 프로이트(Freud)는 유아기의 경험이 성격형성에 영향을 미친다고 하였으며, 에릭슨(Erikson)은 유아기에 이루어야 할 과업을 제시하면서 유아기의 중요성을 강조하였다. 유아기의 올바른 성격형성은 유아들의 정신적 성장과 사회성 발달에 도움이 될 수 있다.

둘째, 생활지도는 개인의 잠재적인 능력의 발달을 위해서 필요하다. 인간의 원리에 의하면, 어느 누구나 유전과 환경의 상호작용 속에서 성장한다. 이에 유아는 생활지도를 통해 자신의 발달적 측면에 대한 이해를 도모하고, 자신의 잠재적인 능력을 발견할 수 있는 기회를 가질 수 있도록 한다.

셋째, 민주시민의 기초 확립을 위해 생활지도는 필요하다. 유아기는 기본생활습관 및 인성이 형성되는 시기이다. 또한 사회는 혼자 살아가는 것이 아니라 더불어 살아가야 한다. 앞으로의 세계는 개인의 권리와 자유를 보장해 줌과 동시에 의무와 책무도 함께 강조한다. 그렇기 때문에 지 · 덕 · 체가 조화롭게 발달된 사람으로 성장시켜야 한다.

넷째, 영유아의 기본생활습관 형성을 위해서 생활지도가 필요하다. 유아기에 형성한 기본생활습관은 쉽게 고쳐지지 않는다. 따라서 인성의 기본 틀이 형성되는 유아기부터 올바르게 배워야 한다. 특히 생존과 관련된 기본생활습관은 학습에 의해 터득되는 것이 아닌 몸소 실천하고 자연스럽게 습득할 수 있도록 한다.

(3) 정신건강과 적응

정신적 건강이란 한 개인이 일상생활에서 만족감을 얻으며, 그가 당면하는 대부분의 문제를 다룰 수 있는 통합된 상태를 말한다. 한 아동이 특정 환경에 잘 적응한다고 해서 그가 항상 정신적으로 건강한 것은 아니다. 적응은 자신과 환경과의 조화에서 나오는 것이다. 외적으로는 환경과의 관계에서 편안하게 보이나 내적으로는 환경을 거부할 수도 있다. 이러한 상태는 아동의 심리적 효율성을 약화시킬 수 있다(박정옥 · 김태인, 2011). 유아가 환경에 적절히 적응하기 위해서는 환경에 대한 인식이 필요하다. 여기서 환경이란 심리적 환경뿐 아니라 사회적 · 문화적 환경도 포함한다. 또한 아동은 자신의 내면세계에 대해서도 바르게 이해하여야 한다. 뿐만 아니라 양자 간의 상호작용에 대하여 정확하고 바른 이해를 지니고 있어야 환경에 지혜롭게 적응할 수 있다. 따라서 유아가 환경에 적응하고 활용하는 데 필요한 가치관, 태도, 지식, 기능을 기르는 것이 요구된다.

(4) 바른 습관의 형성

영유아기는 각종 습관이 형성되는 시기이다. 따라서 바른 습관이 형성되도록 지도하는 것이 중요하다. 왜냐하면 일단 형성된 습관은 쉽게 변화되지 않기 때문이며, 나쁜 습관을 만드는 데 연속적인 영향을 주기 때문이다. 나쁜 습관은 영유아의 사회성 발달, 지적 발달, 신체적 발달에도 영향을 미칠 수 있다. 예로, 편식을 지나치게 하는 경우 신체적 측면뿐 아니라 심리적인 면에도 부정적인 영향을 줄 수 있다.

(5) 학습의 촉진

학습은 유아의 지적 조건이나 정서적 조건에 의해 방해를 받게 된다. 아동생활지도에는 기본생활습관과 생활습관 지도도 존재하지만 부적응, 문제행동을 보이는 유아에 대한 지도가 필요하다. 이러한 부적응, 문제행동에 대한 생활지도를 통해 능력 있고 경험 있는 교사는 각 아동이 스스로를 무엇인가 성취할 수 있는 가능성을 지닌 존재로 볼 수 있도록 도울 수 있다. 이러한 도움은 유아의 학습을 촉진시킬 수 있다.

2. 영유아 생활지도의 내용

영유아 생활지도는 개인과 사회에 대하여 가치 있는 교육목적을 실천하는 데 도움을 주기 위한 것으로 영유아의 독특성과 욕구를 반영하고, 영유아 중심의 학습 분위기를 형성하는 데 도움을 줄 수 있어야 한다. 유아교육기관에서 형식적 · 비형식적으로 지도하는 생활지도의 내용은 영유아기의 발달과업을 중심으로 기본생활습관 지도와 예의범절 지도, 건강 · 안전 · 영양 지도 차원에서 다음과 같이 정리될 수 있다(정용부 · 고영인 · 신경일, 1998).

1) 기본생활습관 지도

(1) 식습관 지도

- 음식이 입에 들어오기까지 수고하신 분들께 감사하는 마음을 갖게 한다.
- 식사는 기쁘고 즐거운 일임을 알게 한다.
- 식사시간 전후에 손을 씻도록 한다.
- 식탁에 앉을 때에는 함께 조용히 앉도록 한다.
- 편식하지 않도록 한다.
- 음식을 조용히 꼭꼭 씹어 먹도록 한다.
- 입안에 음식을 넣은 채로 이야기하지 않도록 한다.
- 식사가 끝나도 다른 아이들이 식사를 마칠 때까지 기다리도록 한다.
- 식사 후에는 반드시 식기나 수저 등을 나란히 정돈하여 놓도록 한다.

(2) 배변지도

- 화장실을 깨끗하게 사용한다.
- 화장실에 있는 용기의 정확한 사용법을 익힌다.
- 언제나 일정 분량의 휴지를 지참하고 다닌다.
- 화장실 내의 휴지를 아껴 쓰고 사용 후에는 반드시 지정된 휴지통에 버린다.
- 규칙적으로 대소변을 보는 습관을 기른다.
- 배변 후에는 반드시 손을 씻는다.
- 화장실에 들어가기 전에 노크를 한다.

- 화장실 이외의 장소에서 배변을 하지 않는다.
- 화장실을 나올 때 문을 꼭 닫는다.

(3) 청결지도

- 밖에서 놀다가 실내에 들어올 때에는 더럽혀진 옷을 털고 손을 씻도록 한다.
- 아무 곳에서나 함부로 침이나 가래를 뱉지 않고 코를 풀지 않는다.
- 매일 아침저녁으로 이를 닦고 세수를 한다.
- 목욕을 자주 한다.
- 청소 시간에는 함께 돕는다.
- 식사 전후나 대소변 후에는 손을 씻는다.
- 손·발톱이 길면 깎아 달라고 한다.

(4) 의복 착용에 관한 지도

- 옷은 벗어서 한 곳에 걸어두거나 잘 개어둔다.
- 혼자서 입고 벗는다.
- 잠자리에 들 때나 깰 때 옷을 바꾸어 입는다.
- 단추나 지퍼를 꼭 잠그도록 한다.
- 옷을 입고 나서 거울을 보고 단정하게 정돈한다.

(5) 수면습관에 관한 지도

- 어른에게 인사하고 잠자리에 든다.
- 일찍 자고 일찍 일어나며, 매일 10~11시간 정도 푹 자도록 한다.
- 자기 전에 음식을 먹지 않는다.
- 자기 전에 용변을 보고 양치질 및 세수를 한다.

2) 예의범절 지도

(1) 개인생활

- 말과 행동이 일치되는 정직한 생활을 한다.
- 책임을 회피하거나 핑계를 대는 일이 없도록 하고, 성실하게 실천하여 책임을 완수한다.
- 남에게 호감을 주는 몸가짐을 가진다.
- 착한 마음씨를 갖고 다른 사람을 사랑한다.
- 검소하고 절약하는 생활태도를 가진다.
- 바른 말씨를 쓴다.

(2) 가정생활

- 정해진 시간에 일어나서 이불을 개고 잠옷을 벗어 정돈한다.
- 집안 어른들께 아침에 일어났을 때, 집을 나올 때, 집에 돌아왔을 때 인사를 한다.
- 하루의 생활을 가족끼리 즐겁게 이야기하는 기회를 갖는다.
- 가족, 친척 간에 지켜야 할 예의를 지키게 한다.
- 윗사람이나 이웃 어른들을 공경하고 인사를 잘한다.
- 형제간에 우애 있게 지낸다.
- 집안일을 도우며 협동하는 태도를 기른다.

(3) 어린이집 · 유치원 생활

- 선생님께 예절을 지킨다.
- 친구 간의 예의를 지킨다.

- 기관을 방문하신 손님에 대한 예의를 지킨다.
- 놀이 · 활동 시간 중에 올바른 태도를 가지고 규칙과 질서를 지킨다.
- 기관 내의 공공 시설물을 아낀다.

(4) 사회생활

- 웃어른을 공경하고 인사를 잘한다.
- 남의 집을 방문하거나 초대하였을 때 예의를 지킨다.
- 축하와 위문의 올바른 뜻을 알고 적절한 태도를 몸에 익힌다.
- 공중도덕을 지킨다.
- 질서 있는 행동을 한다.
- 자기의 의사를 올바르게 표현한다.
- 친구의 생일 등을 축하해 주는 방법을 알게 한다.

(5) 국가생활

- 나라를 사랑하는 마음을 갖는다.
- 나라를 위해 훌륭한 사람이 되고자 노력한다.
- 국경일을 알고 그 의미를 새긴다.
- 나라를 위해 헌신하신 분들의 뜻을 새기고 본받는다.

3) 건강, 안전 및 영양 지도

(1) 건강지도

- 바람직한 식생활습관을 가지게 한다.
- 규칙적인 운동습관을 가지게 한다.

- 규칙적인 생활습관을 가지게 한다.
- 청결한 위생습관을 가지게 한다.

(2) 안전지도

- 높은 곳에서 떨어지거나 넘어지는 사고를 예방한다.
- 교통사고를 예방한다.
- 화상사고를 예방한다.
- 물놀이사고를 예방한다.
- 질식사고를 예방한다.
- 감전사고를 예방한다.
- 화재를 예방하고 화재 시에 대처하는 방법을 익힌다.
- 유괴나 성범죄를 예방한다.

(3) 영양지도

- 음식을 골고루 먹는다.
- 간식은 즐겁게 먹는다.
- 몸에 해로운 음식을 먹지 않는다.
- 놀거나 돌아다니면서 먹지 않는다.
- 식사는 정해진 시간에 하며 가능한 한 거르지 않는다.

3. 영유아 생활지도의 원리

1) 영유아 생활지도의 원리

영유아를 대상으로 한 생활지도는 학습자의 다양한 면을 고려해서 진행되어야 효과적이다. 영유아의 발달을 염두에 둔 생활지도의 기본 지침은 활발한 움직임과 신체 및 운동 능력의 향상이 도움이 됨을 고려하는 것이다(김나영 외, 2005). 그리고 영유아들은 대근육 운동을 규칙적으로 해야 할 필요가 있을 뿐 아니라 소근육을 사용하는 기술 또한 연습할 필요가 있다. 유아기는 소근육이 발달해 가는 과정에 있기 때문에 숙달이 되기까지 소근육 활동이 쉽지 않음을 인식해야 한다. 이런 점들은 영유아기의 자조 기술이 요구되는 활동의 지도에서 충분히 배려되어야 한다. 또한 영유아의 사고는 성인과 다르다는 점을 고려해야 하는데, 교사는 규칙 위반, 거짓말, 이기적인 행동에 대해 야단치려고 하지만, 영유아의 사고수준에 비추어 볼 때 이런 행동은 정상일 수 있다. 또 정서규제 능력 발달의 개인차 때문에 어떤 유아는 행동을 수정하는 데 많은 시간과 도움이 요구될 수 있음을 인지해야 한다.

영유아에게 좋은 습관을 형성시켜 주기 위한 원리를 제시하면 다음과 같다(장선철, 2006).

첫째, 영유아에게 부모나 교사가 모범을 보여야 한다. 영유아의 행동은 바람직한 것이든 그렇지 못한 것이든 주위에 있는 어른들의 행동을 모방하는 데서 비롯된 것이 많다. 나이가 어리면 어릴수록 주위 어른의 영향을 더 크게 받는다.

둘째, 일관성 있게 반복 연습시켜야 한다. 각각의 행동을 일관성 있게 반복함으로써 그 습관을 형성시키고, 의식하지 않고도 생활 속에 그 습관이 정착될 수 있도록 매일 규칙적으로 연습시킨다. 이때 지도를 직접 담당하는 교사뿐만 아니라 다른 교사나 가정 그리고 사회와 부모가 함께 협력하는 것이 중요하다.

셋째, 영유아 스스로가 하고자 하는 동기유발을 시켜야 한다. 영유아 스스로가 참여하도록 하기 위한 주위의 환경을 만들어 주고, 흥미롭게 생각할 수 있는 자료를 동원하거나 흥미롭게 느낄 수 있는 일부터 시작해야 한다.

넷째, 개개인의 발달 단계나 습관 형성의 시기가 충분히 고려되어야 한다. 실현 가능한 것들을 지도 내용으로 삼을 때, 하나씩 성취해 가는 기쁨을 맛보고 좋은 습관이 몸에 스며든다.

다섯째, 교사나 부모가 인내심을 가지고 지속적으로 지도한다. 좋아졌다 싶은 행동이 갑자기 나빠지는 경우도 있으므로 포기할 것이 아니라 인내심을 가지고 꾸준히 지도해 나갈 때 좋은 습관이 형성된다.

생활지도가 계획되고, 그 실행을 위한 조직들이 결정되면, 생활지도의 활동이 이루어진다. 이러한 생활지도 활동의 과정에서 특별히 교사가 유념해야 할 점은 다음과 같다.

영유아 생활지도 시 교사가 유념해야 할 점

- 기관, 가정 및 지역사회의 협동적 체제에서 이루어져야 한다.
- 내용에 대한 비밀보장이 이루어져야 한다.
- 과정 중에 주기적인 평가가 이루어져야 한다.
- 즉시적인 치료에 목적을 두기보다 예방적 활동을 위주로 행해져야 한다.
- 생활지도 활동은 영유아의 자율성이 보장되어야 한다.

출처 : 임형진 · 이시용(1990).

생활지도는 기본원리와 실천원리로 나누어 살펴볼 수 있는데 기본원리는 생활지도를 실시하는 데 있어 기본적인 유의점을 말하고, 실천원리는 생활지도를 실천해 나갈 때 지켜야 할 원리이다(이현림, 2007).

〈표 1-2〉 생활지도의 기본원리와 실천원리

생활지도의 기본원리	생활지도의 실천원리
• 개인의 존엄과 수용 • 적응 • 인간관계 • 전인적 발달	• 계속성 • 통합성 • 균등 • 협동 • 구체적 조직 • 과학성 • 적극성 • 친화성

2) 영유아 생활지도의 방향

생활지도란 주로 학교에서 사용되는 말로서 아동들의 정상적인 발달과 전인적 성장을 돕고 그들의 적응, 성격상의 문제를 지도 또는 상담하는 활동으로 유아교육기관에서의 생활지도 실시에 있어서 나아갈 기본적인 방향을 제시하면 다음과 같다(김미경, 2016; 한국행동과학연구소, 1983).

첫째, 생활지도는 모든 영유아를 대상으로 하며, 개별적 · 집단적 지도가 체계적으로 이루어지도록 한다.

둘째, 생활지도는 벌이나 억압보다는 바람직한 성장 · 발달이 이루어지도록 한다. 벌이나 억압 또는 부모나 교사의 권위만을 내세워 순종하도록 강요하는 것은 영유아를 수동적으로 만들 수 있으므로 강요보다는 도움을 주도록 한다.

셋째, 생활지도는 자기 결정, 자기 지도가 촉진되도록 한다. 영유아가 자신을 정확하게 이해하도록 하고 가능한 한 자력으로 문제를 파악하여 해결하도록 한다.

넷째, 생활지도는 전인적인 발달이 이루어지도록 한다. 영유아의 신체, 인지, 정서, 사회, 언어 등이 통합적으로 발달하도록 돕는다.

다섯째, 생활지도는 특정 심리이론만 적용되어서는 안 되고 종합적인 접근이 이루어지도록 한다. 인간의 행동은 복합적인 현상에 의해 발생되므로 어느 한 가지 이론이나 접근 방법만으로 이해될 수 있는 것이 아니다. 그러므로 인간의 복합된 행동을 다루는 생활지도는 지도 목적에 가장 적합한 접근 방법을 찾아 종합적으로 검토 활용해야 한다.

여섯째, 생활지도는 가족들과 협력해서 이루어지도록 한다. 교사 혼자서 부적응 행동을 지도하기에는 영유아가 인지적, 정서적, 언어적인 면에서 자신의 감정이나 문제를 표현하기 어렵기 때문에 가족의 도움이 필요하다.

일곱째, 생활지도는 치료나 교정보다 예방에 중점을 둔다. 문제행동의 치료나 교정보다는 사전에 방지할 수 있는 예방에 초점을 맞추어야 할 것이다.

4. 영유아 생활지도 관련 요인

1) 영유아 생활지도를 위한 교사의 자질과 역할

영유아를 대상으로 한 생활지도는 인간의 생각과 행동을 변화시키고 발달시키는 것이기 때문에 교사들에게도 이와 관련된 전문적인 자질이 요구된다. 유아교육기관에서 장시간 영유아와 함께 생활하는 교사의 역할이야말로 가장 중요한 생활지도 요인이 된다. 교사는 관련된 전문지식을 습득하는 것과 교사로서 갖추어야 할 인성과 자질이 무엇보다 준비되어야 한다. 생활지도 담당자로서 갖추어야 할 많은 교사의 자질 가운데 중요한 몇 가지는 다음과 같다(정용부 외, 2003).

첫째, 바람직한 인간관과 아동관을 가지고 있어야 한다. 인간은 독립된 개체로서 그를 둘러싸고 있는 상황과의 상호작용을 통하여 성장해 나간다. 영유아는 가장 변화가 많은 시기이며, 무한한 가능성을 지닌 존재이다. 독립적이며 인격체로서의 인간관을 지니고 있어야 한다.

둘째, 인간애가 있으며 봉사정신이 투철해야 한다. 생명의 존귀함을 깨닫고 인간을 사랑하며 이들을 위하여 기꺼이 봉사하겠다는 봉사정신이 있어야 한다. 생활지도는 흔히 그 노력의 결과나 효과가 금방 가시적으로 나타나지 않을 수도 있기 때문에 많은 인내가 요구된다.

셋째, 끊임없이 자기를 인격체로서 수양하고 개발하여야 한다. 교사의 시각이 왜곡되어 있거나 성격이 원만하지 못할 때는 올바른 지도가 불가능하다. 교사는 생활의 모델이 되어야 한다.

넷째, 끊임없이 공부하고 연구하는 자세가 필요하다. 보편적인 이론과 기술뿐만 아니라 자신이 만나는 영유아의 특수성에 적합하고 자기에게 맞는 이론과 기술을 축적해 나가야 한다.

공석영 등(2005)은 교사의 신체적 건강과 정신적 건강을 생활지도 시 요구되는 가장 중요하고 근본적인 자질로 들고 있으며, 학문적 소양 및 인성적 소양 또한 중요한 자질로 본다. 더불어 전문가로서 갖추어야 할 능력으로 관찰자의 역할, 행동변화자의 역할, 조력자의 역할, 상담자의 역할을 제시하였는데, 이는 유아들을 바라보고 해석하는 데 있어 다양한 시각의 안목을 넓혀주게 된다.

2) 영유아 생활지도의 계획

유아의 잠재능력을 발달시키고 최대한 계발하여 개인적으로는 자아실현을 이루고 사회적으로도 잘 적응하여 민주시민으로서의 삶을 살아갈 수 있게 하는 생활지도의 목표를 달성하기 위해서는 체계적인 생활지도 계획이 필요하다.

유아를 대상으로 하는 생활지도의 계획은 유아의 발달적 특징과 유아교육기관의 여러 가지 상황 및 지역사회의 특성 등을 고려하여 유아들의 일상생활에서 이루어지는 놀이나 다양한 영역에서의 활동을 통해 이루어질 수 있도록 계획해야 한다.

생활지도 계획을 수립할 때 고려할 점은 다음과 같다(공석영 외, 2005; 정동화, 2012).

첫째, 구체적이고 뚜렷한 목표를 설정한다. 유아생활지도의 목표는 생활지도의 보편적인 목적의 테두리 속에서 유아의 필요와 사회적인 필요를 기초로 하고 있으며, 생활지도 활동의 직접적인 길잡이이다. 따라서 목표는 올바르고 구체적으로 설정하는 것이 중요하다.

둘째, 유아생활지도의 계획은 모든 유아가 생활지도의 대상이 되어야 한다. 유아들은 여러 측면에서 미숙하기 때문에 생활지도는 유아의 발달 특징을 고려해야 한다. 유아교육은 지식보다도 모든 생활의 기초가 이루어지도록 하는 것에 큰 비중을 둘 수 있으므로 유아교육 자체가 곧 생활지도라 할 수 있으며, 모든 유아의 전인적 성장에 관심을 두고 계획되어야 한다.

셋째, 문제행동에 대한 치료보다는 예방적인 측면에 중점을 둔다. 모든 행동의 기초가 형성되는 유아기의 생활지도는 문제 위주보다는 유아의 개성과 필요에 적합한 교육으로서, 예방적인 차원에서 계획되어야 한다.

넷째, 생활지도와 여러 활동 간의 명백한 관계를 고려한다. 지식 및 인지적 측면을 강조하는 학습활동에 비해 생활지도는 유아의 행동 · 정서 · 사회생활에 초점을 맞추고 있다. 그러나 미분화 상태의 유아를 대상으로 하는 교육은 신체적 · 지적 정서적 · 사회적인 면이 잘 조화되고 통합된 성장을 이룰 수 있도록 통합교육에 중점을 두고 있으므로 모든 교육활동에 기본적으로 연관을 가지고 계획되어야 한다.

다섯째, 교사와 유아교육기관의 실정을 고려한다. 생활지도의 계획과 실시, 평가 등 모든 활동의 핵심적인 역할은 교사가 담당하기 때문에 교사의 생활지도 필요성에 대한 인식 정도에 따라 활동 내용이 달라질 수 있으므로 교사의 준비성이 필요하다. 유아교육기관의 장은 교사들의 인성이나 업무수행 능력을 고려하여 합당한 임무를 부여하고 가능한 범위 내에서 모든 교사가 계획에 참여할 수 있도록 해야 한다.

여섯째, 유아교육기관 · 가정 · 지역사회의 연계성을 고려한다. 유아는 개체적인 존재이기는 하지만 항상 사회 · 문화적인 환경 내에서 생활하며 성장하고 있기 때문에 사회 · 문화적 환경에 잘 적응하는 일이 유아 삶의 목표이며 또한 생활지도의 과제이다. 따라서 유아생활지도는 유아가 속한 사회, 즉 유아교육기관 · 가정 · 지역사회가 상호 협조하도록 연계성을 가지고 계획되어야 한다.

참여해 봅시다

1. 영유아를 대상으로 한 생활지도의 주체는 누구이며, 그 권한과 책임은 어느 정도인지 토의해 봅시다. (부모 VS 교사)
2. 영유아를 대상으로 한 생활지도의 내용을 주변의 상황, 대중매체에 나타나는 주인공 등을 선정하여 구체적으로 제시해 봅시다.
3. 영유아를 대상으로 생활지도를 할 때 교사가 겪을 수 있는 힘든 점을 생각해 보고, 대응방법을 토의해 봅시다.

Chapter **2**

영유아의 발달 및 행동 특성

이 장에서는 영아기와 유아기로 구분하여 신체운동 발달, 정서발달, 사회성 발달, 언어발달, 인지발달 등 발달영역별 다양한 특징들을 설명하고자 한다.

학습목표

1. 영아기의 발달 및 행동 특성을 신체운동 발달, 정서발달, 사회성 발달, 언어발달, 인지발달 측면에서 이해한다.
2. 유아기의 발달 및 행동 특성을 신체운동 발달, 정서발달, 사회성 발달, 언어발달, 인지발달 측면에서 이해한다.

1. 영아기의 발달 및 행동 특성

1) 신체운동 발달

(1) 신체발달

영아기 동안 아기의 신체 크기가 커짐에 따라 외모와 신체 구성의 비율이 급격하게 달라진다. 돌 무렵이 되면 영아의 키는 출생 때보다 50% 이상 커지며, 2세가 되면 75% 이상 자란다. 몸무게도 비슷한 성장률을 보이는데, 생후 다섯 달이 되면 출생 때 몸무게의 두 배가 되고, 만 1세가 되면 세 배, 만 2세가 되면 네 배가 된다. 영아기 동안 신체는 매우 급격하게 발육하고 성장한다.

출생 전부터 두뇌 성장은 급속하게 일어난다. 뇌의 무게는 임신 5개월에 성인 뇌 무게의 4%, 출생 때에는 25%, 만 2세가 되면 75%에 이른다. 출생 때부터 뇌는 다른 신체 구조보다도 성인의 뇌 크기에 가까울 정도로 발달되어 있고, 영아기에 발달이 급속하게 진행된다. 신생아는 태어날 때 약 1천억 개의 신경세포와 이들 신경세포의 결합으로 형성되는 50조 개 이상의 시냅스를 가지고 있다. 어휘가 폭발적으로 증가하는 생후 16개월에서 24개월 사이에 시냅스 연결도 폭발적으로 증가하는 것을 확인할 수 있다. 시냅스의 밀도가 증가하면 저장 용량이 증가하고 정보처리 능력도 향상된다.

(2) 운동발달

영아는 고개를 들고 대상을 향해 손을 뻗고 스스로 앉고 기며 혼자서 걷게 된다. 새로운 운동 기술로 자신의 신체와 주변 환경에 대한 지식을 새로운 방식으로 습득하게 된다. 주로 배와 등에 의존하여 지냈던 시기에 비해 혼자서 앉을 수 있다는 것은 영아로 하여금 주변 세계를 완전히 다른 관점으로 보게 한다. 자발적으로 손을 뻗어서 물건을 잡을 수 있는 능력은 사물에 행위를 가하여 탐색하도록 한다. 스스로 움직일 수 있게 되면서 주변 환경에 대한 탐색의 기회가 증가하게 된다. 영아기의 대 · 소근육 운동 발달 기준은 〈표 2-1〉과 같다.

〈표 2-1〉 **영아기의 대 · 소근육 운동 발달**

운동기술	성취연령	90%의 영아가 성취할 수 있는 연령 범위
엎드렸을 때 팔로 지탱하여 가슴을 든다.	2개월	3주~4개월
옆구리에서 등으로 구른다.	2개월	3주~5개월
매달려 있는 사물에 손을 뻗는다.	3개월	1~5개월
주사위를 쥔다.	3개월 3주	2~7개월
등에서 옆구리로 구른다.	4개월 2주	2~7개월
혼자서 앉는다.	7개월	5~9개월
긴다.	7개월	5~11개월
붙잡고 선다.	8개월	5~12개월
혼자 선다.	11개월	9~16개월
혼자 걷는다.	11개월 3주	9~17개월
주사위 두 개를 쌓는다.	13개월 3주	10~19개월
휘갈겨 쓴다.	14개월	10~21개월
계단을 오른다.	16개월	12~23개월
제자리에서 뛴다.	23개월 2주	17~30개월

출처 : 권민균 외(2012), p. 135.

2) 정서발달

(1) 기본정서의 발달

영아의 기본정서(basic emotions)는 주로 얼굴 표정을 통해 나타나는데, 생존능력과 관련된 선천적인 정서로 기쁨, 분노, 슬픔, 공포, 놀람, 혐오 등이 있다. 기본정서는 일차정서라고도 하는데, 즐거운 자극에 대한 접근과 불쾌한 자극에 대한 회피와 같은 두 가지 상태로 구성된다. 그 후 영아는 중추신경계의 발달과 다양한 경험을 통해, 생후 6개월경에는 비교적 조직적이고 구체적인 정서 표현을 하게 된다. 기본정서 외에 발달하면서 좀 더 차원 높은 정서인 수줍음, 당황, 수치, 죄책감, 자긍심 등을 보인다. 이런 정서는 18개월 이후에 나타나는데 자기인식을 바탕으로 하며, 자신의 행동을 평가하는 능력까지 필요로 하기 때문에 자기의식적 정서(self-conscious emotions), 또는 이차정서라고 한다. 영아의 정서발달은 〈표 2-2〉와 같이 진행된다.

〈표 2-2〉 영아의 정서발달

연 령	발달 내용
출 생	즐거운 자극 추구와 불쾌한 자극 회피
2~3개월	사회적 미소와 성인의 표정에 본능적 반응
3~4개월	적극적 자극에 웃기 시작
6~8개월	기본적인 정서 표현이 잘 조직화되고, 환경의 사건에 따라 의미 있게 변화. 보다 광범위한 상황에서 화를 냄. 공포, 낯가림이 나타나기 시작. 애착과 격리 불안을 보이고, 양육자를 탐색을 위한 안전기지로 이용
8~12개월	얼굴 표정을 조직화된 유형으로 이해하는 것에 능숙해짐. 작은 놀람에도 웃음을 나타냄
18~24개월	수줍음, 당황, 죄의식, 자긍심과 같은 자기의식적 정서가 나타남. 감정 관련 어휘가 급격히 발달함. 정서적인 자아 조절이 향상됨. 타인의 정서적 반응이 자신과 다를 수 있음을 이해하기 시작함. 공감의 신호가 나타남

출처 : Berk, L.(2006).

(2) 정서 표현의 발달

① 기쁨

기쁨은 대체로 미소, 웃음, 손뼉 치기 등으로 표현된다. 생후 6~10주경에 사회적 미소라 불리는 환한 미소를 짓는다. 3~4개월경에는 처음으로 소리 내어 웃기 시작한다. 생후 6개월에는 친숙한 사람에게 더 자주 웃는다. 생후 10~12개월에는 자극적인 놀이를 할 때 입을 크게 벌리면서 큰 미소를 보인다.

② 분노와 슬픔

영아는 불편할 때 분노나 화를 내며 우는데, 인지발달이나 운동신경 발달과 관련된다. 영아에게 슬픔은 고통스럽거나, 원하는 사람이나 물건이 사라졌을 때 나타난다. 슬픔은 영아가 친숙하고 좋아하는 양육자가 사라지거나, 애정을 박탈당했을 때 나타난다.

③ 공포

공포는 위협적인 사람이나 사물, 상황을 회피하려는 방어적 정서로 생리적 반응을 동반한다. 고통, 큰 소리, 낯선 사람이나 장소, 높은 장소나 어둠, 다른 사람과의 위협적인 상호작용 등이 공포를 유발하는 요인인데, 공포의 대상이나 반응은 부모, 형제에 의해 학습되기도 한다(이 영 외, 2017). 공포대상은 개인과 연령에 따라 변한다. 기어 다니기 시작한 영아는 높은 곳에 대한 공포를 보이며, 만 1세에는 양육자가 사라지는 것을 무서워한다. 만 2세경에는 어두움이나 동물을 두려워한다.

(3) 기질의 특성

기질이란 개인의 행동양식과 정서적 반응 유형을 의미하는 것으로, 반응성과 자기조절에서 나타나는 안정적인 개인차로 정의된다.

① 기질의 구성

토마스와 체스(Thomas & Chess)는 1956년부터 1977년까지 141명을 대상으로 영아기 초기부터 성인기에 이르기까지 기질에 관한 종단적인 연구를 하여, 9가지 요소(활동성, 규칙성, 접근성, 적응성, 반응강도, 반응역치, 기분, 주의산만성, 지구력)로 기질을 파악하였으며, 이를 기초로 세 가지 유형으로 구분하였다(안선희 외, 2017).

유형	특징
순한 영아 (easy child, 약 40%)	일상적인 규칙을 빠르게 배우고, 명랑하며, 새로운 경험을 쉽게 받아들임
까다로운 영아 (difficult child, 약 10%)	일상생활이 불규칙하고, 새로운 경험을 서서히 받아들이고, 부정적이고 신경질적으로 반응하는 경향이 있음
느린 영아 (slow-to-warm-up child, 약 15%)	수동적이고 환경의 자극에 대하여 부드럽고 낮은 톤으로 반응하며, 새로운 경험에 대해 서서히 적응해 나감

② 기질의 안정성

기질은 보통 안정적인 것으로 여겨져, 영유아기의 주의집중력, 흥분성, 사회성, 수줍음 등 초기의 기질성향은 이후에도 지속되는 것으로 나타난다. 이와 다른 입장에서는 기질의 전반적인 안정성은 영아기에는 낮았으며, 유아기에 보통 정도의 관련을 보인다. 즉, 생후 2~3년 안에 많은 영아의 기질이 변화한다. 그러나 기질 특성이 극단적인 경우에는 기질의 안정성이 높게 나타난다.

③ 조화의 적합성

조화의 적합성(goodness-of-fit)은 양육자가 영아의 기질을 인식하고 좀 더 쉽게 영아가 적응하도록 양육 환경을 만드는 것을 의미한다. 양육 환경과 영아 기질의 조화의 적합성은 영아의 기질과 환경의 부적절한 관계가 부적응 행동으로 나타나기 전에 가장 효율적으로 이루어진다. 까다로운 영아와 수줍은 영아는 확고하고 합리적인 요구를 하는 따뜻하고 수용적인 양육을 받을 때 좋아진다. 조화의 적합성 모형은 영아마다 독특한 기질을 타고난다는 것을 강조한다. 양육자는 영아의 기질을 이해하고 이에 적절한 양육 방식을 견지하여 영아의 개별 특성에 민감하고 융통성 있게 대처해야 한다. 영유아의 어떤 특성이 까다로운지 그렇지 않은지는 영유아와 그 영유아를 둘러싼 환경이 얼마나 조화를 이루는가에 달려 있으므로 이를 영유아만의 문제로 간주하거나 영유아의 부적절한 행동에 대해 부정적인 예측을 해서는 안 된다(최경숙 · 박영아, 2006).

3) 사회성 발달

(1) 자기이해 발달

① 자기인식

자기인식(self-awareness)은 자신이 다른 사람과는 다른 개체임을 아는 것이다. 자기와 타인에 대한 인식에서부터 타인과의 상호작용까지 포함하는 영아의 자기인식은 사회성 발달에서 중요하다. 자기의 특징에 대한 객관적인 인식은 생후 18개월 정도에 나타난다(이 영 외, 2017). 자기인식이 발달하면서 영아는 타인의 관점을 이해하려는 시도를 하게 되며, 초보적인 공감도 보인다. 18~30개월경에 자신과 타인을 연령, 성, 신체적 특성이나 선악 등의 기준으로 분류하는 것이 가능해진다.

② 자기통제

자기통제(self-control)란 사회적으로 바람직하지 않은 행동을 하고자 하는 충동을 억제하고, 부정적 정서를 다루며, 사회적으로 바람직한 방법으로 행동하게 하는 능력이다. 초보적인 자기통제는 12~18개월에 순응성으로 나타나 양육자의 희망과 기대를 알고 단순한 요구에 복종할 수 있다. 18~36개월에는 만족지연 능력이 향상되는데, 중얼거리기, 노래 부르기, 다른 곳 보기 등의 다양한 주의분산 방법을 사용하기도 한다(정희영 외, 2014).

(2) 애착발달

① 애착의 형성

애착은 주양육자와 형성하는 안정적이고 지속적인 감정, 즉 정서적인 유대감이다. 애착형성은 일반적으로 〈표 2-3〉과 같이 형성된다.

〈표 2-3〉 애착형성 단계

단 계	발달시기	특 징
1단계	출생~3개월	비변별적 반응 : 빨기, 젖 찾기 등의 각종 반사, 미소, 응시하기 등의 양육자와 근접을 유지하려고 하며 감각적으로 접촉하여 양육자의 특성을 알아감
2단계	3~6개월	낯익은 사람에게 초점 맞추기 : 친숙한 성인에게 선택적으로 반응
3단계	6개월~3, 4세	능동적인 접근 추구 : 애착대상에 대해 능동적으로 접근하려는 목적을 가지고 행동
4단계	3~4세 이후	동반자 행동 : 부모에 대해 근접과 사랑을 유지하기 위해 부모의 행동에 영향을 줄 수 있는 다양한 행동을 시도

출처 : 김상희 외(2018), p. 70.

② 다중애착

영아는 엄마와 더불어, 아빠, 조부모, 형제, 보육교사와 같은 친숙한 사람에 대해 애착을 형성한다. 여러 양육자로 애착의 대상을 넓히게 되면서 영아의 정서 사회적인 생활은 풍부해진다. 형제간의 정서적 유대를 높일 수 있는 방법은 〈표 2-4〉와 같다.

〈표 2-4〉 형제(영아와 유아)간의 정서적 유대 강화법

제 안	설 명
손위 자녀와 더 많은 시간 보내기	• 손위 자녀가 부모의 관심과 애정을 빼앗겼다는 느낌을 최소화하기 위해, 손위 자녀와 보내는 시간을 확보할 것 • 어머니가 손위 자녀와 보내는 시간을 확보하도록 아버지가 영아를 돌보거나, 반대로 손위 자녀와 특별 외출을 계획할 것
형제의 잘못에 대해 인내심을 갖고 다룰 것	• 손위 자녀의 행동이 일시적이라는 것을 의식하면서, 손위 자녀의 잘못이나 관심 요구에 인내심을 가지고 반응할 것 • 손위 자녀에게 영아보다 더 크다는 것을 자랑스러워할 기회 제공 예 먹이기, 옷 입히기를 돕게 하고, 고맙다고 할 것
영아의 요구와 욕구에 관해 이야기하기	• 손위 자녀가 영아의 관점을 이해하도록 도우면, 부모가 손위 자녀의 우호적인 행동을 키울 수 있음
배우자에게 긍정적 감정을 표현하고 문제를 함께 풀 것	• 효율적인 문제해결과 부모의 의사소통을 모델링함으로써 손위 자녀가 갈등과 질투를 잘 다룰 수 있음 • 가족생활이 행복할 때 질투가 감소함

출처 : Berk, L.(2008), 박숙자(2011) 재인용.

4) 언어발달

(1) 언어 이전 시기

① 울음

울음은 영아가 양육자에게 자신의 욕구를 표현하는 최초의 의사소통 방법이다. 양육자는 아기의 울음의 원인을 구별하여 반응해야 하는데, 일반적 울음은 규칙적이고 배고플 때의 울음은 불규칙적이고 낮은 강도로 들리며, 화났을 때와 아플 때 울음의 길이가 다르다.

② 쿠잉

영아는 이전보다 확실히 덜 울고, 점차 울음이 아닌 발성을 나타내는데 이를 쿠

잉(cooing)이라고 한다. 쿠잉은 우연히 산출되는 목울림 소리로, 주로 기분이 좋을 때 나타난다.

③ 옹알이

옹알이(babbling)는 일종의 입놀림이며 발음의 기초적인 연습이 되기도 한다. 영아들은 5~6개월이 되면 혀놀림을 시작하는데, 이때 아기들은 청각 반응에 민감해져 자기 소리를 듣고 자기가 만족을 느끼며 반복적인 소리를 자주 내는 것을 볼 수 있다.

④ 자기소리와 타인소리 모방

생후 7개월경부터 발음기관 중 혀와 입술이 발달되기 시작하면서 여러 음성을 모방하여 반복을 즐기게 되고 자기가 낸 소리를 듣고 만족을 느낀다. 9~10개월에는 어른의 말소리를 의식적으로 모방한다.

(2) 한 단어 시기

평균적으로 10~14개월 된 영아들은 의미 있는 소리를 내기 시작하여 여러 개의 단어를 사용하고 문법, 발음, 억양 및 운율에 대한 이해를 보인다. 옹알이가 확장되어 하나의 자음과 모음이 결합한 소리를 내는데, 주로 '엄마' 혹은 '아빠'가 첫 발화 단어이다. 만 2세가 되면 몇 백 개의 단어를 사용할 수 있으며, 만 6세에는 만 개의 단어를 사용한다(권민균 외, 2012). 아기가 '엄마'라고 말할 때 이는 "엄마 놀아줘요" 혹은 "엄마는 어디 갔어?"를 여러 제스처와 병행하여 한 단어로 문장의 수준까지 확대된 의미를 나타낸다. 소리, 운율 및 억양 등이 더욱 정교하고 다양해져서 확대된 내용을 전달하려고 한다.

(3) 명명 폭발기

주로 16개월에서 20개월 사이에 시작하여 30개월이 되면 평균 총 600단어를 습득한다. 패스트 매핑 전략을 이 시기에 사용하며, 문장을 들으면서 새로운 단어를 습득한다. 이 시기에 어휘습득 과정에서 과잉축소와 과잉확대 오류를 범한다. 영아기 언어의 보편적인 특징은 〈표 2-5〉를 통해 확인할 수 있다.

〈표 2-5〉 **영아기 언어의 특징**

개 념	특 징
패스트 매핑 (fast mapping)	• 새로운 단어를 듣고, 단어가 가리키는 대상과 정확히 매치시키는 것 • 아기들이 단어의 뜻을 깨닫기 위하여 사용하는 다양한 전략 중 하나
과잉축소 (underextension)	• 어휘를 적용하는 범위를 너무 좁게 하는 것 • 어휘습득에서 제일 많이 나타나는 오류 예 '할머니'는 오로지 자신의 집에서 함께 살고 있는 사람에게만 부르고, '강아지'는 자신이 키우는 강아지에만 사용함
과잉확대 (overextension)	• 한 어휘의 적용범위를 아주 넓게 잡는 것 • 말을 들을 때보다 어휘를 산출할 때 주로 나타남 예 모든 여자 성인에게 '할머니'라고 부르고, 네 발 달린 동물은 모두 '강아지'라고 부름

(4) 두 단어 시기

이 시기의 아이는 조사 등이 결여되어 있는 문장을 사용하지만 두 단어를 조합하여 위치, 소유 혹은 주어와 대상과의 관계 등을 의미하는 언어사용 능력이 생긴다. 주로 일상의 사건, 사물, 사람 혹은 활동 등에 대하여 이야기한다. 전보처럼 기본적 단어만을 가지고 문장의 수준으로 이야기하므로 '전보식 언어'라고도 한다. 개인마다 발달의 정도 및 속도에 차이가 있다(권민균 외, 2012).

(5) 문법학습

영아들은 일상생활 속에서 그들이 듣는 수많은 단어들로부터 일정한 규칙을 추론해 내는 능력이 발달된다. 2세 영아들은 문법적인 규칙에 맞게 구조화된 문장을 사용하지는 않지만 자신의 생각이나 느낌을 표현할 수 있다. 영아들은 아직 문장 내의 순서나 뜻을 이해하는 것은 어렵다. 주어, 동사, 목적어 순의 변화를 이해하여 단어들을 조합한 단순한 문장을 사용하기 시작하며 3~5단어로 구성된 문장을 말할 수 있다(곽금주 외, 2005).

(6) 의사소통 발달

이 시기의 영아들은 여전히 자기중심적 사고를 하지만 사회적 상호작용에 대한 관심이 높아지면서 상대와의 의사소통이 좀 더 유연해지기 시작하며 수용언어와 표현언어의 발달이 급속도로 증가한다. 28개월 이후에는 발음도 정확해지고 어휘 수도 점차 많아져 어른들의 말과 비슷해지며 타인과 상호작용을 통해 상징적 표현을 하며 가상놀이를 한다. 2세에는 전화통화도 가능해져 상대방의 질문에 간단한 대답과 질문을 한다. 그러나 아직 의사소통 능력이 충분히 발달되지 않아 듣는 사람의 입장을 고려하기 어렵고 주로 자기 말만 하는 경우가 많다.

(7) 읽기와 쓰기 발달

2세 영아들은 그림책에 있는 단순한 이야기 듣는 것을 즐기게 되는데, 특히 반복적인 이야기를 좋아하고, 주변의 글자에 호기심을 가진다. 책은 읽는 것임을 알게 되고 2세 후반으로 갈수록 책을 볼 때 글자를 읽어야 함을 알게 된다. 기본적인 쓰기의 발달도 이루어져 쓴 것과 그린 것을 구별할 수 있고, 필기도구를 이용한 경험이 늘어나면서 끼적인 것을 타인에게 보여주며 읽어주거나, 원하는 글자를 성인에게 써달라고 요청한다(정희영 외, 2014).

5) 인지발달

영아기의 인지발달 특징을 피아제는 감각운동기로 보았다. 개월별 특징은 다음과 같다.

(1) 출생 후 3개월

생물학적으로 부여된 단순 반사적 행동인 빨기, 잡기, 큰 소리에 반응하기 등을 통해 외부의 세계를 이해한다.

(2) 4~8개월

영아가 우연히 단순한 반사적 행동들을 통해 재밌는 결과가 나타나면 계속해서 같은 행동을 반복한다. 예로, 영아가 우연히 매달려 있는 딸랑이를 건드렸는데 소리가 나는 것을 경험했을 때 반복적으로 흔들면서 소리를 낸다. 우연히 한 자신의 행동이 만족스러운 결과를 가져오면 의도성을 가지고 그 행동을 반복한다. 이러한 현상을 초기 목표 지향적 행동이 나타난 것이라 한다.

(3) 8~12개월

이 시기 영아는 자신의 목표를 달성하기 위해 수단이 되는 다른 도식을 이용하는 능력이 발달한다. 예를 들어, 상자를 잡으려는 영아를 성인이 손으로 가로막는 행동을 할 때, 영아는 우선 손을 치우고, 상자를 잡는 행동을 보인다. 방해물을 치우려는 행위는 상자를 잡으려는 목적을 위한 수단으로 이용하였다. 이러한 행동은 영아들이 인과개념을 이해하는 것을 의미한다. 또한 사물이 눈앞에 보이지 않거나 만질 수 없을 때에도 여전히 존재한다는 것을 아는 것인 대상영속성(object permanence)의 능력이 나타난다. 8~12개월 정도의 영아들은 사물을 숨기는 것을 보면 찾을 수 있다.

(4) 12~18개월

이 시기에는 영아들이 매우 적극적이고, 목적 지향적이며, 시행착오적으로 탐색하는 특성을 보인다. 영아들은 물건을 숨기는 이동과정을 보면 이들은 숨겨놓은 장소에서 물건을 찾아낸다.

(5) 18~24개월

이 시기에는 어떤 행동을 목격한 후 그 행동을 그 자리에서 곧장 모방하지 않고, 일정한 시간이 지난 후에 재현하는 행동을 하는데, 지연 모방(deferred imitation)이 가능하기 때문이다. 주변 사람들을 흉내 낸 역할놀이를 통해 확인할 수 있다.

2. 유아기의 발달 및 행동 특성

1) 신체운동 발달

(1) 신체발달

① 신체 크기와 골격의 변화

유아기는 키와 몸무게의 성장 속도가 점차 완만해진다. 키는 2~6세까지 매년 5~7cm씩 성장하고, 체중은 2kg씩 증가한다. 유아기의 키와 체중의 성장은 개인차가 크다. 유아기 골격의 변화는 뼈의 크기와 수, 구성에 있어 비교적 규칙적인 성장을 이룬다. 유아의 뼈는 길이나 넓이 구성 등이 계속적으로 변하고 있고, 뼈의 조직은 부드럽고 유연하여 상처나 충격에도 회복이 빠르다. 그러나 너무 심한 타박이나 뼈에 과도한 중량을 일시적으로 가하는 일은 피해야 한다.

걷기를 시작하면서 안쪽으로 굽은 다리가 곧게 펴지게 되는데, 유아기에는 무릎과 팔의 자세가 곧게 되어 불안정한 자세가 안정된 자세로 발달하게 된다. 근육은 몸무게의 발달과 거의 비슷한 속도로 발달하는데, 이는 근섬유수가 늘어나는 것이 아니라 섬유의 길이와 넓이 및 두께가 늘어나는 것이다. 또한 성장하면서 근육이 뼈에 잘 붙어 있게 되어 근육에 대한 의식적 통제가 가능해진다.

② 뇌와 신경계의 발달

유아기의 신체발달 중 하나는 뇌와 신경계의 계속적인 성장이다. 대뇌는 머리의 대부분을 차지하고 있는데, 정보기능 통제와 몸의 균형 유지, 운동신호를 대뇌의 중추신경을 거쳐 척추로 전달하는 역할을 하고, 그곳에서 신체 각 부위로 다시 연락하여 동작을 일으키는 역할을 한다(류진희 외, 1999). 대뇌는 좌뇌와 우뇌 두 개의 반구체로 이루어져 있는데, 좌뇌는 논리적이고 분석적이며 말하기, 읽기, 쓰기 등의 언어능력에 기초를 두며 추론 및 수리력을 담당한다. 반면 우뇌는 공간능력과 시각적, 비언어적, 유추적, 창의적인 방식으로 정보를 받아들인다. 운동영역에서 좌뇌는 신체의 오른쪽을, 우뇌는 왼쪽을 담당하며 대뇌 세포의 성숙 정도는 유아기의 운동발달과 관계가 있다.

(2) 운동발달

① 대근육 운동

유아기의 운동능력은 골격과 근육의 성숙으로 이동운동이 발달하게 된다. 유아기는 체중의 중심이 아래로 옮겨가면서 다양한 대근육 운동기술이 증가하게 되고 몸의 균형을 잡을 수 있게 된다. 〈표 2-6〉을 통해 유아기의 대근육 운동기능의 발달 양상을 볼 수 있다.

〈표 2-6〉 대근육 운동기능의 발달

연 령	걷 기	달리기	뛰 기	페달 밟기	오르기	던지기
2~3세	율동적으로 잘 걷는다.	몸을 뻣뻣하게 세우고 달린다. 방향을 바꾸거나 갑자기 멈추는 것이 어렵다.	두 발로 깡충 뛴다.	장난감 자동차에 올라타고 두 발로 민다.	계단을 오를 때 한쪽 발을 먼저 올려놓고 그 다음 다른 쪽 발을 그 옆에 놓는다. 높은 곳에 올라갈 수 있지만 내려오지는 못한다.	목표물을 향해 공을 던지는 데 두 팔을 사용한다. 발이나 몸은 움직이지 못한다.
3~4세	팔을 앞뒤로 흔들며 걷는다. 직선 위를 잘 걷는다.	유연하게 잘 달리고 출발과 정지를 잘 한다.	두 발로 높이 뛰어오른다. 한 발로 장애물을 뛰어넘는다.	세발자전거를 탈 수 있다.	계단을 오를 때는 한 발로 차례차례 오르지만 내려올 때는 두발을 모아서 내려온다.	몸을 앞뒤로 흔들며 한쪽 팔로 공을 던진다.
4~5세	곡선 위를 걷는다. 평균대 위를 걷는다.	빨리 잘 달리고 달리면서 방향을 바꿀 수 있다.	깡충깡충 뛰면서 앞으로 나아간다.	세발자전거를 빠르고 유연하게 잘 탄다.	발을 번갈아 가면서 계단을 오르내린다. 사다리, 정글짐, 미끄럼틀, 나무 등을 타고 오르내린다.	팔꿈치를 사용해서 공을 던진다.
5~6세	성인처럼 걷는다.	속력을 내서 잘 달린다.	높이뛰기와 멀리뛰기를 할 수 있다. 줄넘기를 한다.	두발자전거를 탈 수도 있다.	성인처럼 오르고 내린다.	발을 앞으로 내밀고 팔을 쭉 뻗어 공을 던진다.

출처 : Betty, J. J.(1986).

② 소근육 운동

유아기의 소근육 운동기능은 정교하게 발달하기 때문에 젓가락 사용이나 그림 그리기, 글씨쓰기가 능숙해지는 단계까지 발달한다. 유아기의 연령별 소근육 운동 발달 특징은 〈표 2-7〉과 같다.

〈표 2-7〉 **연령별 소근육 운동발달**

연 령	발달내용
3세	• 큰 나무막대(peg)를 막대(peg)판에 꽂을 수 있음. 큰 구슬을 뀀 • 액체를 부을 수 있지만 조금씩 흘림 • 블록으로 탑을 쌓음 • 손의 정교한 협응이 필요한 일은 쉽게 피곤해짐 • 원이나 어떤 형태의 모양을 그림 • 주먹 쥔 모습이 아니라 손가락으로 크레파스를 쥠
4세	• 작은 peg를 peg판에 꽂을 수 있음. 작은 구슬을 뀀 • 모래나 물을 작은 그릇에 담을 수 있음 • 조형물을 높이 쌓을 수 있으나, 공간지각력이 낮아 쓰러지는 경우가 있음 • 작은 부품이 있는 놀잇감을 조작하는 것을 즐김. 가위 사용을 즐김 • 단순한 모양을 섞어서 그림. 단순한 형태로 사람이나 물체의 모습을 그림 • 도움 없이 입고 벗을 수 있음. 이를 닦고 머리를 빗고 컵이나 숟가락을 제대로 사용함 • 신발 끈을 꿸 수 있으나 묶지는 못함
5세	• 못질을 할 수 있음. 가위를 능숙하게 사용함 • 컴퓨터 키보드를 사용함 • 15개 정도의 퍼즐을 쉽게 할 수 있음 • 물체를 분해하고 조립함. 인형옷을 입히고 벗김 • 모양을 그대로 따라 그림 • 사람을 그리고 글자를 알아볼 수 있게 씀 • 겉옷 지퍼를 채움. 단추를 잘 잠금. 구두끈을 맴. 옷을 빨리 입을 수 있음 • 블록쌓기가 정교해짐

출처 : 박성연(2006).

2) 정서발달

(1) 정서이해 능력

① 정서이해력

정서를 이해한다는 것은 정서가 유발되는 상황을 아는 것, 정서의 원인이 되는 내적 상태와 내적 상태의 변화, 외적 사건과 행동을 아는 것, 정서가 신체에 미치는 영향과 정서 유발로 인한 외적 행동과 표현을 아는 것 등을 의미한다(김정애, 2000). 정서이해력은 또래관계나 문제해결과 관련된 사회적 유능감 형성과 관련된 기본 능력이 된다. 이러한 능력은 교육을 통해서도 증진될 수 있는데, 유아기에 적합한 정서이해의 개념으로는 다음과 같은 것이 있다(송미영, 2004).

유아기에 형성할 수 있는 정서이해력

- 누구에게나 감정은 있다.
- 감정을 일으키는 상황은 다양하다.
- 감정은 내가 느끼는 것과 타인이 느끼는 것을 서로 잘 전달해 준다.
- 감정을 나타내는 표현 방법에는 여러 가지가 있다.
- 내가 느끼는 것과 타인이 느끼는 것은 다를 수가 있다.
- 내가 느끼는 것과 타인이 느끼는 것을 바꾸기 위한 일을 해볼 수 있다.

② 정서어휘력

다양한 정서 상태를 구분하고 자신 및 다른 사람의 정서를 올바르게 지각하기 위해서는 먼저 각 정서를 나타내는 어휘를 알아야 하며 정서어휘에 대한 지식이 높을수록 풍부한 정서경험을 할 수 있다(Joseph & Strain, 2003). 2~3세에는 친숙한 상황과 그로부터 유발된 정서를 연결시켜 인지할 수 있는데, 예로 하트 모양을 보면 사랑의 감정을 느낀다. 유아는 '신나는', '화가 난' 등의 정서와 관련된 어휘를 자주 사용한다.

(2) 만족지연 능력

만족지연 능력은 장기적인 목표달성을 위해 순간의 충동적인 욕구나 행동을 자제하며 즐거움과 만족을 지연시키는 선택을 하고 그 지연에 따른 좌절을 바람직한 보상을 기다리며 자발적으로 인내할 수 있는 자기통제 능력이다(김양선, 2009). 미래의 성취를 위해 즉각적인 욕구나 충동을 자제하는 능력은 자신의 잠재력을 충분히 발휘하는 한 사람의 성인으로 성장하는 과정에 있어서 중요한 의미를 지닌다. 유아들에게 스스로의 충동을 조절하고 미래 지향적인 가치관을 내면화시키는 것은 바람직한 교육목표가 된다. 일상에서 만족지연 능력은 중요한데, 충동억제를 하지 못하면 타인의 권리를 침해하거나 규칙을 위반할 수 있고 타인과의 갈등이 잦아지며 인내심을 갖지 못하게 되기 때문이다(정옥분, 2008).

유아의 만족지연 능력은 만 2~3세 사이에 급격한 발달이 일어나고 만 5세 이후에 보다 안정적이 되며 아동 중기에 이르기까지 연령과 더불어 서서히 발달한다(송명자, 2008). 미스켈(Mischel, 1983)은 만족지연 능력의 발달은 세 요인의 영향을 받는다고 주장하였다. 첫째 요인은 즉각적인 만족을 지연시킨 후에 올 보다 큰 만족에 대한 신뢰이다. 만일 유아에게 약속한 만족이 주어지지 않을 때 지연만족에 대한 신뢰는 사라질 것이며 만족지연 경향은 감소될 것이다. 둘째 요인은 만족의 상대적 가치이다. 유아의 관점에서 즉각만족과 지연만족의 크기를 비교해서 기다릴 만한 가치가 있다고 판단할 때 지연만족을 택하게 된다. 따라서 지연만족의 보상은 크고 명백할수록 좋다. 셋째 요인은 지연기간이다. 지연기간은 유아에게 적절하게 짧아야 하며 지연기간이 길면 길수록 만족지연 능력은 감소한다.

(3) 감정이입

감정이입이란 한 사람이 타인과 부분적이고 감정적으로 동일시하고 동시에 그로부터 거리를 지킬 수 있으면서 이 두 위치를 넘나들 수 있는 능력이다(한국유아교육학회, 1999). 장옥남(2004)은 감정이입을 행복, 기쁨, 슬픔, 외로움, 괴로움, 분노, 고통과 같은 타인의 정서를 이해하는 것으로 보고, 타인의 정서 상태나 상황을 이해하고 타인의 입장이 되어 그의 정서나 감정을 느껴봄으로써 상대의 처지를 이해하는 능력이라고 보았다.

호프만(Hoffman, 1984)은 인지적 요소와 정의적 요소를 통합하여 감정이입의 발달 수준을 네 가지 단계로 제시했는데, 구체적인 내용은 〈표 2-8〉과 같다.

〈표 2-8〉 감정이입 단계

감정이입의 발달단계	특 징
총체적 감정이입 단계	생후 1년까지 대상영속성 개념을 획득하기 전으로, 보이는 것에 기초한 타고난 무의식적 반응이며 가장 낮은 인지수준을 보인다. 타인의 정서적 상태를 타율적으로 경험할 수 있음을 보여준다.
자기중심적 감정이입 단계	대상영속성 개념이 획득되고 유아가 자신과 다른 사람을 구별하고, 다른 사람의 고통을 느낄 때 감정이입적 고통을 처음으로 경험할 수 있다. 여전히 자신과 타인의 내적 상태를 구별하지 못한다.
타인의 감정에 대한 감정이입 단계	유아는 자신이 알고 있는 세계와 실제 세계가 다를 수 있다는 것과 다른 사람의 감정과 자신의 감정이 구분된다는 것을 안다. 세심한 주의를 기울여 다른 사람의 감정을 현실적으로 지각한다. 얼굴 표정, 신체적 표현 및 감정의 상징적 단서로부터 의미를 이끌어 내어 실망, 분노와 같은 복잡한 정서뿐 아니라 반대되는 정서에도 감정이입을 한다.
타인의 일반적 곤경에 대한 감정이입 단계	아동 후기가 되면 자신과 다른 사람이 각각 별개의 정체감을 가진 존재라는 개념이 생겨 다른 사람이 당면한 상황을 넘어선 감정을 가진다는 것을 인식하기 시작한다. 사람들을 어떤 기준에 의해 범주화하는 능력이 생겨 가난한 사람, 장애인 등과 같은 어떤 계층에 있는 사람들의 일반적인 곤경에 대해서도 감정이입을 한다.

(4) 정서조절

정서조절은 자신의 목표를 성취하기 위해 정서적 흥분을 억제, 증진, 지속, 조정하는 능력을 말한다(Hinnant & O'brien, 2007). 정서조절 능력은 분노, 슬픔, 우울 등의 정서를 이겨낼 수 있는 능력이며, 이러한 부정적 정서를 다루지 못하고 그대로 표현할 경우 생길 수 있는 결과를 스스로 예측할 수 있는 능력으로 자신의 정서를 인식하고 정서적 반응을 조절하는 개인의 능력을 나타낸다. 개인의 정서조절 능력이 발달되기 위해 자신의 정서를 정확히 인식할 수 있는 능력과 상황에 맞게 조절할 수 있는 능력이 있어야 한다.

정서조절 능력 발달을 위해서는 타인의 정서를 잘 파악해야 한다. 타인의 정서조절 능력이란 대인관계 능력이라고 할 수 있는데(Goleman, 1995), 또래 사이에서의 인기, 지도능력과 또래와 원만한 인간관계를 유지하는 능력의 기초를 이룬다(한영미, 2009). 이러한 능력은 사회적 기술이며 인간이 삶에서 맺는 인간관계의 질을 높여주며 타인과의 관계를 돈독하게 해주는 등 인간 삶에서 유용하게 사용되는 기술이다. 유아의 정서조절 능력 발달은 부모의 정서조절 양식과 정서표현의 영향을 받으며, 공격성과 같은 유아의 사회적 행동과 관련된다.

3) 사회성 발달

(1) 자기이해 발달

① 자아개념

자아개념은 자신을 정의한다고 인식하는 일련의 특성, 능력, 태도, 가치관의 집합으로 정의된다. 유아의 자아개념은 구체적인 특징을 보여 이름, 신체적 특징, 소유물, 일상행동과 같이 관찰 가능한 특성을 언급한다. 만 3세 반경이면, "나는 친구들과 노는 것이 좋아요", "나는 시금치를 싫어해요"처럼 자신의 감정과 태도로 자신을 설명한다. 이는 유아가 자신의 독특한 심리적 특성을 이해하기 시작하였음을 의미한다. 만 4세가 되면 동기와 감정을 적절하게 추측한다.

어린 유아의 자아개념은 주로 소유물이나 특정 행동과 관련되므로, 유아는 "내거야"라는 말을 많이 사용한다. 즉, 유아가 물건의 소유권을 주장하는 다툼은 자아발달의 한 측면이며, 자신과 다른 사람의 영역을 분명히 하려는 노력이다. 유아의 자신에 대한 분명한 이해능력은 장난감을 둘러싼 다툼을 해결하게 하고, 문제해결과정에서 서로 협력하도록 해준다. 따라서 또래 간의 우호적인 상호작용을 증진시키려면, 부모와 교사는 유아의 소유욕을 자기주장의 신호로 받아들여야 한다. 그리고 나누어 갖기를 강요하기보다는 양보하도록 격려한다.

② 자아존중감

자아존중감은 자아에 대한 평가적 차원으로, 자신에 대한 평가와 평가에 따르는 감정이라고 정의된다. 자신의 역량에 대한 평가는 정서적 경험과 앞으로의 행동, 장기적인 심리적 적응에 영향을 준다. 만 4세경에 유아는 어린이집에서 학습을 잘한다거나 친구 사귀기, 부모와 잘 지내기 등과 같은 영역에서 자기 판단을 하게 된다.

자아존중감이 높은 유아는 적극적으로 새로운 기술을 습득하려는 시도를 한다. 만 3세경에 부모가 인내심을 가지고 정보를 제공하는 유아는 동기가 높았다. 그에 비해 유아의 가치나 성취에 대해 비판적인 부모의 경우, 유아가 도전을 쉽게 포기하고 실패 후에 수치감과 의존성을 보였다. 유아의 자아존중감 강화 방법을 〈표 2-9〉에서 살펴보았다.

〈표 2-9〉 유아의 자아존중감 강화 방법

제 안	설 명
긍정적 관계를 형성하기	• 유아에게 온전히 함께하는 시간을 만들고 싶다는 것을 알려줌 • 유아의 행동을 판단하지 말고 귀 기울이며, 유아 스스로의 생각과 감정을 표현하도록 함. 감정을 서로 공유하면 유아는 스스로를 가치 있게 느끼게 됨
성공을 경험하게 하기	• 기대를 적절히 수정함. 유아에게 현재 능력 이상의 것을 요구할 때는 도움을 제공함. 그리고 유아의 행동이나 작업에서의 긍정적인 면을 강조하고, 구체적인 행동에 대해 언어적 지지로 강화해 줌으로써 동기를 향상시킴
선택하는 자유를 강화시키기	• 유아 스스로 선택하게 함으로써 책임감과 자신의 행동을 통제할 수 있다는 느낌을 갖도록 함. 유아가 아직 혼자서 결정할 수 없다면 언제 그리고 어떤 순서로 과제를 할 것인지를 유아와 함께 선택함

유아의 감정을 인정하기	• 유아의 강렬한 감정을 받아들이고, 이를 조절할 수 있는 건설적인 방법들을 제시함. 누군가 유아의 자존감을 상하게 해서 유아가 부정적 정서를 표현한다면 유아가 지지받고 있다는 느낌이 들도록 이를 공감해 주고 현실적인 설명을 곁들여 줌

출처 : 이 영 외(2017).

(2) 성역할 발달

① 성역할 고정관념

유아는 자신의 성을 일관성 있게 구분할 수 있기 전에, 성차와 성 고정관념에 관심을 기울이며 이를 따르게 된다. 18~30개월경에 유아는 자신의 성과 다른 성을 분류하기 시작한다. 이러한 분류가 시작되면, 유아는 빠르게 그들이 의미하는 내용을 활동 및 행동 관련 용어로 분류해 나간다. 또한 놀이뿐만이 아니라 성격에서도 신념에 따라 행동하려고 한다. 유아기를 지나면서, 성역할 고정관념은 더 강해진다.

② 성 정체성

성 정체성(gender identity)은 심리적 적응을 예측하는 중요한 특성이다. 남성적 정체성과 양성적 정체성을 지닌 아동은 높은 자존감을 갖는 반면, 여성적 정체성을 지닌 아동은 자신을 부족하다고 여기는 경향이 많다. 또한 양성성(androgyny)을 지닌 아동은 남성적인 독립성과 여성적인 민감성을 모두 지녀 상황에 따라 적응적인 행동을 보이는 경향이 높다. 최근에는 양성성을 형성시키는 것에 더 가치를 둔다. 유아가 일반적인 성 유형화 특성을 인지하고 있다면, 교사는 예외적인 사항에 대해서도 설명해 주어야 한다. 이러한 논리적 설명은 유아가 사회를 성 편견적인 시각으로 바라보는 경향을 완화시키는 데에 매우 효과적이다(이 영 외, 2017). 부모는 유아의 성역할 발달에 있어서 동일시나 모방의 대상이 될 뿐만 아니라 훈육자로서 유아의 성역할 행동을 적극적으로 강화하고 제한함으로써 유아의 성역할 획득에 영향을 미친다(정희영 외, 2014).

(3) 공격성

유아기 초기에는 두 가지 유형의 공격성이 나타난다. 그중 하나인 도구적 공격성은 물건, 특권, 혹은 공간을 얻기 위해 밀고, 소리 지르며, 친구를 공격하는 것이다. 적대적 공격성은 다른 사람을 다치게 하는 공격인데, 신체적인 피해나 위협으로 다른 사람에게 해를 입히는 신체적 공격성과 별명 부르기, 놀리기 등으로 타인에게 해를 끼치는 언어적 공격성, 사회적 따돌림과 유언비어를 퍼뜨리는 방법으로 또래 관계에 손상을 입히는 관계적 공격성이 있다. 연령이 증가할수록 도구적 공격성은 감소하는 반면 적대적 공격성은 증가한다. 또한 2~6세경에는 신체적 공격성이 점차 언어적 공격으로 대체된다. 대체로 남아가 여아보다 신체적 공격성이 높고, 여아는 언어적 · 관계적 공격성을 더 많이 보인다.

교사는 유아의 공격성을 완화시키는 역할을 해야 하는데, 총이나 칼과 같은 공격성을 유발하는 놀잇감은 치우고, 인기 있는 물건은 다툼이 일어나지 않도록 충분히 제공한다. 또한 평상시에 공격적인 행동을 하던 유아가 공격적인 행동 대신 긍정적 행동을 하면 충분히 칭찬함으로써, 공격적인 유아에게 긍정적인 행동이 보상을 받는다는 것을 알린다. 평소 주변의 성인이 합리적으로 문제를 해결하는 모범을 보인다.

4) 언어발달

(1) 음성언어 발달

3세 이상의 유아가 되면 부사나 형용사를 사용할 수 있게 된다. 3, 4세경에는 3~7개의 단어로 된 문장을 사용하여 거의 완전한 문장으로 만들어 언어를 구사할 수 있으며 대명사, 조사, 형용사, 부사를 포함한 복합문장을 사용하게 된다. 또 5세경에는 문법적으로 정확한 문장을 사용할 수 있게 된다. 3세 초반이 되면 금지, 거절, 부인에 해당하는 부정문을 사용할 수 있다.

의사소통 발달은 유아가 다양한 의미를 표현하고, 타인과 의사소통을 하기 위해 단어를 사용하는 방법을 학습하여, 타인의 의도와 의미를 해석하는 것에 대한 학습과정이다(성미영 외, 2012). 유아기 의사소통 능력은 주로 또래나 성인과의 대화를 통해 이루어진다. 이 시기의 특징적인 대화기술에는 대화의 규칙을 이해하고 대화 상대방의 발화 유형에 적절하게 반응하기, 대화를 시작하기 위해 새로운 주제 제시하기, 제시된 주제를 연속적으로 이어가기 등이 있다(Hoff, 2005). 대화가 발생하는 맥락과 상황은 유아의 성공적인 언어적 상호작용에 영향을 미치는 주요한 요인이 된다. 이 시기 유아들은 특정 맥락에 대한 지식을 서로 공유할 경우 그렇지 않을 때보다 대화가 더 오래 지속되고 언어사용 능력이 더 뛰어난 것으로 나타났다(성미영 외, 2012).

이 시기 유아는 단순히 주고받는 말이 아니라 특정의 주제를 놓고 타인과 대화할 수 있는 능력이 생겨 점차 시간적 · 공간적으로 장애를 받지 않고 인지적으로 높은 수준의 구어 행위를 할 수 있게 된다. 유아는 언어가 무엇을 요구하거나 무엇인가를 주장하고 질문하기 위해 사용된다는 것을 이해할 뿐만 아니라 심리적 상태를 표현하며, 자신의 미래 행동을 규정하기도 한다. 또한 유아는 표현의 숨은 의도까지 알게 되고, 자신의 표현과 듣는 것을 점차 청자나 화자의 입장에 맞추어 조절할 수도 있는 능숙한 소통자가 되어간다(김은심 외, 2013).

또한 이 시기 유아의 발화는 좀 더 분명해지며, 다른 사람의 발화가 불분명한 경우 명확히 하기 위해 명료한 설명을 요청하는 의사소통 기술도 발달한다. 예를 들어, 다른 사람의 발화가 분명하지 않을 때 "무엇을 했니?", "누가 갔니?", "어디로 갔니?" 등의 질문을 하여 내용을 분명히 할 수 있게 된다.

의사소통 능력이 발달된 유아의 특징

- 상대편의 주목을 끌 수 있고, 주목한 바를 유지하기 위해 대화 교환의 차례를 잘 지킨다.
- 언어적 · 비언어적 행위를 주도할 수 있으며 타인 주도에 대한 반응으로 상호 교환성을 잘 처리한다.
- 불필요한 중복을 피하기 위해 이미 행한 것과 말한 것을 충분히 고려한다.
- 세상에 대한 경험의 틀에서부터 요소를 끄집어내어 타인의 마음을 움직이거나 개별화시킬 수 있다.

출처 : 이영자(2013).

(2) 문자언어 발달

① 읽기발달

읽기는 문자라는 부호를 풀어내는 '해독(decoding)'과 글의 의미를 파악하는 '이해(comprehension)'의 두 부분으로 대별된다. 이 두 가지는 서로 강한 영향을 미치며 함께 발달한다(이순형 외, 2010). 일반적으로 유아들은 3세가 되면 인쇄된 글자 유형을 구별한다. 4세경이 되면 주변 환경의 인쇄글자를 읽기 시작하고 흥미를 갖게 된다. 5세 유아는 흔히 몇 가지를 읽을 수 있고 읽기과제를 논의하고 성취하는 방법을 학습한다. 유아의 읽기는 점진적인 과정을 거치므로(이차숙, 2004), 읽기발달 수준과 발달 단계를 참고하여 개인차를 고려하여 지도하여야 한다. 이때 부모나 교사가 기억해야 할 중요한 요인은 유아가 먼저 인쇄 글자가 무엇이며, 어떻게 사용되는가를 이해하도록 해야 한다는 점이다.

② 쓰기발달

유아의 쓰기는 그리거나 끼적거리기에서 시작하여 점차 발전한다. 유아들은 끼적거리기의 선이나 글자 모양을 써보기도 하고 책에 있는 글자와 단어를 베껴보기도 하며, 성인에게 글자를 어떻게 쓰는지 보여달라고 요청하기도 한다. 대부분의 유아들은 자기 이름의 글자 쓰기로부터 쓰기 학습이 시작되는데, 가족의 이름이나 주변에서 자주 접할 수 있는 사물의 철자를 쓰기도 한다. 연령별 문자언어 발달의 양상을 〈표 2-10〉을 통해 제시하였다.

〈표 2-10〉 **유아 연령별 문자언어 발달**

연 령	읽 기	쓰 기
3세	• 책을 볼 때 그림이 아니라 글자를 읽는 것임을 앎 • 읽기의 목적을 "책을 읽기 위해서, 학교에 가려고, 공부 잘하려고 등"으로 언급함 • 책에 관심을 갖고 나름대로 글자에 의미를 부여함	• 끼적거리기를 많이 함 • 자기가 쓴 것을 성인에게 열심히 보여줌 • 자기 이름에 있는 글자를 배움 • 어떤 글자를 써달라고 요구하기도 함 • 여러 가지 글자 형태가 나타남
4세	• 책을 읽는 방법과 방향, 페이지 제목 등을 인식함 • 소리와 글자 간의 일대일 대응을 할 수 있음 • 주위에서 아는 글자를 읽어보려고 함 • 친구의 이름에 있는 글자를 인식함 • 맥락을 기초로 한 상황적 문자를 읽음	• 여러 가지 글자놀이를 즐김 • 자기 이름을 쓸 줄 알게 됨 • 다양한 목적에 맞게 쓰거나 다른 사람이 쓰도록 문어체로 불러줌 • 자발적으로 쓰려고 함 • 모르는 글자를 물어봄 • 창안적 글자 쓰기가 많이 나타남
5세	• 아는 글자가 다른 상황에서 제시되어도 읽을 수 있음 • 주변에서 자주 볼 수 있는 글자를 읽음 • 가족과 친구들의 이름을 읽음 • 탈맥락적 읽기가 가능함	• 여러 상황에 맞는 글이 있음을 알게 됨 • 간단한 단어를 쓸 수 있고, 간단한 글을 써보려고 함 • 여러 가지 쓰기도구를 사용하여 씀 • 소리 나는 대로 글자를 씀

출처 : 안선희 외(2017), p. 185.

5) 인지발달

(1) 상징적 사고

유아기 인지발달의 특징 가운데 하나는 상징적 사고(symbolic thought)의 출현이다. 유아들은 더 이상 자신의 행동이나 감각에 의존하지 않고, 획득한 행동도식이 내적으로 표상됨에 따라 표상, 지연모방, 상징놀이와 같은 정신능력이 발달한다. 이러한 능력은 상상력이 풍부해지면서 더욱 발달한다. 상징의 사용은 문제해결의 속도를 증가시키고, 시행착오를 감소시키면서 '지금 여기'라는 관점의 한계에서 벗어나 정신적으로 과거와 미래를 왔다 갔다 할 수 있게 한다. 상징적 사고는 가상적인 사물이나 상황을 실제 사물이나 상황으로 상징화하는 가상놀이를 통해 적극적으로 활용된다. 예로, 막대기를 지휘봉으로 상상함으로써 실제 물건이 없어도 지휘자 역할을 표현할 수 있다. 이러한 가상놀이는 점점 빈번해지고, 연령이 증가하면서 점점 복잡해진다(Rubin, Fein, & Vandenberg, 1983).

(2) 자기중심적 사고

자아중심성은 유아들이 우주의 모든 현상을 자기중심적으로 생각하는 것으로, 타인도 자신과 동일한 방식으로 지각한다고 생각한다. 자신이 느끼는 것을 다른 사람도 느끼며, 자신이 알고 있는 것을 다른 사람도 알고 있다고 생각한다. 그래서 숨바꼭질 놀이를 할 때 자신이 술래를 볼 수 없기 때문에 술래도 자신을 보지 못한다고 생각하고 몸을 드러내고 얼굴만 가리고 숨었다고 생각한다. 이러한 자기중심적 사고는 유아가 이기적이거나 타인의 입장을 배려하지 않은 것이 아니라, 단지 타인의 관점을 이해하지 못하기 때문에 생기는 것이다.

(3) 물활론적 사고

물활론은 무생물이 살아 있고, 인간처럼 감정이나 의도를 가지고 있다고 생각하는 것으로, 자기중심적 시각의 일환이라고 할 수 있다. 예로, 침대에 우유를 실수로 엎지른 다음 손으로 두들기면서 "미안해 침대야, 차갑지?"라고 말한다. 이러한 행동은 침대가 감정이 있다고 생각하기 때문에 나타나는 행동이다. 물활론적 사고에 대해 4~5세의 유아들은 활동하는 모든 대상물을 살아 있다고 생각하지만, 6~8세의 아동은 움직이는 것에만 생명을 부여하며 곧 스스로 움직이는 대상물만을 살아 있다고 생각한다. 8세가 지나면 아동들은 생물과 무생물을 완전히 구별할 수 있다(Bullock, 1985).

(4) 보존개념의 결여

보존개념(conservation)이란 사물의 외형이 변한다고 할지라도 그것의 속성은 변하지 않는다는 것을 이해하는 능력이다. 피아제(Piaget)에 의하면 전조작기 유아는 하나의 특성에 초점을 맞추는 중심화 경향 때문에 보존의 개념이 획득되지 않는다고 한다. 가장 유명한 예가 양의 보존개념 실험이다. 유아가 보는 앞에서 모양이 같은 2개의 잔에 동일한 양의 주스를 넣어 보여주었을 때 유아들은 같은 양이라고 대답한다. 그러나 보는 앞에서 그중 하나를 길고 좁은 컵 속에 옮겨 담은 후 어느 것이 많은지 질문하면 유아들은 길고 좁은 컵에 담긴 우유가 더 많다고 대답한다. 이들은 컵의 모양이 다르지만, 우유의 양이 같다는 것을 알지 못한다. 이 시기의 유아들은 양에 대한 보존개념이 형성되지 않았고, 높이에만 집중한 판단을 하기 때문이다.

(5) 불완전한 분류 능력

유목포함(class inclusion)은 상위 유목과 하위 유목 간의 관계, 즉 전체와 부분의 관계를 이해하는 능력으로, 피아제는 7세 이전의 유아들이 분류나 범주에 대한 이해가 불완전하다고 검증하였다. 유아에게 열 송이의 빨간 장미와 다섯 송이의 노란 장미를 보여주고, "빨간 장미가 더 많니? 장미가 더 많니?"라고 질문하면 유아는 빨간 장미가 더 많다고 대답한다. 이때 유아는 빨간 장미와 노란 장미가 모두 장미라는 상위 유목에 포함된 사실을 이해하지 못하고, 장미꽃의 색이라는 지각된 특성에만 주의를 집중하게 된다. 이는 유아가 전체와 부분의 논리적인 관계를 이해하지 못하였기 때문이다.

참여해 봅시다

1. 실제 영아를 관찰하여 각 발달 특징에 대해 관찰기록을 하고 관찰내용에 대한 분석과 해석을 해봅시다.
2. 유아의 행동 특징을 고려하여 제공할 수 있는 물리적 환경, 놀잇감, 교사의 생활지도 특징을 논의해 봅시다.
3. 주변에서 흔히 접할 수 있는 영아와 유아의 공격적 행동을 나열하고, 교사와 부모로서 적절한 역할을 토의해 봅시다.

Chapter 3

영유아 생활지도의 이론적 접근

이 장에서는 교육현장과 가정에서 영유아에게 적절하게 지도해야 할 생활지도 방법에 대한 이해를 도울 수 있는 대표적인 발달심리학을 기초로 각각의 이론적인 특징과 생활지도 방법을 제시하고자 한다.

학습목표

1. 행동주의 이론의 주요 개념과 특징을 분석하고 해당 이론을 적용한 영유아 생활지도의 원리를 이해한다.
2. 인지발달 이론의 주요 개념과 특징을 분석하고 해당 이론을 적용한 영유아 생활지도의 원리를 이해한다.
3. 정신분석 이론의 주요 개념과 특징을 분석하고 해당 이론을 적용한 영유아 생활지도의 원리를 이해한다.
4. 인본주의 이론의 주요 개념과 특징을 분석하고 해당 이론을 적용한 영유아 생활지도의 원리를 이해한다.
5. 아들러(Adler)의 개인심리학 이론의 주요 개념과 특징을 분석하고 해당 이론을 적용한 영유아 생활지도의 원리를 이해한다.

1. 행동주의 이론

1) 왓슨의 고전적 조건형성 이론

(1) 주요 개념

왓슨(Watson, J. B., 1878~1958)

왓슨(Watson)은 행동의 기본 구성이 '자극-반응'의 단위이고 이 자극과 반응이 바라는 형태로 배열되는 한 어떠한 행동이라도 만들어지거나 설명될 수 있다고 본다. 왓슨은 '나에게 12명의 건강한 아이들과 그들을 키울 나 자신의 특수한 세계를 제공해 준다면 나는 그들 중 아무라도 택하여 그의 재능이나 소질, 능력, 성향, 적성 그리고 인종에 관계없이 의사나 법률가, 예술가, 경영인뿐만 아니라 거지와 도둑에 이르기까지 내가 원하는 어떤 유형의 전문가라도 만들 수 있다'고 주장하였다. 인간의 가장 단순한 반사운동(빨기, 파악) 등은 타고나지만 인간의 인성, 성격의 모든 중요한 것들은 학습된다고 보았다(권향임 외, 2013).

(2) 자극 일반화 이론

왓슨은 고전적 조건형성의 원리가 아동의 행동에 적용될 수 있는지를 찾고자 11개월 된 앨버트(Albert)에게 흰쥐실험을 하였다. 흰쥐를 무서워하지 않고 오히려 손을 뻗어 만지려고 하는 영아에게 흰쥐를 보여주기 직전에 큰 소리를 반복하여 들려주었더니 깜짝 놀라며 우는 반응을 보였다. 이를 반복한 결과, 영아는 흰쥐만 보아도 고개를 돌리며 피하고 울었다. 즉, 처음에는 중립자극이었던 흰쥐가 큰 소리와 연합하여 조건화된 놀란 반응을 보이는 조건형성이 이루어진 것이다. 나중에 영아는 토끼, 개, 솜, 털 코트같이 흰 털 달린 물건들을 모두 두려워하는 반응을 보였는데, 이러한 현상을 '자극 일반화'라고 한다. 이와 같은 실험을 통해 공포나 사랑 등 영유아가 갖는 대부분의 정서반응은 고전적 조건형성을 통하여 학습된다고 본다. 영아가 무엇을 만지려 할 때 엄마가 큰 소리로 '안 돼' 하거나 얼굴을 찌푸리면 공포 및 부정적인 감정을 일으키게 되며, 그 행동을 중지하는 효과를 낸다.

2) 스키너의 조작적 조건형성 이론

(1) 주요 개념

스키너(Skinner, B. F., 1904~1990)

스키너(Skinner)는 반사적 반응이 아닌 유기체가 임의로 조작하는 행동으로 이루어지는 조건형성의 이론을 제시하였다. 조작적 조건형성을 입증하기 위해 '스키너 상자'라고 불리는 실험 장치를 고안하였는데, '스키너 상자'에 배고픈 흰 쥐를 넣으면 쥐는 돌아다니며 먹이를 찾다가 우연히 지렛대를 누르게 된다. 그 순간 자동으로 먹이가 나오고 쥐는 먹이를 먹은 후 다시 지렛대를 누른다. 이러한 과정이 반복되면 쥐가 지렛대를 누르는 속도가 빨라지게 된다. 처음에는 쥐가 의도 없이 지렛대를 건드리나 나중에는 지렛대를 누르면 먹이를 얻을 수 있다는 것을 학습하여 의도적으로 누르게 된다. 이 실험에서 유기체가 스스로 어떤 반응을 했을 때, 그 반응이 긍정적인 결과를 가져오면 그 이후에 그 반응이 나타날 확률이 높아지는 것을 강화의 원리라 하였다. 즉, 조작적 조건형성 이론은 만족스러운 상태로 이끄는 행동은 되풀이되고 고통상태를 유발하는 반응은 중지된다는 강화의 원리를 기초로 한다.

조작적 조건형성 이론에서는 영유아의 행동을 양육환경의 통제와 강화에 의해 바람직한 방향으로 수정할 수 있다고 본다. 영유아의 행동이 외적인 지도에 의해 수정되고 강화되므로 유전적 특성이 다르더라도 환경의 조절에 의해 영유아가 특정한 방향으로 행동할 수 있다고 한다. 이러한 접근에서 교사는 영유아가 형성해야 할 행동목록을 정하고, 바람직한 행동을 할 때 그 행동이 유지될 수 있도록 강화를 제공하는 역할을 한다.

(2) 강화를 통한 행동수정의 단계

강화는 시간이 지날수록 행동을 유지시키는 수단이 된다. 강화는 한 행동에 뒤따르는 자극사건이 그 행동을 다시 일으킬 가능성 또는 확률을 증가시킨다는 것을 의미한다.

〈표 3-1〉 강화를 통한 행동수정 단계

제1단계	문제를 평가한다.
제2단계	수정해야 할 행동을 결정한다.
제3단계	강화물을 결정한다.
제4단계	행동의 목표를 설정한다.
제5단계	행동수정을 위한 강화의 단계 동안 유아의 행동을 세심히 관찰한다.

(3) 강화의 유형

① 정적 강화

정적 강화는 행동 확률을 높이는 자극, 한 행동에 뒤따르는 자극 사건이 그 행동을 다시 일으킬 가능성 또는 확률을 증가시킨다는 것을 의미한다. 바람직한 행동을 증가시키기 위해 원하는 대상물(칭찬, 물건 제공, 스킨십 등)을 주는 방법이다. 단, 주의해야 할 점은 개인에 따라 원하는 대상물이 다를 수 있기 때문에 원하는 대상물이 무엇인지 정확히 판단해야 한다. 예를 들면, 누군가에게는 초콜릿이 좋아하는 정적 강화물일지라도 또 다른 사람에게는 혐오스러운 대상일 수 있기 때문이다.

효과적인 칭찬을 하기 위한 원리

- 효과적인 칭찬은 특별해야 하며 구체적이고 세부적인 진술이어야 한다.
- 효과적인 칭찬은 상황이 발생된 직후에 이행하여야 한다.
- 정직하고 성실하게 언급하여 효과적인 칭찬이 될 수 있도록 한다.
- 칭찬은 적절한 신체적 접촉 혹은 비언어적인 커뮤니케이션이 수반될 때 좀 더 효과적이다.
- 효과적인 칭찬은 유아의 시도와 노력에 대한 보상효과가 있을 뿐 아니라 성공적으로 과업을 완성할 수 있도록 하는 자극제가 된다.
- 칭찬할 때 부정적 언급은 피하여야 한다.
- 완전하게 성공한 행동에만 칭찬하는 것을 피하여야 한다.
- 행동의 각 단계가 성공적으로 끝날 때마다 칭찬하여야 한다.

② 부적 강화

불쾌하거나 혐오스러운 자극의 철회를 통하여 그 행동은 강화된다. 부적 강화는 자극의 철회를 통하여 행동이 다시 일어날 확률을 증가시키는 결과를 가져오는 것이다. 즉, 바람직한 행동을 증가시키기 위해 영유아가 싫어하는 것을 제거하는 방법이다. 예를 들어, 동화책을 스스로 잘 읽은 유아에게 자신이 싫어하는 방 청소를 면제해 준다. 이때 중요한 점은 어떤 유아에게는 방 청소가 좋아하는 보상이 될 수도 있기 때문에 부적 강화물의 기준은 개별 유아의 성향을 정확히 파악한 후에 제공해야 한다.

(4) 소거

소거는 유아의 행동에 제공되었던 강화를 철회하는 비강화의 과정을 의미한다. 조건 형성이 한번 이루어졌다고, 그 조건 자극이 영원히 작용하는 것은 아니다. 소거는 어떤 반응에 대한 강화를 중지하는 것이다. 이러한 시도로 그 반응의 발생빈도가 줄거나 아예 사라진다. 소거는 일상생활에서 특정 행동을 무시하는 형태를 의미한다. 예로, 아이가 울 때마다 부모가 안고 달래주어야 울음을 그쳐왔는데, 어느 순간부터 아이가 울어도 부모가 아무런 반응을 보이지 않는다면 처음에는 더 많이 울겠지만, 결국에는 스스로 울음을 그치게 된다.

(5) 벌

벌은 바람직하지 못한 행동을 보여주었을 때 아주 싫어하는 자극을 제시하는 것을 말한다. 벌의 목적은 인정할 만한 행동으로 강화시키기보다는 바람직하지 못한 행동을 억제하는 것이다. 벌은 바람직하지 못한 효과가 있는데, 벌을 주는 사람에게 화를 내거나 분개하게 만들 수 있다. 상실을 수반한 벌들의 유형들은 활동중지와 반응상실의 방법이 있다.

〈표 3-2〉 **벌의 유형**

활동중지(time-out)	반응상실(response cost)
모두가 참여하는 활동에 해당 유아의 활동을 금지시키는 처벌방법	보상으로 제공되었던 강화를 감소시키면서 조절하는 처벌방법

3) 반두라의 사회학습 이론

(1) 관찰학습

① 특정한 모델의 모방

반두라(Bandura, A., 1925~)

어린 아이의 모방능력은 성장함에 따라 점차 정교해진다. 유아들은 특정 모델을 선택하여 모방한다. 대체로 양육행동, 타인으로부터 존경을 받는 모델, 자신보다 힘이 세며 매력적인 능력이 있는 사람을 모방한다. 생활 주변과 텔레비전, 영화 등에서 모델들을 접한다. 단, 영유아가 흥미를 가지고 모방하는 행동들은 모두 긍정적이지만은 않음을 알아야 한다.

② 관찰학습의 인지과정

모델로부터 학습은 특별한 인지과정이 포함되는데, 모방하고자 결정하는 과정에서 작동되는 인지적 요인들을 제시하면 〈표 3-3〉과 같다.

〈표 3-3〉 인지과정의 네 가지 구성 요소

구성 요소	내 용
주의집중 요인(attention factor)	영유아가 상황과 사건을 변별하고 해석할 수 있는가?
기억 요인(retentional factor)	영유아는 해당되는 상황 또는 사건에 관한 정보를 기억하는가?
재생 요인(reproductive factor)	영유아는 상황과 사건을 재연할 수 있는가?
동기유발 요인(motivational factor)	유아가 상황, 사건 등과 연관된 것들을 학습하려고 하는가?

출처 : Bandura(1989).

(2) 자기효능감

자기효능감(self-efficacy)이란 자신이 어떤 일을 잘 해낼 수 있다는 개인적 신념이다(Bandura, 1977). 인간은 자신의 능력을 생각하면서 '나는 국어를 잘 해', '축구를 못 해'와 같은 결론을 내린다. 이런 일반적인 판단을 자기효능감이라고 보고 이것이 스스로의 동기화에 효과가 있다고 본다. 어떤 과제에 익숙하다고 믿으면 그 일을 열성적으로 하며 난관에도 버티지만, 스스로의 능력을 의심하면 그 일을 열심히 하지 못하며 어려움에 부딪혔을 때 쉽게 포기한다.

네 가지 자기효능감의 정보원천

- 주어진 과업의 실제 수행
- 타인의 과제수행에 대한 대리경험
- 외부로부터의 격려
- 자신의 능력을 생리적 단서에 기초해서 판단

(3) 상호결정론

반두라는 행동의 원동력은 발달과정을 개인의 내적 과정과 환경 요소 간의 복잡한 상호작용에 의해 이루어진다고 보는 상호결정론(reciprocal determinism) 입장을 보인다. 상호결정의 과정은 |그림 3-1|에서처럼 환경(E), 인간(P), 행동(B) 세 가지 요소가 서로 영향을 주며 상호 의존적이다(정옥분, 2008).

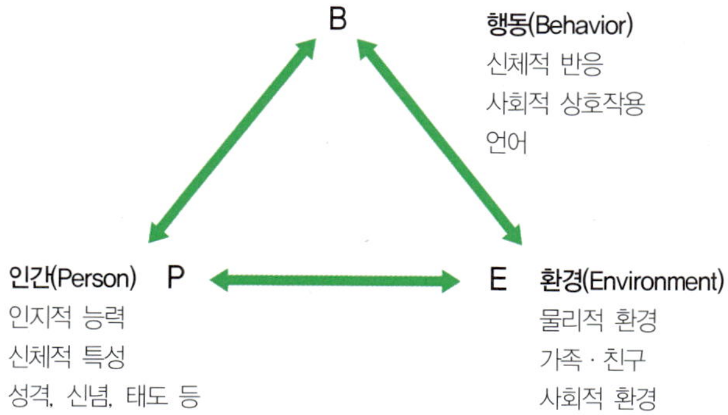

|그림 3-1| 상호결정론

출처 : 정옥분(2008).

4) 행동주의적 접근에서의 영유아 생활지도

행동주의적 접근에서 교사의 역할은 영유아의 바람직한 행동 습득을 동기화하고 촉진시키는 것이다. 교사는 먼저 영유아가 바람직한 행동을 습득할 수 있도록 활동, 수업, 주제 등의 전개를 통해 적절한 자극을 주어야 한다. 교사는 영유아의 외현적 행동을 지속적으로 관찰하여 목표한 행동이 습득되어 행동으로 나타나는지, 또 그것이 유지되는지 확인해야 한다. 관찰된 영유아의 행동 중 강화시켜야 할 행동은 적절한 정적 강화나 부적 강화의 방식으로 훈련시켜야 한다. 반대로 영유아의 행동 중 제거시켜야 할 행동은 애정의 철회나 처벌 등의 방법을 통해 감소시켜야 한다.

행동주의적 접근을 하는 교사의 교실에서 바람직한 영유아의 행동방식은 자극에 반응하는 존재로서, 교사가 제공하는 강화물을 받기 위한 목적으로 행동한다. 이들의 행동은 내적 기준에 따라 스스로 나타나기보다는 기본적으로 자신을 둘러싼 환경의 조절 특성에 따라 다양하게 분화되어 나타난다.

교사는 영유아의 행동은 학습된 것이므로 변화 가능함을 고려하여, 지나친 처벌보다는 긍정적 행동을 강화시켜야 한다. 영유아행동에 대해 구체적인 관찰을 통해 지도방법을 체계적으로 분석하고 계획하는 것과 부적절한 행동을 일으키는 환경을 개선해 주고, 감정이입 등 타인의 관점 수용하는 기회를 제공한다.

2. 인지발달 이론

1) 피아제의 인지발달 이론

(1) 주요 개념

피아제(Piaget, 1980)는 아동의 사고 과정은 성인의 사고 과정과 질적으로 다르다는 것을 강조하였는데, 〈표 3-4〉에서와 같이 주요 개념을 제시하였다.

〈표 3-4〉 피아제 이론의 주요 개념

용 어	정 의
도식(schema)	유기체가 가지고 있는 기존의 체제, 즉 이해의 틀 또는 사고의 틀
동화(assimilation)	외부 환경 자극의 정보를 받아들일 때 이를 기존의 틀에 끌어들여 해석하는 과정
조절(accommodation)	새로운 환경 자극을 받아들일 수 없을 때 기존의 체제를 변화시키는 과정
적응(adaptation)	동화와 조절 중 어느 한쪽에 치우치지 않도록 평형을 이루는 것

피아제(Piaget, J., 1896~1980)

피아제는 인지발달 단계는 고정적이라고 보았지만 개별 아동이 각 단계에 들어서거나 다음 단계로 이동하는 연령에는 개인차가 존재함을 강조하였다. 각 단계의 특성을 구체적으로 살펴보면 〈표 3-5〉와 같다.

〈표 3-5〉 **피아제 이론의 인지발달 단계 특징**

단 계	특 징
감각운동기 (0~2세)	영아는 감각과 운동 간의 관계를 발견하고 이를 조절하는 것을 배운다. 감각운동기 초기에는 생득적인 반사활동을 보이나 후기가 되면 상징적 표상을 통하여 사고를 시작한다.
전조작기 (2~7세)	유아는 언어의 발달에 따라 상징적인 기호를 사용할 수 있게 되고 이에 따라 사고능력에서 진보가 이루어진다. 그러나 이들 사고는 직관적이며 자신의 관점에서 벗어나지 못해 다른 측면을 고려하지 못하는 자아중심성을 보인다.
구체적 조작기 (7~12세)	아동은 양, 길이, 무게, 부피 등이 외형적으로 변화하여도 그 물질이 그대로 남아 있다는 것을 이해하는 보존개념을 획득하고 논리적인 조작을 통해 사물들 간의 관계를 이해하게 된다. 또한 자기중심성을 탈피하면서 탈중심화가 이루어지고 서열화나 유목화를 할 수 있으며 분류 개념이 형성된다.
형식적 조작기 (12세 이후)	아동은 구체적이고 실제적인 상황을 넘어서 상징적인 추론이 가능해진다. 가설을 설정하고 체계적으로 검증할 수 있으며 이를 일반화할 수 있다.

(2) 발달적 특성에 따른 기대

영유아의 생활지도에는 발달적 특성에 따라 적절한 기대를 설정하는 것이 중요하다. 왜냐하면 유아들의 부적절한 행동 유형도 유아의 발달에 따라 다르므로 기대되는 행동도 이에 따라 달라져야 하기 때문이다. 감각운동기에는 영아가 움켜잡거나, 머리카락을 잡아당기거나, 물어뜯는 등의 행동으로 문제가 발생되나 이러한 행동과 결과를 인지적으로 관련짓게 하는 것은 어렵다. 따라서 이 시기는 양육자가 그 행동이 허용되지 않음을 알도록 분명하고 일관적인 반응을 해야 한다. 또한 이러한 갈등적 상황을 예방하기 위해 동일한 놀잇감을 충분히 제공하는 등의 환경구성이 필요하다.

전조작기 유아는 언어를 획득하게 되지만 사고는 여전히 자기중심적인 특징을 가진다. 유아가 자신의 관점에서 세상을 인식하기 때문에 타인의 입장을 배려하도록 요구하는 방법은 발달적으로 적절하지는 않다. 오히려 유아가 그 상황을 어떻게 이해했는지 먼저 표현하도록 하여 수용한 후, 자신이 원하는 것을 하기 위한 또 다른 방법을 찾아보도록 유도하는 것이 요구된다.

〈표 3-6〉 **전조작기 영유아의 사고 특징**

사고 특징	내 용
상징적 사고	영유아가 눈에 보이지 않는 사물이나 행동을 표상하기 위해 다른 무언가(상징)를 사용하는 능력을 말하며, 상징적 기능을 통해 정신세계가 크게 확장된다. 상징적 기능은 유아의 그림, 상징놀이, 언어를 통해서 가장 잘 표현된다.
자기중심성	정신적 표상을 하게 되었을 때 자신의 관점으로만 집중하는 경향이며, 다른 사람도 자신과 같은 방식으로 생각하고 느낀다고 가정한다.
물활론	무생물을 살아 있는 생명체처럼 믿는 사고의 특징인데, 처음에는 모든 사물은 살아 있다고 생각하다가, 움직이는 것만 살아 있다고 생각한다. 그 다음 단계에는 스스로 움직이는 것은 살아 있다고 생각하다가 생물과 무생물의 개념을 파악하게 된다.
보존개념의 결여	보존개념(conservation)이란 대상의 외양이 변했다 하더라도 어떤 물리적 속성은 그대로 남아 있다는 것을 말한다. 이 시기의 유아는 보존개념이 없다고 보는데, 한 상황의 한 가지 측면만 보고 다른 중요한 특성은 무시해 버리는 중심화 특성 때문이다.
분류능력의 부족	논리적인 조작능력이 부족하기 때문에 대상을 유사성과 차이점에 근거하여 상위 유목과 하위 유목으로 분류하는 위계적 분류(hierarchical classification)를 어려워하는 특성을 보인다.

2) 비고츠키의 사회문화적 인지 이론

(1) 주요 개념

비고츠키(Vygotsky, L., 1896~1934)

비고츠키(Vygotsky, 1962)는 영유아는 타인과의 관계에서 영향을 받으며 성장하는 사회적인 존재임을 강조하면서 그들이 속한 사회, 문화 및 관습적 맥락을 함께 이해해야 함을 강조하였다. 즉, 비고츠키는 인간을 사회적이며 문화적인 세계의 산물로 보는 인간발달에 대한 사회문화적 관점을 제시하였다.

비고츠키는 인간의 정신활동, 고등인지 과정, 사고와 행동을 조절하기 위해 언어를 사용하는 능력은 사회문화적 학습의 결과이며, 사고는 성인이나 자신보다 뛰어난 또래 간의 대화와 협력을 통해 발달한다고 보았다. 보다 성숙한 사회 구성원들과 상호작용하는 과정 중에 자신이 속한 사회문화에 적합한 인지 과정이 영유아에게 전이된다. 그러므로 사고발달 역시 사회문화적 경험의 산물이다. 인간은 사회적 경험을 통해 자신이 접하고 있는 세계에 대해 사고하고 분석하는 방법을 터득한다. 언어는 타인과 의사소통을 하고 사회적 경험을 표현하는 주된 방법이 되며, 사고에 필수적인 도구이다. 언어는 사회문화적 세계와 영유아의 정신 기능을 연결시켜 주는 중요한 매개체다. 따라서 인지발달에서 가장 중요한 시기는 영유아가 언어를 사용하기 시작하는 때이며, 언어는 타인과의 의사소통뿐만 아니라 주의와 행동을 안내하기 위한 수단으로 사용하는 것이다. 언어를 자신의 사고를 구성하기 위해 사용하기 시작하면서 비로소 고등 정신 기능을 발달시키게 된다.

(2) 학습과 발달 간의 관계

학습은 발달을 주도하는데, 학습에 발판(스캐폴딩, scaffolding)을 제공함으로써 교육이 아동의 발달을 주도해 가도록 도울 수 있다. 교사는 과제가 새로운 것일 때, 보다 많은 도움을 주고 영유아의 능력이 증가함에 따라 도움을 줄여 나가며 점차 과제에 대해 보다 많은 책임을 맡게 함으로써 학습자의 자율성, 독립성, 책임감을 길러주는 것이다. 이때 교사의 역할은 영유아의 학습에 민감하게 반응하며, 적절하게 발판을 설정해 주는 것이다. 이는 영유아의 인지발달을 위해 교사가 적극적으로 도움을 줄 수 있는 근거를 제공하고 있다.

또 다른 개념은 근접발달지대(the zone of proximal development)이다. 근접발달지대란 영유아가 혼자 해결할 수 없으나 성인이나 자기보다 뛰어난 또래와 함께 학습하면 성공할 수 있는 영역으로 학습과 인지발달이 일어나는 역동적인 민감성 지역이다. 그러므로 교육이란 영유아에게는 도전적이지만 민감한 성인의 안내를 받아 성취할 수 있는 활동들, 즉 근접발달지대에 있는 경험들을 제공하는 것으로 본다.

3) 인지발달적 접근에서의 영유아 생활지도

인지발달적 접근에서는 영유아를 자신의 학습에 능동적인 존재라고 본다. 학습은 암기나 반복에 의해서가 아니라 능동과 조절에 의해 이루어지는데, 이 과정은 영유아의 호기심과 배우려는 열의를 통해 진행된다고 본다. 영유아는 능동적인 학습자로서 과제를 선택하며, 자신의 발달을 촉진시켜 줄 경험을 추구해 나간다. 교사는 영유아가 다양한 주제를 탐색하고, 한 주제 내에서의 여러 가지 활동을 통해 이를 확장시킬 수 있도록 도와준다. 영유아는 발달적으로 적합한 활동을 통해 능동적으로 배우게 되며, 소집단활동을 통해 또래와의 사회문화적 상호작용을 경험한다.

인지발달적 관점에서 생활지도를 효율적으로 하기 위한 몇 가지 지침을 제시하면 다음과 같다.

첫째, 자기통제 능력을 향상시킨다. 자기통제는 행동의 자발적 내적 조절이라고 볼 수 있다. 영유아가 누군가 말한 것을 기억할 수 있고, 기다릴 수 있으며, 유혹을 참을 수 있어야 자기통제적인 행동을 할 수 있다. 유아가 자기통제를 보인다고 항상 자기통제가 가능하다고 기대할 수 없으며, 많은 상황을 통해 연습할 기회가 필요하다.

둘째, 갈등적 상황을 활용한다. 유아는 갈등 상황을 활용하여 사고하고 판단할 기회를 갖는 것이 필요한데, 생각하고 행동하고 말하고 상호작용할 수 있는 환경을 제공하는 프로그램을 계획하는 것이 요구된다. 어떻게 갈등 상황을 해결할지에 대해 의견을 묻고, 잘한 행동을 했을 때의 결과를 말하게 함으로써 유아에게 자신의 행동을 스스로 조절하는 능력을 길러줄 수 있다.

셋째, 규칙 정하기에 참여한다. 교사가 주도한 규칙을 제시하기보다 유아가 자신의 문제에 참여하여 함께 해결방안을 찾고 행동하는 것이 바람직하다. 정해진 규칙이나 제한은 일관되게 적용되도록 하고 변경될 때에는 합의하여 재조정하는 분위기를 조성한다.

넷째, 협동의 기회를 활용한다. 인지발달 이론에서는 유아가 동료, 부모, 교사 등 주위 사람으로부터 많은 것을 배울 수 있으며 그들이 실제 경험한 것과 살고 있는 문화에서 가치를 두는 것에 기초하여 행동을 획득한다고 본다. 따라서 협동작업을 통해 공동목표를 추구하는 과정 속에 유아 간의 의견 차이를 조정하는 기회를 갖게 하고 이들의 생각이나 문제해결 전략을 비교하는 경험을 하게 하여 능동적이고 자발적인 행동을 이끌 수 있다.

인지발달적 접근으로 영유아 생활지도를 할 때 영유아가 책임감을 갖도록 하는 것이 중요하다. 이를 위해 먼저 발달수준에 적합한 기대수준을 설정하여야 한다. 그 다음 영유아와 함께 그들의 행동에 대해 이야기를 나누며 교사가 영유아를 신뢰하고 있음을 보여주어야 한다. 영유아가 스스로를 통제하거나 규제할 수 있도록 돕는다.

3. 정신분석 이론

1) 프로이트의 심리성적 이론

(1) 성격 구조

프로이트(Freud)는 인간의 정신을 빙산에 비유하며 의식, 전의식, 무의식으로 구성되어 있다고 하였다.

〈표 3-7〉 프로이트의 인간의 정신구조

구분	내용
의 식	인간이 인식할 수 있는 사고, 감정, 지각으로 구성됨
전의식	원할 때 의식화할 수 있는 것으로 기억, 사고, 꿈 등으로 이루어짐
무의식	정신의 가장 큰 부분을 차지하며, 관련 정보는 의식할 수 없음. 인간의 거의 모든 행동을 지배하며, 인간의 사고와 행동에 영향을 미침

프로이트는 인간의 성격이 원초아(id), 자아(ego), 초자아(superego)의 세 가지 구조로 구성되어 있고, 상호 간의 충돌과 갈등과정을 통해 인간의 행동이 결정된다고 보았다. 이 중 원초아는 비이성적이고 이기적인 본능을 의미하는데, 식욕, 성욕, 공격욕 등의 본능적인 쾌락의 원리에 따라 움직이며 현실적으로 가능한 것과 불가능한 것을 판단하지 못하며 쾌락적 욕망만을 추구한다.

프로이트(Freud, S., 1856~1939)

자아는 현실적인 원리가 지배한다. 출생 후 1년 정도가 되면 영아는 자신의 본능적 충동이 현실적으로 항상 만족될 수 없다는 것을 경험한다. 현실적으로 가능한 것과 불가능한 것을 깨닫게 되면서 자아를 발달시키게 된다. 자아는 현실이 수용하는 한계 내에서 원초아의 욕구를 충족시키려고 노력한다.

초자아의 경우 자아이상이나 양심과 같은 도덕적인 가치로서 3~4세 이후에 점차 발달한다. 원초아의 욕구와 충동을 억제하고 자아의 현실적 목표 대신 도덕적 목표를 추구하도록 원초아와 자아의 중재자 역할을 하여, 자아의 문제해결 방법이 도덕적으로 수용 가능한지 여부를 결정한다. 이러한 갈등으로부터 불안이 발생되는데, 자아는 승화, 투사, 합리화, 억압 같은 다양한 방어기제를 사용하여 불안을 다루어 간다.

(2) 성격발달 단계

프로이트는 인간의 성적 에너지인 리비도(Libido)가 일생 동안 정해진 순서에 따라 신체 여러 부위에 집중되는데, 리비도가 집중되는 부위를 성감대라고 하였다. 성감대는 연령에 따라 변하며, 리비도의 집중 부위에 따라 성격발달을 구강기, 항문기, 남근기, 잠복기, 생식기 등의 다섯 단계로 나누었다. 성격발달 단계에 따른 특징은 〈표 3-8〉에 제시하였다.

〈표 3-8〉 프로이트의 성격발달 단계

단 계	연 령	특 징	고착 성격
구강기	0~1세	구강 주위의 자극을 통해 쾌감을 느끼는 시기	손가락 빨기, 과식, 흡연
항문기	1~3세	배설물을 보유하고 방출하는 과정에서 쾌감을 느끼는 시기	인색하고 완고하며, 난폭한 성격
남근기	3~6세	성기의 자극으로부터 쾌감을 느끼는 시기	과시적, 공격적, 자기주장이 강함
잠복기	6~12세	성적 에너지가 무의식 속에 잠복하는 시기	이성과의 성관계에 어려움 겪음
생식기	12~18세	남근기의 성적 관심이 다시 나타나 이성에 대한 성적 관심이 높아지는 시기	자살, 비행, 정신이상

2) 에릭슨의 심리사회적 이론

(1) 인간관

에릭슨(Erikson)은 인간발달에 대한 심리사회적 환경의 중요성을 강조하여, 부모뿐만 아니라 가족이나 친구, 지역사회 등과 같은 사회문화적 배경이 인간발달에 있어 영향력이 크다고 보았다. 즉, 성격발달이 개인과 사회적 환경의 상호작용으로 이루어진다고 보았기 때문에 그의 이론을 심리사회적 이론이라고 한다.

에릭슨(Erikson, E. H., 1902~1994)

또한 에릭슨은 자아의 발달에 따른 자아정체감 형성의 중요성을 강조하였으며 자아를 성격의 자율적 구조로 강조함으로써 인간이 의사결정과 문제해결에 있어서 보다 더 합리적이고 논리적이라고 보았다. 에릭슨은 인간이 발달하면서 부딪히는 문제를 어떻게 극복해 가는가와 초기의 좌절이 어떻게 성장 후의 적응에 영향을 미치는가를 이해하는 것이 중요하다고 보았다. 심리사회적 이론은 초기 발달단계에서의 실패가 이후의 발달단계에 필연적으로 지장을 주는 것은 아니라고 보고, 낙관주의적 인간관을 제시하였으며 인간의 천성은 선하다고 보았다.

(2) 성격발달 단계

에릭슨은 발달을 전 생애에 걸쳐 일어나는 것으로 보았고, 그중에서도 자아정체감을 가장 중요하다고 강조하였다. 또한 에릭슨은 각 발달단계마다 심리사회적 위기가 있다고 가정하였고, 그와 대조적인 개념인 발달의 위기를 함께 제시하면서, 각 단계마다 두 개념이 균형을 이루고 발달해야 그 다음 단계로의 이행이 순조롭다고 보았다.

〈표 3-9〉 **에릭슨의 발달 단계**

단 계		연 령	발달 과제	덕 목
1단계	신뢰감 대 불신감	0~1세	양육자에게 따뜻한 보살핌을 받은 영아는 세상에 대한 신뢰감을 형성하지만, 그렇지 않을 때는 불신감이 생긴다.	희망
2단계	자율성 대 수치심	1~3세	스스로 행동하고 결정하고 싶어 한다. 양육자가 선택권을 줄 때 영아는 자율성을 형성하지만, 강요하고 억압할 경우 수치심을 느낀다. 배변 실수 등의 기대에 못 미친 행동을 하면 회의감을 경험한다.	회의감 · 의지력
3단계	주도성 대 죄책감	3~6세	양육자가 아동의 새로운 목표를 지지해 줄 때 주도성이 발달하지만, 지나친 통제를 할 때 유아는 죄책감이 생긴다.	목적
4단계	근면성 대 열등감	6~12세	학교나 가정에서 여러 가지 기능을 배우는 과정에서 근면성을 형성하지만 실수나 실패를 할 경우 열등감을 형성한다.	능력
5단계	정체감 대 역할 혼미	12~18세	이 시기는 자신의 위치, 역할, 능력 등에 대한 자아정체감을 형성하려고 한다. 그 과정에서 누군가 동일시 대상을 찾기도 하고, 역할 혼미가 생기기도 한다.	충성심
6단계	친밀감 대 고립감	성인기	직업과 배우자를 찾게 되며, 다른 사람, 특히 이성과 친밀한 관계를 맺고 싶어 하나 잘 이루어지지 않으면 고립감을 느낀다.	사랑
7단계	생산성 대 침체성	중년기	자녀 양육과 직업을 통해 다음 세대에 공헌하고 싶어 한다. 반면 이러한 생산성을 경험하지 못한 사람들은 의미 있는 성취감을 느끼지 못하고 삶의 침체에 빠진다.	배려
8단계	통합감 대 절망감	노년기	지금까지의 삶을 돌아보며 가치 있는 삶이었음을 느끼지만, 자신의 삶에 만족하지 못하는 사람들은 절망을 느끼고 죽음을 두려워한다.	지혜

3) 정신분석적 접근에서의 영유아 생활지도

정신분석적 접근에서는 영유아에게서 나타나는 행동문제를 해소되지 않은 이전의 갈등이 상징적으로 표현된 것이라고 본다. 전문가들은 영유아의 경우 이들이 나타내는 행동문제의 근본 원인은 영아기의 양육자와 영아 간 애착이나 상호작용의 문제에서 비롯된 경우가 많다고 본다(이소은 · 이완정, 2015). 정신분석적 접근의 목표는 개별 아동의 독특성을 바탕으로 이들의 과거 경험과 왜곡되었거나 충족되지 못한 초기 욕구를 이해하여 문제증상을 제거하는 것이다. 정신분석적 접근에서는 아동이 문제상황을 인식하고, 여러 가지 행동대안을 이해하며, 가장 적합한 문제해결 방안을 선택하도록 돕는다. 영유아는 말로 자신을 표현하는 데 익숙하지 못하므로 놀이를 통해 영유아의 문제가 자연스럽게 표현될 수 있다. 자신의 무의식에 잠재되어 있는 문제를 놀이를 통해 해소할 수 있다고 보기 때문에 놀이를 통한 상담 및 치료가 이루어진다.

정신분석이론에 기초를 둔 교사의 역할을 살펴보면 우선, 교사는 영유아의 개별성과 독특성을 깊이 이해하고자 하는 태도를 가져야 한다. 이를 위해 교사는 개별 영유아의 가정환경을 파악하고, 이들의 독특한 과거 경험이나 고유성을 그대로 받아들이고자 노력한다. 교사는 모든 영유아의 감정, 사고, 행동을 지배하는 무의식의 요소가 있다는 것을 인식할 필요가 있다.

교사는 정신분석가가 아니기 때문에 비록 그 무의식의 요소가 어떤 것인지 파악하지는 못하더라도, 영유아가 행동문제를 나타낼 때 선불리 훈육을 하기보다는 영유아의 행동문제가 비롯된 원인이 있을 것이라는 유보적 자세를 견지할 수 있다. 즉, 교사는 영유아가 일시적 혹은 잠정적 행동문제를 나타낼 수 있음을 받아들이고, 부모 등 양육자와 함께 영유아의 행동문제가 어떤 원인에서 비롯되었는지 이해하고자 노력할 수 있다.

4. 인본주의 이론

1) 로저스의 인간중심 이론

(1) 로저스의 인간중심 이론의 개념

로저스(Rogers, C., 1902~1987)

로저스(Rogers) 이론에 있어 주요 개념은 자신에 대한 자아개념의 발달이라 할 수 있으며, 자아개념은 주변의 수많은 사건에 대하여 사람이 어떻게 반응하고 또 그들 사건들과 관련되어 자기 스스로를 어떻게 느끼느냐에 기초하여 형성된다고 보았다. 개인의 의식적인 지각은 자신에 의해 지각될 때 의미를 갖게 되므로 개인적이고 주관적일 수밖에 없다. 개인의 관점은 매우 주관적이기 때문에 어른과 유아의 관계에서 어른의 행동이나 말이 때로는 그 상황에 관련된 어른 자신의 견해를 유아에게 강요하는 것으로 인식될 수 있다(지성애 · 홍혜경, 2008).

또한 타인으로부터 인정받고, 수용되고, 지원받는 등의 긍정적인 관심에 대한 욕구는 누구나 가지고 있으며, 타인으로부터의 긍정적 관심이 내면화되어 자신을 긍정적으로 생각하게 된다고 본다. 만약 유아가 어른으로부터 긍정적인 인정을 받지 못한다면, 유아는 자신의 잠재력을 발휘하기보다는 어른으로부터 인정을 받으려는 데에 에너지를 사용하게 되어 자아발달에 문제가 생길 수 있다. 그러므로 타인으로부터 긍정적인 관심을 받고, 유아 나름의 개인적 지각을 인정받을 때 비로소 온전한 인간으로 기능할 수 있게 된다. 로저스 이론에 의한 지도에 있어 기본적 원리를 요약하면 다음과 같다(Marion, 1991).

① 심리적 관계 형성

애정적이고 신뢰할 수 있는 양육자와의 관계 형성이 먼저 이루어져야 한다. 양육자와 유아 간의 긴밀한 애착관계의 형성은 발달과 행동지도에 중요한 의미를 갖는다.

② 불일치된 상황의 인식

유아의 실제 상황이 자신의 견해와 일치되지 않는 경우가 일상생활에서 자주 있음을 이해하는 것이 필요하다. 예로, 동생이 사랑스러운 존재인지 알았는데, 자신의 놀잇감을 뺏어가고 엄마의 관심을 독점하는 상황을 경험한다.

③ 민감하고 지원적인 성인

부모나 교사는 유아 자신의 느낌에 대해 이성적으로 다가가기보다는 우선적으로 유아에 대한 모든 감정을 있는 그대로 수용하고 개방적인 자세를 취해야 한다.

④ 유아의 감정을 수용

유아를 독립된 인격체로 보고 이들에게 모든 종류의 감정이 존재한다는 것을 수용하는 것이 필요하다. 교사가 유아의 느낌을 인정하고, 함께 공유하며, 감정이입을 느끼고, 다정함을 보이는 등의 언어적 표현 또는 비언어적 접촉을 해야 한다.

⑤ 감정이입의 표현

부모나 교사는 영유아에 대해 수용한 것과 감정이입한 부분을 해당 영유아에게 표현해야 한다. 영유아의 두려움, 분노, 질투 등의 감정을 이해하고, 감정변화에 대한 구체적인 의사소통을 해야 한다.

(2) 로저스 이론에서의 영유아 생활지도

① 의사소통에 장애가 되는 언어적 표현의 유형

언어적 표현	특징 및 효과
재확인하기, 동정하기, 위로하기, 지원하기	교사나 부모들의 재확인하기, 동정하기, 위로하기 등의 행위는 표면적으로는 도움이 될 것 같아 보이나 실제로는 크게 도움이 되지 않는다.
칭찬하기, 긍정적 평가하기	칭찬은 유아의 행위에 부합된다고 느낄 때는 효과적이지만 유아 자신의 이미지와 부합하지 않았을 때는 오히려 당혹감, 분노를 느끼거나 유아를 조정한다는 느낌을 갖게 한다.
별명 부르기, 조롱하기	교사나 부모들에 의한 별명 부르기나 조롱하기는 유아의 자아개념을 손상시킨다.
단정짓기, 비판하기, 비난하기	유아의 자아개념은 부모나 교사 또는 동료들의 평가나 판단에 의해 형성된다.
가르치기, 논리적 논쟁하기	가르치거나 논리적으로 논쟁하는 경우는, 부모나 교사, 유아 모두에게 문제가 없는 상황에서는 합법적인 문제해결의 기능을 한다.
충고하기, 해결책이나 대안을 제시하기	교사가 충고하거나 해결책 또는 대안을 제시하는 것은 유아 자신의 문제를 해결할 능력을 인정하지 않는 것으로 유아 스스로 생각하는 것을 포기하고 타인이나 권위 있는 사람의 의견을 따르도록 만들게 된다.
설교하기, 훈계하기	부모나 교사가 설교나 훈계를 하는 경우 유아들은 외부의 권위나 의무로 따르거나 힘에 복종해야 한다는 메시지로 받아들이게 된다.
경고하기, 위협하기	부모나 교사의 경고나 위협의 메시지는 지시하기나 명령하기와 매우 유사하지만 명령의 거절에 대한 결과의 응징까지 포함하고 있다는 점에서 차이가 있다.
지시하기, 명령하기	교사가 지시하거나 명령하는 경우 유아에게는 그들의 감정이나 요구는 중요치 않고 교사나 부모가 현재 요구하는 것에 복종해야 한다는 메시지로 받아들여지게 된다.
질문하기, 철저히 조사하기, 반문하기	교사나 부모들의 질문이나 반문 또는 조사하기 등의 행동은 유아를 신뢰하지 못한다는 것을 나타낼 수 있으며, 이야기하고 싶은 것을 한정시키는 결과를 초래할 수 있다. 또한 유아 자신에게 스스로 문제를 풀도록 허용하기보다는 교사가 유아를 위해 문제를 풀기 위한 정보를 조사하는 것으로 인식하게 만들 수 있다.
취소하기, 주의 돌리기, 화제 바꾸기, 유머 사용하기	교사나 부모가 대화를 취소하거나 주의를 돌리거나 화제를 바꾸는 등의 행동은 유아에게 교사나 부모가 그들의 문제에 관심을 가지지 않고 있을 뿐 아니라, 그들의 감정을 존중하지 않으며 거부한다는 의미로 받아들여질 수 있다.

출처 : 지성애 · 홍혜경(2008).

② 의사소통에 도움이 되는 언어적 표현의 유형

언어적 표현	특징 및 효과
조용히 들어주기	유아에게 문제가 생겼을 때 자신의 문제를 이야기할 수 있도록 조용히 계속 들어주는 것이다. 유아로부터 자신의 문제를 이야기하도록 하기 위해서는 먼저 심리적·애정적 관계가 형성되어야 한다.
인식반응	유아가 열심히 자신의 이야기를 하는데 교사가 묵묵히 듣고만 있다면 유아 자신은 어느 정도 수용되고 있는지 확인할 수가 없다. 그러므로 인식반응은 교사가 열심히 듣고 있으며 유아가 느끼는 감정을 수용하고 있음을 언어적·비언어적으로 표현하여 주는 것을 의미한다.
말하도록 유도하기	교사나 부모들이 유아들로 하여금 자신의 감정이나 문제를 이야기할 때 지속할 수 있도록 격려하여 주는 것으로 비평하거나 판단이나 질책 없이 문제를 함께 걱정하고 있음을 전달하는 것이다.
적극적으로 경청하기	교사나 부모들이 유아들에게 감정이나 생각이 존중받고 이해되고 수용되고 있다는 것을 느끼도록 하기 위해서는 적극적으로 들어주어야 한다.

출처 : 지성애·홍혜경(2008).

③ 문제의 소유자 파악하기

유아의 수용 가능한 행동과 수용 불가능한 행동을 분별하는 것은 유아와의 문제에 대처하고 인식하는 데 도움이 된다. 먼저 유아의 수용 불가능한 행동의 영역은 교사나 부모가 화가 나거나, 불편한 감정이 생기에 되어 문제를 갖게 되는 경우이다. 예를 들면, 친구를 때리는 행동에 대해 교사는 수용할 수 없는 감정을 느끼게 되는데, 교사가 문제를 소유하게 되는 경우이다. 반대로 유아가 실망하거나 좌절을 느끼는 경우에는 유아가 문제를 가지게 되는 경우이다.

④ 자신의 입장을 알리는 나-전달방법

유아의 행동에 대해 교사나 부모가 수용할 수 없는 경우, 흔히 "네가 ~하다"는 식의 너-전달방법(You-message)을 많이 사용하는데, 이 경우 비난의 감정으로 인식되기 쉽다. 따라서 유아를 탓하지 않고 교사나 부모 자신이 그 행동에 대해 어떻게 느끼는지만을 단순히 전달하는 나-전달방법(I-message)이 보다 효과적이다.

⑤ 갈등해결의 무승부 방법

첫째, 내가 이기고, 상대방이 지는(I Win, You Lose) 방법이다. 대개 교사나 부모가 이기고 유아가 지는 경우로, 이 방법은 갈등을 해소하는 데 가장 비효과적인 방법이다.

둘째, 상대방이 이기고, 내가 지는(You Win, I Lose) 방법이다. 유아가 이기고 교사나 부모는 지는 경우로, 비효과적인 방법이다.

셋째, 무승부(No-Lose) 방법으로 어느 누구도 지지 않고 갈등을 해소하는 방법이다. 즉, 어른이 힘이나 권위의 사용을 피하는 대신 문제를 해결하기 위해 유아와 교사 간에 합의할 수 있는 의사결정 과정을 진행한다.

2) 매슬로우의 전체-역동 이론

(1) 매슬로우의 전체-역동 이론의 개념

매슬로우(Maslow, A. H., 1908~1970)

매슬로우(Maslow)는 유전이 성격발달에 중요한 역할을 수행하고 있으며 유전구조 속에 잠재적 재능이나 흥미가 결정되어 있다고 인정하였지만 이러한 유전적 토대 위에서 자아실현은 환경에 의해 결정된다고 하였다(이인정 외, 2008). 매슬로우의 전체-역동 이론의 기본적 전제는 세 가지로 정리될 수 있다(Maslow, 1970).

첫째, 각 개인은 통합된 전체로 간주되어야 한다.

둘째, 인간의 본성은 본질적으로 선하며 인간의 악하고 파괴적인 요소는 나쁜 환경에서 비롯된 것이다.

셋째, 창조성은 인간의 잠재적 본성이다.

매슬로우의 인간의 동기에 대한 가정

- 한 인간의 행동은 여러 가지 동기에서 나온다. 예로, 성에 대한 욕구는 성적인 욕구뿐만 아니라 지배, 교제, 사랑과 존중의 욕구로 동기화된다. 또한 어떤 행동의 동기는 무의식적이고, 그 사람도 모른다.
- 인간은 계속해서 하나나 또 다른 욕구에 의해 동기화된다. 예로, 굶주림의 욕구가 채워지지 않으면 계속 음식을 찾으나 먹을 것이 충분할 경우 안전, 애정 같은 다른 욕구를 갖게 된다.
- 모든 곳의 모든 인간은 똑같은 기본적인 욕구에 의해 동기화된다.

(2) 욕구위계론

매슬로우의 욕구의 위계는 낮은 수준의 욕구는 반드시 채워져야 하거나 위 수준의 욕구 전에 비교적 채워져야 한다고 가정한다. 낮은 수준의 욕구는 위 수준의 욕구보다 우세해 먼저 채워져야 한다.

① 욕구의 위계

욕구단계		특 징
5단계	자아실현의 욕구	자기 성취, 자신의 잠재력을 포함하여 창조적인 것을 실현하는 것이다. 자아실현에 도달한 사람은 온전한 사람이고 다른 사람이 중요시하지 않는 욕구를 채운 사람이다
4단계	존중의 욕구	자아존중감, 유능감, 명예 등이 해당한다. 명예는 타인의 눈에 의한 위엄, 인정이나 평가이고, 자아존중감은 자신의 견지에서의 가치감과 자신감이 해당된다.
3단계	애정, 소속의 욕구	우정, 사랑에 대한 욕구, 가족, 동아리, 이웃이나 국가에 소속되고자 하는 욕구 등이 해당된다. 심리적으로 성장하기 위해 영유아는 사랑이 필요하기 때문에 이 욕구를 채우려는 시도가 뚜렷하고 직접적이다.

2단계	안전의 욕구	신체적인 안전, 안정성, 의존성, 보호, 질병, 공포, 걱정, 위험, 무질서 같은 위협적인 것에서 자유롭고자 하는 욕구이다. 법, 질서와 구조에 대한 욕구도 포함된다.
1단계	생리적 욕구	인간의 가장 기본적이며 강력한 욕구에 해당되며, 음식, 물, 산소, 몸의 체온 유지 등에 관한 욕구이다. 완전히 만족되거나 넘치게 만족될 수 있는 유일한 욕구이며, 계속해서 다시 생긴다.

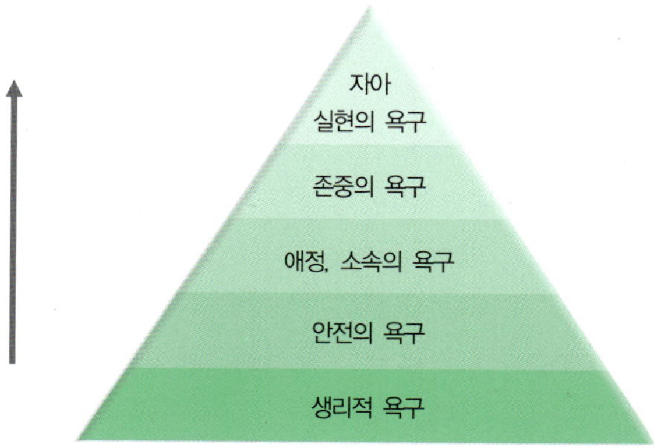

|그림 3-2| 매슬로우의 욕구위계모형

② 미적인 욕구

사람은 추보다는 미를 좋아해 추하고 무질서한 환경에서 살도록 하면, 신체적으로나 정신적으로 아플 수 있다. 미적이고 질서정연한 환경에 대한 욕구가 강한 사람이 미적인 욕구에 대한 갈망이 크게 드러난다.

③ 인지적인 욕구

인지적인 욕구는 알고자 하고 이해하려고 하며 호기심을 채우려는 욕구이다. 인지적인 욕구가 저해되면 다른 모든 욕구가 위협을 받는다. 무지하거나 비밀스러운 상황은 알고자 하는 사람의 욕구를 좌절시켜 심리적인 건강을 해친다. 이 욕구가 계속해서 박탈되면 피해망상을 갖고 우울해질 수 있다.

④ 신경증적인 욕구

신경증적인 욕구는 비생산적이며, 건강하지 않은 생활을 이끌고 자아실현을 하려는 데 가치를 두지 않는다. 신경증적인 욕구는 항상 반응적인데, 만족되지 않은 기본 욕구의 보상으로 작용한다. 예를 들어, 사랑과 소속의 욕구가 채워지지 않으면, 타인에게 공격적이고 적대적인 신경증적 욕구를 드러낸다.

(3) 자아실현

매슬로우(1970)는 자아실현한 사람은 가치라고 부르는 영원히 변치 않는 진실, 참에 의해 동기화된다고 한다. 이러한 가치는 심리적으로 건강하다는 표시이고 욕구가 결여된 것이 아니다. 자아실현한 사람의 대부분은 일반 사람들인데 그 특징은 다음과 같다.

〈표 3-10〉 **자아실현인의 특징**

현실에 대한 효율적인 지각	외관에 속지 않고 타인에게 있는 긍정과 부정적인 특성을 안다.
자기, 타인과 자연에 대한 수용	있는 그대로 자신과 타인을 수용한다. 방어, 거짓, 자기 - 패배적인 죄의식이 없다.
자발성, 단순성과 자연스러움	관습에 얽매이지 않은 가운데 윤리적이며, 자발적인 것과 행동에서의 자연스러움이 있다.
문제중심성	과제중심적이며 자기 외부의 문제에 관심이 있다.
사적인 자유의 욕구	애정과 소속의 욕구가 채워져서 혼자 있는 것을 즐길 수 있다.
자율성	성장을 위해서는 자신에게 의존한다. 자율감은 타인과의 만족스러운 관계에 의해서만 얻어진다.
지속적인 감사	자기가 가진 것에 감사하고 지루하고 흥미 없는 존재에 대해 불평하며 시간을 낭비하지 않는다.
절정경험	예기치 않게 자연에서 신비롭고 초월감을 주는 경험을 한다.
공동체감	모든 사람과 함께 하나된 느낌을 지니고, 타인을 돌보는 태도가 있다.

깊은 대인관계	깊고 강한 대인관계를 소수의 사람과 나눈다.
민주적인 태도	민주적인 가치를 소유하고 있으며, 부도덕한 사람 · 행동과 싸운다.
방법과 수단의 구분	옳고 그른 행동을 분명히 알고 기본적인 가치에 대해 갈등이 없으며 수단보다는 목적에 주의를 기울이고 둘 간의 구분을 잘 한다.
유머에 대한 철학적인 감각	유머감각이 있으며 사람을 단순히 웃기는 것 이상으로 인위적인 것이 아니라 상황에 잘 맞는다.
창의성	창조성의 기초인 진리, 미, 현실에 대해 예리한 지각이 있다.
문화적응에 저항	문화화되는 것에 저항하는데, 자기 자신의 기준이 있어 무조건 타인의 규칙에 따르지 않는다.
사랑과 자아실현	보답을 바라며 사랑하지 않고 순수하게 사랑을 하고 사랑을 받는다.

3) 인본주의적 접근에서의 영유아 생활지도

인본주의적 접근에서 교사는 영유아의 권리를 존중하고 도덕적인 안내를 하는 전문가이다. 교사는 영유아가 책임감 있는 결정을 내리도록 돕고, 그 결과를 생각해 볼 수 있도록 도와야 한다. 교육의 우선순위는 영유아를 능력 있고 성인과 동등한 존재로 보고 민주적인 기술을 가르치는 것에 둔다. 교사의 권위적 통제는 지양하고, 영유아와의 감정교류와 친밀감 형성에 중점을 두어야 한다. 자기이해를 통해 스스로 자아를 형성하도록 도와주는 역할을 해야 한다. 교사는 영유아를 협력적 학습자로 여겨 함께 배우는 공동체를 형성해야 하는데, 민주적인 교실 분위기를 조성하고, 영유아의 활동을 민주적으로 운영해야 한다.

영유아가 자율적으로 행동할 수 있는 교실에서는 교사와 영유아 간 권력을 공유하게 되어 보다 동등하고 공평한 관계가 형성된다. 교사는 영유아의 도덕적 행동을 이끌어 내고, 공감과 도덕적 추론능력을 지원한다. 이때 외적으로 교사에 의해 강요되는 것이 아니라 성인의 힘을 유보하고, 영유아의 자율권을 인정하며, 그 결과 영유아가 스스로의 힘을 갖게 되는 것을 지향한다.

5. 아들러의 개인심리학 이론

1) 아들러 이론의 개념

아들러(Adler) 이론은 인간의 성격형성의 일반적인 가정을 다음과 같이 제시하였다(Marion, 1991).

아들러(Adler, A., 1870~1937)

(1) 열등감과 심리적인 강인함

열등감은 모든 인간이 무언가를 추구할 수 있는 동기가 된다. 신체적인 것뿐 아니라 심리적 · 사회적 열등성을 극복하기 위해 노력을 한다. 이런 노력은 성공을 가져다주기도 하는데, 성공하지 못했을 경우 병적 열등감에 머물게 된다. 따라서 사람들은 자신의 열등감을 심리적인 강인함과 대치하려는 특성이 있다.

(2) 개개인의 독특한 추구 방식

인간은 일상생활에서 직면하는 문제에 반응하는 방법을 개인의 생활양식을 통해 발달시키는데, 유아기에 부모와 자녀 간에 경험한 상호작용의 질은 결정적인 영향을 준다. 일상생활에서 문제를 다루는 방식은 유아기에 결정적으로 조성된다고 본다.

(3) 사회적 관심의 차이

인간은 사회적 관심의 수준이 각기 다르다. 자신의 심리적인 강인함에 대한 느낌은 타인과 협동함으로써 가장 잘 성취한다고 본다. 개인의 행동은 사회에도 영향을 주는데, 타인과 협동할 때 사회에 도움을 주지만, 함께 일하기를 거부할 때 사회는 문제를 가지게 된다고 주장한다.

(4) 사회적 관심과 자존감

사회적 관심은 유아의 자존감 형성에 영향을 준다. 영유아의 외모적인 특성은 다른 사람의 반응에 영향을 주고, 다시 자신에 대해 어떻게 느끼는가에 영향을 준다. 자신에게 중요한 사람의 말과 행동은 유아의 자존감 형성에 막강한 힘을 행사한다.

(5) 사회적 관심의 발달

사회적 관심을 발달시킬 능력은 누구나 가지고 있는데, 사회적 관심은 환경에 의해 길러진다고 본다. 유아가 생활하는 환경에서 사람들이 그 집단을 위해 기여하고 협조하는 것을 관찰하고, 격려받는 분위기 속에 타인을 존중하고 협조하게 된다.

(6) 사회적 관심과 유아의 지각

사회적 관심은 유아가 상황에 대한 정확한 지각을 하는지에 따라 영향을 받는다. 유아는 일상생활 가운데 스스로 집단에 속하는 것이 얼마나 중요한 것인지를 깨닫고 어울리려는 행동을 한다. 집단에 협조하는 바람직한 행동을 함으로써 소속감을 얻는다.

2) 아들러 이론을 적용한 영유아 생활지도

(1) 드레이커스의 민주적 유아 생활지도

드레이커스(Dreikurs)는 아들러의 심리학 이론을 기초로 민주적인 유아 생활지도의 원칙을 제시하였는데, 유아는 어른에 비해 경험이나 능력 면에서는 부족하지만 인간으로서의 가치나 존엄성은 동등하기 때문에 상호 존중하는 태도가 필요하다는 기본 입장을 보인다(정계숙 외, 2007).

① 영유아의 행동 이해하기 : 잘못된 행동의 목표 인식

행동유형	특 징
지나친 주의집중이나 관심 끌기	다른 사람들로부터 정상적인 방법으로 관심을 얻고자 한다. 만약 그럴 수 없다면 무모한 방법을 써서라도 주의를 얻으려고 시도한다. 교사의 주의집중을 받을 때만 그 집단에 소속되는 것으로 확신한다면 관심을 끌기 위한 부정적인 방법을 선호한다.
주도권 빼앗기	관심 끌기 행동이 수용되지 못하면 힘을 행사한다. 누군가를 지배하고 힘을 행사할 수 있을 때만 중요한 사람으로 인정받는다는 확신이 있기 때문이다. 이런 영유아는 자신의 힘과 능력을 시험해 보기 위하여 교사의 요구에 거부나 반항하는 행동을 한다.
보복하기	보복적인 행동을 하려는 영유아는 그들이 사랑을 못 받는다는 인식과 자신이 받은 심리적인 상처만큼 다른 사람에게 상처를 주어서라도 자신의 영향력을 행사할 때만이 자신이 그 집단에 소속되어 인정받을 수 있다는 확신이 있다. 의도적으로 남에게 상처가 되는 말을 골라 사용한다.
무능함 또는 부족함 나타내기	영유아가 위의 여러 행동을 통해 인정받지 못하게 되면, 자신이 집단에 기여할 수 있는 일은 전혀 없다고 생각하여 어떤 시도도 하지 않는다. 의도적으로 무능하거나 부족함을 나타내 보임으로써 인간관계에서 자신에게 기대를 하지 못하게 미리 조처하여 자신의 위치를 확보하려 한다.

② 잘못된 행동에 대한 대안적 접근

지도유형	특 징
지나친 주의집중이나 관심 끌기 행동에 대한 지도	지나친 주의나 관심을 끌려는 영유아에게 교사가 달래거나 관심을 끌기 위한 행동이 소용이 없음을 이야기하는 것은 효과가 없다. 오히려 그 집단에서 영유아가 필요로 하는 기여를 하게 함으로써 중요한 존재로 인정받을 수 있음을 보여준다.
주도권 빼앗기 행동에 대한 지도	영유아의 도전적인 행동에 교사가 분노나 위협을 느껴 대응한다면 결국 목표하는 것을 획득한 결과가 되고, 힘을 사용하게 되면 영유아는 힘의 가치를 알게 되어 더욱 힘을 앞세우게 된다. 교사는 주도권 확보를 위해 유아에게 화를 내거나 저지하려는 충동을 억제해야 한다.
보복하기 행동에 대한 지도	보복적인 행동을 하는 유아에게 교사가 영유아의 행동에 응징하는 반응을 보여 대처할 것이 아니라 안내자 역할을 해야 한다. 먼저 영유아를 진정으로 염려하고 있고, 그들의 행복을 진정으로 원하고 있음을 보여주어 관계 개선을 해야 한다.
무능함, 부족함을 나타내는 행동에 대한 지도	무능하거나 부족함을 느끼는 유아에게는 모든 비난을 배제하고 유아가 할 수 있는 것과 이들의 장점에 초점을 맞춰야 한다. 사소한 것일지라도 유아가 잘하려는 시도를 격려한다.

③ 벌에 대한 대안적 접근으로 자연적·논리적 귀결 사용

일반적인 보상과 벌의 특징은 다음과 같다.

첫째, 보상과 벌의 사용은 유아의 행동에 대해 교사나 부모가 그 행동에 책임지도록 만든다. 따라서 유아 자신이 행동함에 있어 타율적이기 쉽다.

둘째, 보상과 벌을 사용하면 유아가 스스로 결정을 하는 것을 배울 수 없고, 효과적인 행동을 위한 결정이나 규칙을 수용하지 못하게 한다.

셋째, 보상과 벌은 어른이 있을 때만 유아의 수용될 수 있는 행동이 기대된다.

따라서 어른이 없을 때나 보상이 주어지지 않을 때는 유아가 자율적으로 행동하기를 기대하기 힘들다.

넷째, 보상과 벌은 교사가 지시한 것을 일방적으로 따르도록 강요하게 되므로 저항을 유도한다.

자연적·논리적 귀결은 벌에 대한 대안적 접근으로 제시할 수 있다. 자연적 귀결은 유아가 자신의 행동에 대한 자연적인 결과를 경험하도록 하는 것이다. 예를 들면, 잠자기를 거부한 후 피곤함을 경험하게 되는 것과 같다. 또한 논리적 귀결이라는 것은 유아 자신의 행동에 대한 사회질서의 현실을 경험하도록 하는 것이다. 예를 들면, 아침에 늦게 일어나면 유치원버스를 놓쳐 결석하게 되어, 이에 따른 결과를 경험하게 되는 것이다.

(2) 딩크마이어와 맥케이의 효율적 부모역할 수행을 위한 체계적 훈련

효율적 부모역할 수행을 위한 체계적 훈련(STEP)은 딩크마이어와 맥케이(Dinkmeyer & McKay, 1976)가 아들러와 드레이커스의 이론과 고든(Gordon)의 이론을 기초로 단계적으로 개발한 부모 프로그램이다. STEP은 부모들이 민주적인 양육을 위한 원리를 이해하고 기술을 연습하도록 9단계로 구성되어 있고, 매주 1단계씩 내용을 읽고 문제 상황과 질문들을 다루고 그 주에 할 활동을 제시하고 있다(정계숙 외, 2007).

제1단계 : 유아의 행동과 잘못된 행동을 이해하기

제2단계 : 부모나 교사로서 자기 자신과 유아에 대해 더 잘 이해하기

제3단계 : 유아가 자신의 가치를 인정하고 자신감을 갖도록 격려하기

제4단계 : 반영적 경청을 통한 효율적인 의사소통하기

제5단계 : 유아에게 자신의 생각과 감정을 전달하고 대안 찾기

제6단계 : 책임감을 발달시키는 훈육방법인 자연적·논리적 귀결 사용하기

제7단계 : 생활지도 시 받게 되는 도전에 자연적·논리적 귀결 활용하기

제8단계 : 가족모임이나 집단시간을 갖기

제9단계 : 한 인간으로서 자신감을 발달시키고 잠재력을 발휘하기

참여해 봅시다

1. 유아의 생활습관을 지도하기 위한 주제를 선정하고, 이것을 행동주의 입장과 인지발달 이론의 입장에서 지도방법을 적용해 봅시다.
2. 공격적인 행동을 하는 유아의 상황을 설정하고, 정신분석 이론과 개인심리학 이론의 관점에서 지도방법을 적용해 봅시다.
3. 인본주의 이론을 근거로 부모가 자녀를 양육할 때 나타나는 욕구체계를 구체적으로 이야기해 봅시다.

PART 02

영유아 생활지도와 관련된 교육의 역할

Chapter 4

영유아 생활지도의 운영과 환경구성

이 장에서는 영유아 생활지도의 운영과 생활지도를 위한 환경구성에 대하여 살펴보고자 한다. 영유아 생활지도 운영에서는 영유아 생활지도를 위한 계획 및 내용을 알아보고 영유아 생활지도의 올바른 지도방법에 대해 파악한다. 또한 영유아 생활지도를 위한 환경구성에서는 영유아 생활지도를 위한 실내환경 구성요소, 교실환경 구성 시 고려사항, 교사의 역할과 태도, 실내기본 시설에 따른 연령별 흥미영역별 환경 구성에 대해 면밀히 파악해 본다.

학습목표

1. 영유아 생활지도를 위한 계획을 이해하고 생활지도의 필요성, 목표설정과 내용선정에 대해 안다.
2. 영유아기 생활지도의 교수 활동을 파악하고, 올바른 영유아 생활지도를 위한 교사의 자질과 역할에 대해 안다.
3. 영유아 생활지도의 내용을 인지하고 적절한 생활지도 방법에 대해 파악한다.
4. 영유아 생활지도를 위한 실내환경 구성요소에 대해 알고 교실환경 구성 시 고려해야 할 사항과 바람직한 교사의 역할과 태도에 대해 안다.
5. 영유아 생활지도를 위한 실내 기본시설을 파악하여 연령별 흥미영역의 환경구성에 대해 안다.

1. 영유아 생활지도의 운영

1) 영유아 생활지도를 위한 계획

영유아 생활지도는 생활지도의 목표와 내용을 중심으로 영유아의 신체적 · 사회적 · 정서적 발달 상태나 교육기관의 상황, 지역사회 등을 고려하여 구체적인 경험과 활동이 조직되어야 한다. 더욱이 사회인지 발달 측면에서 자기중심적 사고를 가지고 있는 시기이므로 유아에게 성인의 대인관계 덕목을 기대하기는 어렵다. 교육은 어떤 형태이든 인간적 관계와 유대 속에서 이루어져야 한다. 유아들과 원만한 관계를 맺고 그들의 생활을 바르게 지도하는 것은 유아의 마음을 이해할 때 제대로 이루어질 수 있다. 그러기 위해서는 먼저 목표를 설정하고 목표를 달성하기 위한 주제를 결정해야 하며 주제에 알맞은 내용과 학습방법을 결정해야 한다. 이에 따른 구체적인 내용을 살펴보고자 한다(박정옥 외, 2016; 서의정 외, 2014; 서현아 외, 2016; 이경숙, 2017; 정용부 외, 2003; 최혜순, 2013; 하수연 외, 2017).

생활지도 계획 수립 시 지침은 다음과 같다.

■ 생활지도는 교육기관 내의 모든 유아를 대상으로 한다

영유아 교육기관의 생활에 잘 적응하는 영유아나 잘 적응하지 못하는 영유아 모두 생활지도의 대상이 되어야 하며 모든 영유아를 하나의 인격체로 존중한다.

■ 영유아의 발달수준을 고려해야 한다

영유아 생활지도의 계획은 교육기관의 실정에 알맞게 수립되어야 한다. 또한 계획을 수립하기에 앞서 교사들의 인성이나 업무수행 능력 등이 충분히 고려되어야 한다.

■ 생활지도는 사전예방에서 계획되어야 한다

생활지도는 치료보다는 예방적 활동이어야 하며, 근본 목적이 발생한 문제에 대한 치료에 있는 것이 아니라 문제가 발생하지 않도록 예방함에 있는 것이다.

■ 영유아 생활지도는 지속적으로 이루어져야 한다

생활지도는 영유아가 속한 교육기관뿐만 아니라 지역사회, 가정생활을 통한 적극적이고도 지속적인 과정이 될 수 있도록 고려되고 모두가 참여하여 상호 협동하는 가운데 이루어질 수 있도록 계획되어야 한다.

■ 영유아 생활지도는 구체적이고 뚜렷한 목표를 설정해야 한다

교육기관의 여러 가지 형편을 고려하고 실현 가능한 계획의 수립을 통해 구체적이고 뚜렷한 목표를 설정하여야 한다.

(1) 영유아 생활지도의 필요성

영유아는 어려서부터 기본적인 생활습관과 더불어 타인과의 원만한 관계를 형성하기 위하여 적극적인 생활지도가 필요하다. 영유아 생활지도의 필요성을 개인적 필요성, 사회적 필요성, 바른 인성과 습관의 형성으로 구분하여 살펴보면 다음과 같다.

① 개인적 필요성

영유아기는 개인의 잠재능력 발달 및 성격형성을 위한 생활지도가 매우 중요하다. 영유아기에 원만한 성격형성이 이루어지도록 지도하는 것은 개인의 건강한 성장 · 발달이 이루어질 수 있도록 하고 문제예방과 성장촉진에 도움이 됨을 인식해야 한다.

② 사회적 필요성

첫째, 외동아, 핵가족화 등 가족구조와 기능의 변화로 인해 가족 안에서 영유아에게 적절한 역할 모델을 보여줄 수 있는 대상이 없는 경우가 발생됨에 따라 영유아교육기관에서의 생활지도가 더욱 요구된다.

둘째, 맞벌이 가정의 증가, 심각한 저출산 문제를 해결하기 위해 맞춤형 보육, 영유아 무상보육 실시 등의 보육에 대한 정부 지원의 증가로 영유아가 보육 및 교

육기관에 머무는 시간이 과거에 비해 길어졌다. 따라서 가정의 역할까지 수행하야 하므로 영유아교육기관에서의 적극적인 생활지도가 필요하다.

셋째, 우리 사회의 도덕성 상실 문제로 범죄연령이 점점 더 하향화되는 요즘 이러한 문제를 해결하기 위해 영유아기에 적절한 인성교육이 필요하다.

③ 바른 인성과 습관의 형성

영유아기는 인성의 기반이 형성되는 중요한 시기이며 각종 습관이 형성되는 시기이기 때문에 바른 인성과 습관이 형성되도록 지도하는 것이 중요하다. 형성된 습관은 쉽게 고쳐지지 않고 또 다른 나쁜 습관을 만들기 때문에 기본생활습관 및 인성교육이 실시되어야 한다.

(2) 영유아 생활지도의 목표설정

영유아 생활지도의 목표는 각 개인이 자신의 문제를 스스로 해결할 수 있는 능력과 새로운 사태에 대한 적응능력을 길러주는 것이 우선이어야 하며 개인의 자율적 능력을 신장시켜 주어야 한다. 생활지도의 목표는 교육이념의 테두리 안에서 유아와 사회의 필요를 기초로 하여 보다 구체적이고 명쾌한 행동용어로 진술되어야 한다. 영유아 생활지도 활동 계획을 위해 가장 먼저 생활지도의 목표를 기준으로 하여 결정된 활동 내용을 언제, 어떤 방법으로 지도할 것인지를 결정해야 한다. '유아의 행동을 어떻게 변화시킬 것인가'에 대한 목표가 보다 구체적이고 명확한 행동용어로 진술되어야 한다. 또한 목표를 행동적인 용어로 진술하기에 앞서 '유아 개개인의 어떤 면을 도와줄 것인가'와 '지역사회가 유아에게 요구하는 것이 무엇인가' 하는 것들을 충분히 고려하여야 한다.

영유아 생활지도의 목표 설정 시 유의할 점은 다음과 같다.

첫째, 목표는 교사가 아니라 영유아가 무엇을 해야 하는지를 서술하는 방법으로 제시해야 한다. 예를 들어, '화장실 사용' 지도에서 '화장실 사용 방법을 알고 지킬 수 있다'라고 진술하여 영유아가 성취해야 할 목표를 적는 것이다.

둘째, 영유아 생활지도 목표는 단기적으로 성취할 수 있는 지적인 요소와 장기적으로 성취하게 되는 정의적인 요소, 활동 수행과 관련된 요소로 분류할 수 있다. 즉, 어떤 주제를 다룰 때 주제와 관련된 내용을 포함시키되 내용을 강조하기보다는 그 내용을 통해서 형성되기를 바라는 행동에 초점을 맞추어야 한다.

(3) 영유아 생활지도의 주제 및 내용 선정

생활지도 내용과 관련된 주제를 선정하면 그 주제를 중심으로 각 요소에 알맞은 적절한 활동과 지도내용으로 계획하여 구성한다. 영유아 생활지도를 위해 선정된 주제와 내용은 교육기관과 가정, 사회 등에서 영유아가 경험하고 있는 생활경험을 반영해야 하며 영유아의 흥미나 호기심을 충족시킬 수 있어야 한다. 그리고 학급 분위기는 유아의 자율성에 기초하며 유아들의 협동성을 신장할 수 있도록 한다. 또한 실제 활동과 경험을 통한 지도가 되도록 해야 하며 체계적이고 지속적인 지도가 되도록 한다. 교육기관에서는 주기적인 평가를 통해 교육계획과 개인별 지도에 따라 가정과 연계할 수 있는 계획안을 구성해야 한다.

주제와 내용을 선정할 때 유의할 점은 다음과 같다.

첫째, 선정한 주제와 내용이 생활지도의 목표를 달성하는 데 도움이 되는 것이어야 한다.

둘째, 주제와 주제, 주제와 내용, 내용과 내용이 연결되어야 하며 내용은 주제 안에서 조직되며, 설정된 목표와 연결되어야 하고, 각 목표는 교육의 일반적인 방향과 장기적인 계획인 교육목적과 연결되어야 한다.

셋째, 활동내용은 영유아가 이해하기 쉽도록 친숙한 것에서 생소한 것으로, 간단한 것에서 복잡한 것으로, 구체적인 것에서 추상적인 것으로 구성되어야 한다.

넷째, 교사는 구조화된 형태를 고집하기보다는 융통성 있게 다양한 형태를 포함해야 한다. 비형식적이고 유동적이며 다양한 내용을 통해서 영유아의 흥미를 지속시킬 수 있으며 영유아는 활동의 구성 및 계획에 참여할 수 있다.

(4) 생활지도의 교수활동

영유아 생활지도는 영유아교육기관에서 이루어지는 일상생활을 통한 지도 및 계획된 교수활동을 통한 생활지도와 가정과의 연계를 통한 지도로 나누어 볼 수 있다. 또한 영유아교육기관에서 영유아들을 지도하는 교사들이 학급을 운영하는데 있어서 성공할 수 있는 제일 중요한 요소는 활동시간의 안배이다. 즉, 활동적인 시간과 조용한 시간, 교사 주도적 활동과 유아 주도적 활동시간을 적절하게 안배함으로써 생활지도상에서 일어날 수 있는 문제들을 최소화해야 한다. 어린아이일수록 능동적이며 스스로 탐색하고 발견할 때 가장 잘 배운다. 따라서 아이들에게 조용한 시간을 많이 주어 앉아 있는 활동을 많이 하게 하는 것은 부적응 행동을 야기하는 결과를 초래할 뿐만 아니라 자율적이고 생동적인 배움의 기회를 박탈하는 것이다.

생활지도 활동을 효과적으로 지도하기 위한 교사의 자질과 역할은 다음과 같다.

(5) 영유아 생활지도를 위한 교사의 자질과 역할

교사는 영유아에게 민주적인 삶의 기술을 가르치기 위해 생활지도를 해야 하며, 교실에서 일어나는 갈등 상황은 영유아의 실수로 보고 이를 교육의 기회로 삼아야 한다. 영유아의 바람직하지 못한 행동의 이유를 이해하기 위해 노력해야 하며 모든 영유아가 교실의 구성원으로서 환영받고 있다는 느낌을 가질 수 있도록 교실환경을 유지하고 영유아를 격려해야 한다. 이를 위해 영유아 생활지도를 담당하는 교사는 신체적 · 정신적 · 학문적 소양을 지니고 있어야 한다. 특히 학문적 소양의 경우 단순한 지식이 아닌 전문적인 지식이 반드시 뒷받침되어야 하고, 끊임없는 질적 연구가 필요하며 유아교사의 자질과 더불어 상담자로서의 전문적 자질이 요구된다. 따라서 영유아 생활지도 교사의 역할은 유아들을 세심하게 관찰하고 바람직한 행동으로 변화할 수 있도록 도와주는 역할과 성장과정의 조력자로서의 역할, 상담자의 역할이라고 할 수 있으며 이는 유아들에게 다양한 시각의 안목을 넓혀준다.

영유아 생활지도를 위해 교사가 갖추어야 할 구체적인 자질과 역할을 살펴보면, 첫째, 교사는 영유아가 성장·발달 가능성을 가진 독립적인 유기체이며 개인차가 있으며 무한한 가능성을 지닌 하나의 인격체라는 바람직한 인간관을 지녀야 한다.

둘째, 교사는 인간생명의 존귀함을 알고 사랑하는 인간애와 노력의 결과나 효과가 금방 가시적으로 나타나지 않는 생활지도 행위에 대한 인내와 봉사정신도 필요하다.

셋째, 보편적인 이론과 기술뿐만 아니라 자기가 만나는 영유아의 특수성에 적합한 혹은 자기에게 맞는 이론과 기술을 축적하기 위해 끊임없이 공부하고 연구하는 자세가 필요하다.

넷째, 생활지도 담당자로서 시각이 왜곡되지 않은 원만한 성격을 위해 끊임없이 자기를 인격체로서 수양하고 개발해야 한다.

2) 영유아기 생활지도 내용

영유아기 생활지도는 영유아가 자신에게 주어진 생활의 문제를 해결해 나갈 수 있도록 도와주며 주변의 사회를 알아가고 해결할 능력을 갖출 수 있도록 도와주는 과정이다. 따라서 영유아의 생활지도 내용으로는 기본생활습관 형성, 언어적 상호작용, 학습기회와 지적 자극 제공, 사회적 기술, 정서행동으로 살펴볼 수 있다(권희경, 2009; 유효순 외, 2010; 최혜순, 2013; Denham, 2002).

(1) 기본생활습관 형성

유아기에 갖추어야 할 기본생활습관의 지도내용은 다음과 같다.

① 식사습관

- 정해진 시간에 식사를 하기 위해서는 간식을 자주 주지 않도록 해야 한다.
- 식사시간은 즐거운 시간이라는 생각이 들게끔 분위기를 조성해야 한다.
- 편식은 가족 모두가 좋은 모델이 되어야 한다.
- 반찬투정은 가족들의 관심 끌기에서 비롯되는 경우가 있으므로 무시하는 것이 바람직하다.
- 여러 가지 음식을 다양하게 마련해 주는 것도 필요하다.

② 배변훈련

- 배변훈련은 부모와 유아 간에 갈등을 일으킬 수 있는 문제이기에 영유아에게 지나치게 엄격한 배변훈련을 시키거나 벌을 주게 되면 야뇨증이나 공격적인 행동을 유발할 수 있다.
- 유아의 얼굴 표정이나 행동에 민감하게 반응하여 적절한 시기를 선택하는 것이 중요하다.
- 영유아가 배변의사를 표현할 수 있게 되면 유아용 변기로 유도하여 기분 좋게 변을 볼 수 있도록 해준다.
- 배변행동이 성공한 경우 충분한 강화를 해주고, 실패하더라도 화를 내거나 벌을 주는 일을 삼가야 한다.
- 배변지도 3년이 지나도 소변을 가리지 못하면 유아는 절망감과 열등감을 느끼며 사회성, 자신감이 없어지고 일상생활의 문제가 생긴다. 이 시기 부모와 교사는 유아의 심리상태에 적절한 치료를 하는 것이 필요하며 유아의 관심 끌기

행동이라 해도 조건 없이 사랑해 주며 놀이를 통해 편안한 마음을 갖게 해주어야 한다.

③ 수면습관, 생활습관 기타 신변처리 능력에 대한 훈련

- 잠자리 시간은 일정한 시간에 편안한 마음으로 잠자리에 드는 습관을 갖도록 해야 한다.
- 규칙적인 낮잠으로 심신의 피로가 회복되도록 해야 한다.
- 옷을 입을 때 시간이 오래 걸리고 잘못 입었더라도 격려해 줌으로써 혼자 옷 입기 훈련을 시키는 것이 필요하다.
- 유아 스스로 해보게 하는 것이 자신감과 자율성을 가질 수 있도록 기회를 주는 것이기에 생활지도의 목표를 주도성과 자율성에 두어야 한다.

(2) 언어적 상호작용

영유아기는 어휘 수가 급격히 증가하고 문법이 발달하는 시기로 충분한 언어적 상호작용이 필요하므로 영유아에게 충분한 표현의 기회를 제공해 주어야 하며, 유아가 말한 내용에 다소 첨가하여 보다 완전한 문장으로 확장시켜 주는 것도 도움이 된다. 유아는 자신이 경험한 바를 언어로 표현하므로 충분한 경험이나 다양한 자료를 제공해 주는 것이 바람직하다. 언어적 상호작용은 개인으로 하여금 사회적 의미와 사회적 언어를 내면화하도록 한다. 성인이 영유아에게 다양한 반응을 해주면 자연스럽게 언어적 상호작용이 이루어질 수 있으며 이를 통해 유아의 언어능력이나 지적 능력의 발달을 도울 수 있다.

(3) 학습기회와 지적 자극 제공

영유아에게 지적 자극을 다양하고 충분하게 제공해 줄 수 있어야 한다.

장성화 등(2015)은 영유아의 연령증가에 따라 주의 집중력 발달의 특징을 설명하고 있다.

첫째, 영유아의 연령이 증가함에 따라 특정 자극에 선택적으로 주의를 집중하는 능력이 증가한다.

둘째, 연령이 증가함에 따라 복잡한 자극에 대한 선호도가 증가하므로 영유아의 주의집중을 유도하기 위해서는 각 영유아의 연령에 맞는 자극을 제시하여야 한다.

셋째, 영유아의 연령증가와 더불어 시각적 탐색 능력이 보다 완전하고 체계적으로 발달하는데 이러한 능력은 학령기까지 꾸준히 증가한다.

따라서 영유아는 놀이를 통해 많은 지적 자극을 받아들이게 되므로 영유아가 놀이집단에서 놀 수 있는 기회와 놀이재료를 충분히 제공해 주는 것이 필요하다.

(4) 사회적 기술

영유아기에 사회적 기술을 배우지 못하면 또래들과 생활하는 데 많은 문제를 야기하게 된다. 사회적 기술의 발달은 유아기에 획득해야 할 과업 중의 하나로 유아들은 자신과 다른 사람과의 접촉을 연결시킬 새로운 기술을 획득하는 과정에서 많은 어려움을 겪는다. 유아기의 사회적 기술 척도는 유아의 학교 적응력, 다른 또래에 의한 사회적 수용도, 자조기술 능력, 자아개념 관련 태도, 성 역할 그리고 자신감과 연관된다. 유아의 학업성취도와 관련 있는 학습 관련 사회적 기술은 부모의 양육에 크게 영향을 받으며 자녀의 긍정적인 발달을 도모하기 위해서는 부모가 애정을 가지고 양육에 참여해야 한다.

(5) 정서행동

영유아의 자기 통제력의 발달은 부모와 유아 간의 정서적 관계성과 매우 밀접한 관련이 있다. 이러한 관점에서 사랑, 수용 그리고 자아-인식력의 발달과 자아존중감은 영유아가 감정과 행동을 조절할 수 있는 사회적 분위기와 환경을 제공한다. 이러한 분위기 속에서 부모의 긍정적인 생활지도는 유아가 자신의 인성적 관심과 능력을 발달시키도록 도움을 주는 긍정적인 행동 형성자로서의 기능을 한다. 정서 조절 능력을 지닌 유아는 사회적인 상호작용에 우호적인 태도를 보이며 다른 사람의 생각이나 입장을 수용하는 능력이 뛰어나고 다른 사람의 생각과 입장을 잘 받아들인다. 영유아에게 긍정적인 정서표현을 장려하고 부정적인 정서는 적절하게 표출하도록 가르침으로써 영유아는 정서를 조절하는 방법을 익히게 된다.

3) 영유아 생활지도의 방법

영유아기는 전 생애 동안 발달의 속도가 가장 빠르고 변화의 가능성이 높은 시기이다. 뿐만 아니라 자신을 둘러싸고 있는 주변 세계에 대한 호기심과 탐구심을 토대로 자신이 속한 사회의 규범과 가치, 그리고 기준을 익히고 문화를 습득하는 시기이다. 이 시기 동안에 획득한 사회적 기술과 경험한 문화는 성인이 되었을 때 다양한 변화에 대응하며 살아갈 수 있는 역량이 된다.

영유아 생활지도 방법을 살펴보면 다음과 같다(최혜순, 2013; 황옥경, 2014).

(1) 개방적으로 의사소통하기

부모와 교사는 영유아에게 자신의 관점을 정직하고 비판적이지 않게 표현해야 한다. 즉, 부모와 교사는 영유아의 관점을 개방적으로 경청하려는 태도를 가져야 한다.

(2) 감정에 대한 존중감 표현하기

부모와 교사는 영유아에게 바라는 것들을 솔직하고 구체적인 방법으로 명료하게 말하면서 영유아의 감정에 대한 존중감을 표현할 수 있어야 한다.

(3) 권위와 신용 확립하기

부모와 교사는 자신이 말한 것을 잘 지키려고 노력하며, 자신의 신용을 높이기 위해서는 자신이 한 말을 일관성 있게 지키고 영유아에게 올바른 방향이나 제안은 끝까지 하려고 하는 것이 중요하다.

(4) 성격을 긍정적으로 표현하기

부모와 교사는 영유아의 문제행동에 초점을 맞추기보다는 긍정적으로 성격을 기술하는 것이 중요하다. 또한 영유아의 성격을 긍정적으로 표현하는 것은 영유아를 긍정적으로 반응하도록 도와준다. 즉, 나쁜 행동에 초점을 맞추지 않고 바람직한 행동을 찾아내어 인정해 주고 격려해 주어야 한다. 성인이 먼저 모범을 보여 자연스러운 상황에서 보고 들으면서 습관으로 형성되도록 하는 일이다. 이는 영유아에게 사회적 기술을 연습하고 사용할 수 있는 기회를 제공해 준다.

(5) 충동조절을 장려하기

영유아에게 거칠고 무례하게 행동해서는 안 되며 때로 아이의 충동을 조절하기 위해서는 단호하고 엄격하게 할 필요가 있다. 영유아들을 성인이 만든 환경에만 적응하도록 요구하지 말고 발달에 자극이 되는 놀잇감들을 가급적 많이 제공해 주면서 넘치는 에너지를 발산시킬 수 있도록 돕는다.

(6) 개인차를 수용하기

영유아에게 개인적인 대화시간을 가지고 대안활동을 계획함으로써 아이의 개인차와 자율을 인정해 주어야 한다. 그러나 영유아의 감정을 이해하고 존중하는 것은 중요하지만 반드시 모든 감정들을 무조건 수용해 주어야 하는 것은 아니다. 영유아기는 사회적 능력 발달에 필요한 정서조절을 배우기에 가장 적절한 시기이므로, 성인은 영유아들의 훈육과 생활지도에 관심을 가지고 시간을 함께 보내야 한다.

(7) 기본생활습관 형성하기

부모와 교사는 모든 아이에게 기대, 제한, 규칙을 제시함으로써 영유아교육 및 보육기관에서의 친사회적 분위기를 창출하도록 돕는다. 자기 자신을 스스로 관리하는 기본생활습관은 빨리 형성될수록 독립적인 삶을 살게 되며 자조성의 기초가 되고 더불어 살아갈 수 있는 힘의 근원이 된다.

(8) 친사회적 성향을 강화하기

영유아들은 사회적 상황에 적응하는 데 필요한 지식과 기술을 가지고 있어도 이를 사용하는 데에는 어려움이 따른다. 만약 가정에서 부정적인 행동지도 방법으로 양육되고 학습하였더라도 교사와의 긍정적인 상호관계를 통해 친사회적 행동을 학습할 수 있다. 즉, 영유아들의 시도를 격려하면서 친사회적 성향을 강화해야 한다.

(9) 다양성에 대처하도록 도와주기

부모와 교사들은 아이의 의사표명에 반응하는 방식으로 다양한 감정과 정서에 대처하는 방법을 교육하도록 돕는다.

2. 영유아 생활지도를 위한 환경구성

1) 영아 생활지도를 위한 실내환경 구성요소

영아는 친숙한 환경에서 안정감을 가질 수 있는 반면, 낯선 환경에서는 불안감과 위축감을 가질 수 있으므로 집과 같은 편안함을 갖춘 공간을 제공해 주어야 한다. 영아는 아직 미숙하고 놀이 경험이 부족하여 안전사고에 노출될 위험이 많은 시기이므로 안전에 문제가 없는지 살피어 안전하고 청결한 환경에서 친숙한 놀이 환경이 제공되어야 한다. 또한 인지발달이 급속도로 빠르게 이루어지는 시기이므로 탐색과 발견 등 호기심을 가질 수 있는 기회를 제공하는 놀이환경을 구성해 주어야 한다.

영아를 위한 실내 환경구성 시 고려해야 할 사항을 제시하면 다음과 같다(김혜경, 2012; 임미혜 외, 2018).

- 영아는 배변, 수면 등 생리적 리듬이 편안하게 이루어질 수 있어야 하며 뒤집기, 걷기 등 운동기술이 발달될 수 있도록 연습할 수 있는 충분한 공간이 마련되어야 한다.
- 각 흥미영역은 영역을 표시하는 사진이나 그림 등을 활용하여 구분되도록 하고 각 영역은 소그룹 또는 개별적인 놀이를 위해 잘 정돈되어야 한다.
- 영아들이 자신의 교실에 소속감을 느낄 수 있도록 그들의 작품을 눈높이에 갖추어 전시해 주도록 한다.
- 영아에게 새로운 것들을 시도해 보는 기회를 주기 위해 영역을 세분화하여 흥미를 유도할 수 있도록 놀잇감들을 잘 정돈하여 매력적으로 제시한다.
- 연령과 발달에 적합한 교구교재 및 설비를 갖추도록 하고 교실은 자연채광으로 충분히 밝으면 좋으나 실내의 밝기가 충분치 않을 때에는 인공조명으로 적당한 조도를 맞추어 주어야 한다. 영아를 위한 설비는 눈높이를 고려하여 영아에게 적합한 크기여야 하며 안전에 만전을 기해야 한다.
- 영아는 자신의 기분에 따라 휴식을 취할 수 있는 공간이 필요하며 전체적으로 부드러운 색상의 환경구성이 필요하다. 영아들이 장시간 기관에 머무는 교실에는 별도의 휴식영역이 필요하다.
- 놀잇감이나 교구들은 영아들이 성인의 도움 없이 스스로 선택하여 꺼내 놀 수 있도록 낮은 선반에 정돈하여 제시하도록 한다. 놀이가 끝난 후 스스로 정리정돈이 가능하도록 정리장에 그림이나 사진으로 라벨을 붙여준다.

2) 유아 생활지도를 위한 실내환경 구성요소

유아의 일과활동은 생활적 기능보다는 교육적 기능이 더 많다. 교실에서의 환경은 유아가 아는 것과 알게 되는 것에 있어서 중요한 역할을 하게 된다. 3세부터 5세까지의 유아는 연령별 발달 차이가 있으므로 유아 수가 많은 경우에는 연령별로 구분할 필요가 있다. 주로 개별활동과 소집단활동이 이루어지도록 구성하되, 필요에 따라서는 대집단활동이 가능하도록 융통성이 필요하다. 이에 교실의 구성은 사물함 영역과 활동영역별 교육공간과 화장실이 유기적으로 연결되어야 한다.

유아들은 자기 보호가 아직 어려우므로 성인의 손길이 항상 적정 거리에 있으려면, 교실이 지나치게 좁고 긴 모양은 좋지 않으며 정방형에 가까운 직사각형이 좋다. 또한 유아들의 요구에 따라 언제든지 놀잇감을 교체해 줄 수 있도록 선반이나 수납장을 설치하도록 한다(심우경, 2013; 이연승, 2018).

유아를 위한 실내 구성 시 유의해야 할 점을 제시하면 다음과 같다.

- 유아기는 대소근육의 신체발달이 활발한 시기이므로 이를 지원할 수 있는 환경과 놀잇감을 제공하여야 한다.
- 교실은 유아들에게 구분된 작은 공간을 많이 제공해야 한다. 유아들은 집단에서 벗어나 편안하고 안전하게 있을 수 있는 격리된 공간이 필요하며 한두 명의 유아들이 함께할 수 있는 작은 규모의 활동영역이 적절하다.
- 유아기에 필요한 물리적 환경은 자율감을 증진시키는 환경이 제공되어야 한다. 이때 물리적 환경은 반드시 유아가 자유롭고 안전하게 움직일 수 있도록 고안되어야 한다. 물리적 환경은 체계적이고 정리 · 정돈이 되어 있어 유아에게 명확한 메시지를 제공해야 한다.
- 교구를 안전하고 체계적으로 보관하는 것, 영역별로 체계화된 교구들, 유아 스스로 쉽게 접근할 수 있는 교구로 구성되어야 한다.

- 안전을 고려한 교육환경이어야 한다. 놀잇감은 안전하고 씻을 수 있는 것이어야 하며, 유아가 쥐어보고 스스로 조작해 볼 수 있도록 하며, 놀잇감을 개방된 낮은 선반 위에 비치하여 유아 스스로 선택하여 놀 수 있도록 하는 것이 좋다.
- 자기주도성을 증진시키는 교육환경이어야 한다. 자기주도성을 증진시키는 교육환경은 선택을 용이하게 도와주려는 배려가 있어야 하며 유아 자신이 학습자로서 주도적인 느낌을 가질 수 있는 환경이어야 한다.
- 유아가 자기조절 능력을 배울 수 있는 환경이어야 한다. 이러한 환경을 조성하기 위해 실내환경은 영역별로 구분하고 유아의 눈높이에 맞추어 영역의 표시를 그림이나 글자로 제시하고, 분명한 영역 설정과 기대되는 곳에 놀잇감이 제공되어 유아가 활동을 선택하고 계획할 수 있도록 공간을 구성해야 한다.
- 놀이를 통해 학습의 경험을 제공하는 교육환경이어야 한다. 즉, 유아를 위한 교육환경은 유아에게 의미 있는 놀이경험을 줄 수 있는 환경으로 모든 발달분야의 학습경험을 균형 있게 제공하는 것이 중요하다.

3) 영유아 생활지도를 위한 교실환경 구성 시 고려 사항

영유아의 바람직한 생활지도를 위해 교사는 물리적 교실환경 구성 시 다음과 같은 사항을 고려해야 한다(권정윤 외, 2013).

- 대집단, 소집단, 개별 활동을 편안하게 진행할 수 있도록 공간을 구성한다.
- 유아의 연령과 발달수준에 적합한 영역과 흥미영역을 구성한다.
- 어느 장소에 어떤 영역을 만들지를 생각한다.
- 개별활동과 교사중심 활동, 정적인 활동과 동적인 활동 등 어떤 종류의 활동을 제공할 것인지 미리 계획한다.

- 영역에 적합한 시설물들을 어디에 배치할 것인지 고려한다.
- 영유아들이 빈번히 다니는 곳은 유아의 집중력을 떨어뜨릴 염려가 있으므로 유아의 활동을 방해하지 않도록 영역을 구성한다.
- 유아가 쉽게 접근할 수 있고 스스로 정리하는 능력을 기를 수 있도록 영역에 필요한 자료를 제시한다.
- 유아의 사적 생활을 보호할 수 있는 개인 사물함과 같은 공간을 마련한다.
- 교수 · 학습 자료와 유아의 작품을 전시할 장소를 마련한다.
- 교실 내의 자료와 활동이 유아의 다양한 문화적 요인을 반영하는지 고려한다.

4) 영유아 생활지도를 위한 교실환경 구성 시 교사의 역할과 태도

영유아는 발달 특성상 성인에 대한 의존도가 매우 높으며, 특히 환경에 의한 영향은 다른 시기보다 영유아기에 매우 큰 영향을 미친다. 영유아 교사는 보호자를 대신하여 영유아의 건강과 안전을 보호해야 하며 영유아의 발달에 적합한 학습환경과 학습활동의 기회를 제공함으로써 영유아의 창의적 성장을 돕는 교수자이며 긍정적인 상호작용을 통해서 영유아가 신뢰감을 형성할 수 있게 해야 한다.

이에 사라초(Saracho, 1988)는 진단자, 교육과정 설계자, 교수 조직자, 상담자 역할로 영유아 교사의 역할을 구분하였다.

첫째, 진단자는 학습경험을 위하여 영유아의 능력을 평가하고 개별 영유아의 성공적인 학습경험을 위하여 영유아의 능력에 맞도록 적합하게 계획하는 것이다.

둘째, 교육과정 설계자는 지역사회가 요구하는 것과 유아교육의 이론과 실제를 바탕으로 교육과정을 설계하는 것이다.

셋째, 교수 조직자는 교육목표를 달성하기 위하여 조직하고 수많은 자원을 탐색하여 활용하는 것이다.

넷째, 상담자는 영유아와의 끊임없는 상호작용을 통해 정서적인 지지, 사회적 기술 습득을 돕는 것이다.

따라서 영유아의 교실환경 구성 시 영유아 수에 따른 공간의 크기, 연령, 교구 확보 정도 등을 고려하여 어떻게 구성할 것인지 결정해야 한다. 또한 영유아가 신체적 · 사회적 · 정서적 · 인지적 발달을 증진할 수 있도록 해야 하며 영유아의 개별적인 요구와 만족을 충족시킬 수 있도록 고려해야 한다.

이와 같이 영유아 생활지도를 위한 교실환경 구성 시 교사의 역할과 태도를 활동별로 구분하여 살펴보면 다음과 같다(이선애 외, 2014; 이옥임 외, 2008; 임영진, 2012).

(1) 영유아를 존중하는 교사의 말과 행동

영유아 교사는 개별 영유아에게 주의를 기울이고 눈을 맞추면서 이야기하고 즐거운 표정으로 말한다. 영유아 교사는 영유아가 스스로 가치 있다고 느끼고 독립된 개체로서 존중받는다는 느낌을 가질 수 있도록 말과 행동에서 이를 표현해야 한다.

영유아 교사의 말과 행동은 영유아가 다른 사람들과 의사소통하는 방법에 영향을 주고 남을 존중하고 받아들이는 능력을 키우는 데 도움이 된다. 더 나아가 유아 교사로부터 존중받는다는 느낌은 영유아가 새로운 것을 배우고 자존감을 발달시키는 능력에도 영향을 준다.

(2) 영유아의 일상생활습관 지도

영유아 교사는 영유아의 기저귀 갈기, 화장실 사용에서 개별적 상호작용을 통해 영유아가 긍정적 경험을 갖게 한다. 영유아가 화장실 사용 시 청결습관을 격려하고 자신감을 키워줄 수 있어야 한다. 영유아 교사는 배변지도 시 지나치게 엄격한 태도로 지도하기보다는 영유아가 편안함을 느낄 수 있도록 하고, 영유아의 연령과 준비 정도에 따라 융통성 있게 대처하는 것이 중요하다.

영유아 교사는 영유아와 개별적으로 자연스럽게 대화를 나누고, 양치질, 손씻기, 휴지 사용 등의 청결습관에 대한 각별한 지도를 통해 영유아의 자조능력을 길러주어야 한다. 비판과 위협, 소리치기, 벌 세우기, 체벌 등과 같은 부정적인 방법으로 지도하지 않으며 긍정적인 방법으로 지도한다. 이에 영유아 교사는 영유아에게 바람직한 행동을 제안하고 바람직하지 못한 행동을 하지 않도록 안내하며 일상적인 상호작용에서 영유아에게 바람직한 행동모델이 되어야 한다.

(3) 영유아의 낮잠시간과 휴식

영유아는 매일 충분한 낮잠을 자야 신체적으로 건강하게 매일의 생활을 할 수 있으므로, 영유아 교사는 영유아의 낮잠시간을 마련해야 한다. 잠에 빠져드는 시간, 잠자는 자세, 잠잘 때 필요한 요구, 잠자는 시간, 잠에서 깰 때의 기분상태 등은 개인차가 매우 크므로 영유아 교사는 개별 영유아의 습관을 잘 알고 최대한 개별적인 배려를 해주어야 한다. 또한 휴식은 영유아가 긴 하루 일과 중에서 중간중간 쌓인 피로를 풀어주고 활기차게 다음 활동에 참여할 수 있도록 하며 면역력을 높여준다.

따라서 영유아가 편안하게 낮잠과 휴식을 취할 수 있는 분위기를 조성하기 위하여 영유아 교사는 다음과 같은 사항에 유의해야 한다.

- 커튼을 쳐서 빛을 차단하고 조용한 음악으로 소리를 조절한다.
- 온도와 습도를 적당히 유지하여 편안한 낮잠 분위기를 조성한다.
- 빨리 깨어난 영유아가 다른 유아의 잠을 방해하지 않도록 조용한 놀이를 하도록 한다.
- 영유아가 하루 일과 중 개별적으로 휴식을 취하도록 공간을 마련해 주고 쉴 수 있도록 배려를 해준다.

- 매일 일정하게 휴식하는 시간을 정하되 개인차, 하루 일과의 특성, 견학, 날씨 등을 고려한다.

(4) 영유아의 식사와 간식

하루 중 매일 이루어지는 식사시간은 생리적 욕구, 사회 · 심리적 욕구를 충족시켜 주는 기본적인 시간이다. 특히 영유아의 식사시간은 자신의 요구를 표현하는 시간이기도 하지만 영유아의 자율성이 많이 나타나는 시간이기도 하다.

영유아 교사는 영유아의 식사와 간식지도에서 다음과 같은 사항을 고려해야 한다.

- 영유아 교사는 영유아가 즐거운 분위기에서 바람직한 식습관을 형성하도록 돕는다.
- 영유아의 정서를 이해하고 익숙하지 않은 것을 먹기 힘들어할 수 있다는 것을 안다.
- 다양한 음식재료를 이용하여 요리활동을 실시하여 식재료들을 영유아가 눈으로 보고 냄새를 맡아보고 만져보는 등 감각적으로 익숙해질 수 있도록 기회를 제공한다.
- 가능하다면 조리실에서 조리되는 모습을 직접 볼 수 있도록 한다.
- 영유아 교사가 먹기를 권유만 하기보다는 먼저 맛있게 먹는 모습을 보여준다.
- 새로운 음식을 잘 먹는 또래를 모델링할 수 있도록 식사시간에 자리를 가깝게 배치해 준다.
- 좋아하는 친구와 가깝게 자리를 앉게 하고 친구와 이야기를 나누더라도 끝까지 앉아서 먹을 수 있도록 격려한다.
- 수저 놓기나 컵 가져다주기 등 식사를 준비하는 과정에 영유아를 참여시키고 영유아 스스로 식사를 시도할 기회를 주어 식사하는 것에 흥미를 느끼도록 한다.

- 식사시간에 TV 시청, 스마트폰 조작, 책보기 등 다른 활동을 함께 하지 않으며 식사하는 것에 집중할 수 있도록 한다.

(5) 영유아 간의 갈등이나 문제 상황 해결

영유아 교사는 영유아 간의 갈등이나 문제 상황 해결 등에 적절하게 개입하며, 때로는 영유아 스스로 해결하도록 지도한다. 영유아 간에 문제나 다툼이 생길 때 영유아 교사는 적절하게 개입하여 문제 해결을 도와주거나 자율적으로 해결할 수 있도록 해야 한다. 영유아 교사는 영유아의 언어, 사회기능, 지적 성장을 위한 기회를 제공하기 위해 영유아들 간의 상호작용을 촉진해야 한다.

영유아 교사가 영유아와의 상호작용을 촉진하기 위한 방법은 다음과 같다.

- 영유아들 간의 상호작용을 권장할 수 있는 일과가 되도록 설계되어야 한다.
- 영유아 교사는 유아가 편안하게 느끼도록 관여하고 경험, 감정을 공유하도록 권장해야 한다.
- 영유아 교사는 개별 유아와 대화하고 유아의 언어, 성장 · 발달을 권장해야 한다. 영유아와 대화를 자주 하고 개방적 질문을 하고 개별적으로 대화의 기회를 가져야 하며 영유아 교사는 유아의 눈높이 수준에서 대화해야 한다.
- 영유아 교사는 유아들을 성, 인종, 연령, 지역, 문화에 관계없이 모두 균등하게 처우하고 존경과 배려에 균등해야 한다.
- 영유아 교사는 유아들의 상호 협력적이고 책임 있는 행위를 촉진하고 개인을 존중하면서 집단의 응집성을 권장해야 하며, 영유아 교사는 영유아들과 빈번하게 접촉하고 의미 있는 학습활동과 감독을 하며 요구되는 보호를 제공해야 한다.

5) 영유아 생활지도를 위한 실내 기본 시설

영유아교육기관의 대표적인 실내 기본 시설로 출입구, 행정실 · 원장실, 교사실, 양호실, 조리실 및 식당, 화장실 및 목욕실, 침실 혹은 휴식 공간, 자료실 및 창고 등이 있다(이순례 외, 2014; 임미혜 외, 2018).

(1) 출입구

출입구는 영유아들이 동시에 신발을 벗고 실내화를 신는 등 시간이 제법 소요되는 곳이므로 비좁지 않도록 공간을 마련해야 한다.

출입구는 방문하는 모든 사람들을 맞이하는 곳이므로 따뜻한 분위기로 안정감 있게 구성한다. 출입구에는 교직원과 방문객을 위한 신발장을 마련하고 여러 사람이 신을 수 있도록 실내화를 준비한다. 영유아용 신발장은 영유아들이 쉽게 이용하도록 해야 하며 출입구의 벽면에는 영유아교육기관의 원훈과 계절이나 교육주제와 관련된 그림, 사진, 화보, 영유아 작품, 그 밖의 정보를 안내하거나 전시물 등을 제시한다.

(2) 행정실 · 원장실

출입구로 들어오면서 바로 행정실 · 원장실을 한 공간에 설치하여 두 가지 기능을 할 수 있도록 구성할 수 있다.

행정실은 영유아교육기관의 행 · 재정과 관련된 실무가 이루어지는 곳이다. 원장실은 교사실 옆에 인접해 배치하기도 하나 원장실을 별도로 구분하지 않고 교사실에 마련하기도 한다. 또한 원장실은 행정실과 가까이 설치되어 원활한 교류가 이루어질 수 있도록 하는 것이 업무처리에 용이하다.

(3) 교사실

교사실은 현관 출입구 근처에 배치하여 방문객 및 원아의 출입을 쉽게 파악할 수 있도록 하고 학부모 방문 시 상담실의 역할을 한다.

교사실은 교사들이 교육활동을 연구하고 계획하며, 교사가 수업준비에 필요한 모든 자료를 보관하는 곳이기도 하다. 교사 개개인은 책상과 컴퓨터를 보유하는 것이 바람직하며 교사들을 총괄하는 원감의 책상을 중심으로 배치하면 업무가 효율적으로 이루어질 수 있다.

(4) 양호실

양호실은 영유아들이 아직 어리고 신체기능도 부분적으로 미숙하기 때문에 아프거나 다치는 사례가 빈번하므로 간단히 치료를 받고 안정을 취할 수 있는 곳이다.

양호실은 원장이나 교사들이 감독하기 쉽고, 화장실에서 가까운 곳에 위치하며, 조용하고 아늑한 분위기여야 한다. 또한 양호실에는 침대가 설치되어 있어야 하며 응급처치에 필요한 구급약품과 영유아가 편안한 느낌을 갖도록 몇 가지 놀잇감이 준비되어 있는 것이 좋다.

(5) 조리실 및 식당

조리실은 영유아의 식사 및 간식을 준비하는 공간으로, 음식 냄새로 인해 영유아의 활동에 지장을 주지 않도록 한다. 되도록이면 영유아의 놀이영역에서 멀리 떨어져 있어야 하며 식당과 가까운 곳에 위치하는 것이 좋다.

식당은 영유아들의 연령을 고려해서 이용해야 하며 영유아들이 스스로 배식을 받거나 식기를 반납할 수 있도록 영유아 연령에 맞게 배선대의 높이를 맞춰주어야 한다.

(6) 화장실 및 목욕실

영유아들의 배변훈련과 잦은 배변을 위해 교실 가까이에 설치하고, 남녀에 대한 성교육의 태도를 기르기 위하여 남녀용으로 분리해서 설치하지 않는 것이 좋다. 영유아로 하여금 배변에 관한 긍정적인 감정을 갖게 하기 위하여 밝고 매력적이고 상쾌한 느낌을 주도록 꾸며주어야 한다. 영유아가 기다리지 않고 대소변을 볼 수 있도록 충분한 수의 변기를 준비해 두고, 가능하면 인접한 2개의 교실 사이에 1개의 화장실을 설치하는 것이 바람직하다.

(7) 침실 혹은 휴식 공간

영유아는 연령상 편안한 휴식과 낮잠시간이 절대적으로 필요한 시기이므로 종일반을 운영하는 영유아기관에서 낮잠을 자거나 휴식을 취할 수 있는 공간은 매우 중요한 곳이다. 영유아 개개인의 취향에 따라 집에서 사용하던 담요, 베개 등은 가져올 수 있도록 배려하는 것이 좋다.

침실은 화장실과 가깝고 통풍장치가 없어도 환기가 잘 되고, 너무 밝지 않아야 하며 침대가 아니고 온돌방인 경우 바닥이 잠자기에 적당하도록 따뜻하고 습기가 차지 않아야 한다. 침구는 자주 세탁하여 청결을 유지하여야 하며, 땀을 잘 흡수할 수 있는 면제품으로 준비하는 것이 좋다.

일반적으로 낮잠을 자는 영유아들을 위해서는 조용하고 아늑해야 하며 잠에서 먼저 깨어난 영유아가 다른 영유아의 잠을 방해하지 않도록 지도한다.

(8) 자료실 및 창고

자료실은 영유아용 교재 · 교구 및 학습자료 보관이 용이하도록 하는 곳으로, 자료실의 자료 보관대는 목재나 철제 앵글 등으로 자료 형태에 따라 몇 가지 규격으로 가로, 세로 칸막이를 해주는 것이 좋다. 아랫부분은 무거운 비품을 보관하며 선반을 설치할 때 물건이 추락하지 않도록 지지대를 설치하고 무거운 물건을 많이 쌓아두지 않도록 한다. 창고나 자료실이 부족한 경우, 유아가 활동하는 공간이 아닌 곳에 따로 장소를 마련하여 보관하기도 한다.

창고는 실외놀이 기구나 세발자전거, 유모차 등을 보관하기 위해 실외에 설치할 수 있으나, 실내에 설치할 경우 실내와 실외 양쪽으로 통하는 출입문을 두어 실외는 물론 실내에서도 이용할 수 있게 한다.

6) 연령별 흥미영역별 환경 구성

연령별 흥미영역별 환경 구성은 다음과 같다.

(1) 0~1세 영아를 위한 흥미영역별 환경 구성

영 역	놀잇감 및 유의점
신체영역	• 영아가 대근육을 사용할 수 있도록 기어오를 수 있는 경사로, 잡고 오를 수 있는 계단 등을 제공한다. • 안전을 고려하여 바닥 충격을 흡수할 수 있는 재질의 카펫, 스펀지 매트 등을 제공한다. • 손이나 발을 이용하여 즐길 수 있는 운동기구를 제공한다. • 밀수 있는 놀잇감, 공과 같이 굴릴 수 있는 놀잇감, 스펀지 블록 등을 제공한다.
언어영역	• 소리 나는 책, 스펀지책, 헝겊책, 그림 등 읽기자료를 제공한다. • 듣기, 말하기에 필요한 전화기, 플라스틱 마이크, CD, 카세트 등을 제공한다. • 가족사진, 유아사진, 친근한 물건, 좋아하는 동물에 관한 그림 등을 제공한다. • 물기, 빨기에도 안전한 무독성 굵은 색연필, 크레용 등을 제공한다.
감각 탐색 영역	• 인원수를 고려하여 다양하고 적절한 수량의 놀잇감을 준비한다. • 껴안을 수 있는 푹신한 놀잇감, 빨고 깨물 수 있는 놀잇감, 방울 달린 팔찌 등을 제공한다. • 모빌, 딸랑이, 마라카스, 오뚝이, 까꿍 놀잇감, 놀람상자, 촉감판 등을 제공한다. • 천으로 만든 공, 고무나 플라스틱으로 만든 고리 끼우기, 손에 꼭 쥘 수 있는 놀잇감을 제공한다. • 누르면 소리 나는 놀잇감, 큰 조각 퍼즐, 모양 맞추기, 크기 맞추기, 색깔 맞추기 등의 놀잇감을 제공한다. • 플라스틱 욕조, 감각 놀이대, 비닐 앞치마, 안전거울, 큰 구슬 끼우기를 제공한다.

일상생활 영역	• 수유, 기저귀 갈이 등의 공간을 포함하여 배치하며 기저귀 갈이 영역은 영아의 휴식 공간 가까이에 위치하도록 한다. • 기저귀 갈이 영역은 청소하기 쉬운 마감재로 된 매트를 사용한다. • 기저귀 갈이대는 청결에 유의해야 하며 교사는 기저귀 갈 때 일회용 장갑을 사용할 것을 권한다. • 사용한 기저귀는 뚜껑이 달린 쓰레기통에 처리한다. • 보육실에서 연결된 화장실을 이용할 수 있도록 한다. • 잠자는 영역은 커튼이나 블라인드로 직사광선을 차단하고 흔들의자, 쿠션, 매트 등을 제공한다.

(2) 2세 영아를 위한 흥미영역별 환경 구성

영 역	놀잇감 및 유의점
신체영역	• 볼풀장, 자동차, 공, 미끄럼틀, 이동식 목마 등을 제공한다. • 충격을 흡수할 수 있는 재질의 카펫, 매트 등을 제공한다. • 밀고 당길 수 있는 놀잇감, 플라스틱 볼링핀과 공, 매트, 놀이 기차, 스펀지 터널, 낮은 계단, 인형을 태울 수 있는 유모차 등을 제공한다.
언어영역	• 녹음하고 들을 수 있는 카세트, 노래 또는 동화 CD, 듣기 활동자료 등을 제공한다. • 다양한 그림카드 및 사진자료, 막대인형, 손인형 등을 제공한다. • 소리 나는 책, 스펀지책, 퍼즐책, 그림이나 사진자료 등을 제공한다. • 자석판, 색연필, 크레용 등 그림 그리기 또는 쓰기 활동에 필요한 자료를 제공한다. • 구슬꿰기, 모양 맞추기 등 눈과 손의 협응력을 도울 수 있는 자료를 제공한다.
감각 탐색 영역	• 감각놀이대, 고리 끼우기, 촉감판 등을 제공한다. • 모양과 크기 분류상자, 포개지는 컵, 큰 조각 퍼즐, 촉감상자, 구슬꿰기 등을 제공한다. • 자연물을 이용한 탐색활동 자료를 제공한다. • 자석, 도형놀이, 다양한 모양이 그려진 사진 등을 제공한다. • 스카프, 리본막대, 탬버린 등 동작활동을 할 수 있는 자료를 제공한다. • 삼킬 수 없는 큰 크기의 레고, 큰 구멍의 나무못 판과 색깔이 다양한 큰 못을 제공한다.

미술영역	• 쓰기에 필요한 굵은 수성펜, 무독성 크레파스, 칠판, 무독성 색분필 등을 제공한다. • 날카롭지 않은 끝이 뭉뚝한 가위, 앞치마, 토시, 높이를 조절할 수 있는 이젤판, 이젤용 물감, 포스터컬러, 크고 뭉툭한 붓, 물감용 스펀지, 풀, 다양한 색깔의 종이, 잡지, 화보, 자연물, 밀가루 반죽, 점토, 우유갑, 요구르트 병 등 각종 재활용 폐품 등을 제공한다.
음률영역	• 동요, 악보, 카세트 녹음기, 리듬 악기, 멜로디 악기, 사물놀이 악기, 노래책, 노래 부르고 있는 사진이나 그림, 신체표현을 위한 스카프, 리본테이프 등을 제공한다.
역할영역	• 유선전화기, 핸드폰 등을 제공한다. • 깨지지 않는 그릇, 인형, 가정에서 사용하고 있는 용품, 물건 등을 제공한다. • 동물을 기를 때 필요한 소품, 양육에 필요한 소품 등을 제공한다. • 크기, 모양 등을 고려한 다양한 자동차를 제공한다. • 의사놀이, 소방관놀이 등의 놀이를 할 수 있는 자료를 준비한다. • 커튼을 사용하여 아늑한 분위기를 연출한다.
쌓기영역	• 종이벽돌블록, 스펀지블록, 나무블록 등 부드러운 재료의 블록과 동물인형, 나무인형, 놀이집, 가구 등 소품을 제공한다. • 커다란 볼트와 너트, 크기가 다양한 여러 종류의 자동차를 제공한다.

(3) 3~5세 유아를 위한 흥미영역별 환경 구성

영 역	놀잇감 및 유의점
언어영역	• 다양한 장르의 책, 동화를 듣고 말하고 회상하기, 이야기 꾸미기, 동시감상, 동극 꾸미기 등을 듣고, 따라 즐길 수 있는 융판, CD, 카세트, 마이크 등을 제공한다. • 극놀이를 할 수 있는 다양한 소품과 인형 및 인형옷, 초대장, 화폐 등 극놀이 제작에 필요한 자료를 제공한다. • 촉감을 느낄 수 있는 자료와 모양 짝짓기, 모양 및 색 변별하기, 구슬 꿰기, 단추 끼우기 등을 통해 시각적 변별력이 이루어지도록 자료를 제공한다. • 글쓰기에 관심을 가질 수 있도록 컴퓨터, 칠판, 색분필 및 지우개 등을 제공한다.
미술영역	• 찢어 붙일 수 있는 신문, 잡지, 화보, 다양한 색상지를 이용한 오리기 활동 등을 할 수 있도록 자료를 제공한다. • 만들기에 필요한 재료와 풀이나 밀가루 점토 등 개인 및 또래와 공동작업을 즐길 수 있도록 다양한 자료를 제공한다. • 작품 활동 후 감상을 통해 표현하고 쓰기 활동을 즐길 수 있도록 재료를 준비한다.

음률영역	• 인원에 적절한 수량의 다양한 악기 종류를 제공하여 연주를 할 수 있도록 한다. • 악보를 보면서 노래를 부르고 자유롭게 신체를 통해 느낌을 자유롭게 표현해 볼 수 있도록 다양한 소품을 제공한다. • 음악을 감상하고 자신이 부른 노래를 녹음할 수 있도록 마이크, 녹음기와 카세트테이프 등을 준비한다. • 음악을 감상할 수 있는 분위기를 조성한다.
수 · 조작 영역	• 맞추기 쉬운 10조각 정도의 퍼즐이나 10조각보다 피스가 많은 동물, 식물, 인물 등 다양한 종류의 퍼즐을 준비한다. • 모양, 크기, 색깔 등을 분류를 할 수 있는 자료와 핀셋, 나무젓가락 등을 이용해 집어서 옮겨 담을 수 있는 자료를 준비한다. • 무게와 측정에 필요한 자, 체중계, 다양한 저울 등을 제공한다. • 소그룹이 게임을 할 수 있도록 설명서와 게임판을 제공한다. • 끈 묶기, 바느질, 단추 끼우기, 지퍼 올리기 등을 할 수 있는 자료를 제공한다. • 크기, 비교, 분류 등 활동에 필요한 자료를 제공한다. • 생활주제에 맞는 그림, 사진, 책을 비치하여 활동에 도움을 준다.
과학영역	• 자석, 스포이트, 프리즘, 잠망경, 촉감상자, 소리상자 등을 제공한다. • 곤충이나 동물을 자세히 알 수 있도록 그림책, 백과사전 등을 준비한다. • 공기정화식물, 다육식물, 물고기 등을 기를 수 있도록 하고 성장 과정을 기록하고 관찰하는 데 필요한 자료를 준비한다. • 측정에 필요한 막대자, 줄자, 삼각자, 저울 등을 준비하여 표현해 볼 수 있도록 한다 • 카메라, OHP, 실물화상기, 비디오 등을 제공하여 기록을 활용하도록 한다.
역할영역	• 다양한 극놀이 활동이 일어날 수 있도록 가족 구성원의 다양한 종류의 옷, 인형, 가정에서 사용하고 있는 용품 등의 실물을 제공한다. • 의사놀이, 시장놀이, 우체국놀이, 소방관놀이 등 다양한 놀이를 할 수 있도록 자료를 준비한다. • 요리명과 재료의 종류, 순서 등을 기록하고 게시할 수 있도록 한다. • 휴식과 아늑한 분위기 연출을 위해 유아용 소파, 커튼 등을 사용할 수 있도록 제공한다.
쌓기영역	• 아이디어를 제공할 수 있는 건축물 사진, 잡지, 화보, 카메라, 메모지 등을 제공한다. • 종이블록, 스펀지 블록, 플라스틱 블록, 우레탄 블록, 원기둥, 널빤지 형태와 같은 다양한 재질의 블록을 제공한다. • 생활주제와 관련된 텐트, 정글 집 등 다양한 조형물을 만들 수 있는 자료를 준비한다. • 동물모형, 인형, 인형소품, 크기가 다양한 종류의 자동차, 안내 표지판 등의 소품을 제공한다.

참여해 봅시다

1. 영유아 생활지도의 필요성에 대해 교재에서 언급된 내용 외에 어떤 것들이 있는지 서로 의견을 공유해 봅시다.
2. 영유아 생활지도의 주제와 내용을 선정할 때 유의해야 할 점에 대해 토론해 봅시다.
3. 영유아 생활지도를 위한 교사의 자질과 역할이 바람직하게 이루어지지 않았을 경우 어떤 어려움들이 발생할지 토론해 봅시다.
4. 영유아 생활지도를 위한 바람직한 교실환경 구성 시 고려해야 할 사항들을 토대로 본인이 현재 영유아 교사라면 계절변화에 따라 교실 환경을 어떻게 구성할지 의견을 나누어 봅시다.
5. 영유아 생활지도를 위한 연령별 흥미영역의 환경구성이 왜 중요한지 토론해 봅시다.

Chapter 5

영유아 행동 평가방법

이 장에서는 영유아 행동 평가방법으로 관찰을 통한 평가방법인 일화기록법, 체크리스트, 평정척도법, 시간표집법, 사건표집법, 표본식 기록 및 행동목록법에 대해 자세히 파악해 보고자 한다. 또한 면담과 포트폴리오에 대해서도 살펴보고자 한다.

학습목표

1. 영유아 행동의 평가방법인 일화기록법, 체크리스트, 평정척도법, 시간표집법, 사건표집법, 표본식 기록 및 행동목록법에 대해 안다.
2. 영유아 행동의 평가방법인 면담에 대해 안다.
3. 영유아 행동의 평가방법인 포트폴리오에 대해 안다.

영유아의 행동 평가는 학습자의 행동변화 및 학습 과정에 관한 제반 정보를 수집하고 이용함으로써 교육적 의사결정을 내리는 데 도움을 주고, 더 나아가 의사결정의 제반 과정은 교육적인 가치를 판단하는 일이다(김대현 외, 1996).

1. 관찰법

관찰이 선호되는 이유는 다음과 같다(황해익 외, 2004).

첫째, 유아는 언어발달이 미성숙하기 때문에 언어적 의사소통을 통한 평가에는 제약이 따른다.

둘째, 유아는 발달 특성상 주의집중 시간이 짧다.

셋째, 표준화된 검사는 낯선 상황에서 낯선 사람과 이루어지기 때문에 자신의 능력을 최대한 발휘하지 못할 가능성이 많다.

관찰할 때 유의해야 할 점은 다음과 같다(최석란 외, 2007).

- 실제로 보고 들은 관찰의 자료와 거기에서 얻은 결론 간에는 명백한 구분을 지어야 한다. 즉, 관찰은 사실을 있는 그대로 보고 듣는 것이어야 한다.
- 관찰은 객관적인 태도로 이루어져야 한다. 객관적이란 관찰자의 편견이나 의견이 들어가 있지 않은 상태를 말한다. 관찰이나 기록은 객관적이어야 하고, 관찰과 해석을 분명히 구별할 줄 알아야 하며, 해석 이전 단계에서는 개인의 편견이 첨가되지 않아야 한다. 관찰자의 편견이나 의견이 첨가되면 관찰된 자료는 객관성을 잃고 만다.
- 관찰의 대상이 된 행동이 일어난 상황을 고려하면서 관찰해야 한다. 같은 행동이라도 환경 조건에 따라서 해석이 달라질 수 있으므로 행동을 이해하고 해석하려고 할 때에는 반드시 상황적 요인을 고려하도록 한다.

- 관찰의 대상이 된 영유아와 관찰된 내용은 전문적 목적 외에는 사용할 수 없으며, 반드시 비밀이 보장되어야 한다.
- 가능한 한 정확한 용어로 관찰된 행동을 기술한다. 과장되거나 장황한 설명과 용어의 사용은 관찰의 정확성과 객관성을 잃게 할 가능성이 있다.
- 관찰의 결과를 기록할 때에는 관찰자의 이름, 관찰 대상자의 생년월일, 성(性), 관찰이 일어난 날짜와 시간, 관찰이 일어난 구체적인 상황, 장소(예 놀이터, 활동영역 등)의 내용을 포함한다.
- 관찰자는 관찰을 잘할 수 있도록 훈련된 눈을 가지는 것이 필요하며 관찰의 목적을 정확히 이해하고 관찰기록 방법을 이해하여야 한다.

관찰을 통한 평가방법에는 일화기록법, 체크리스트, 평정척도법, 시간표집법, 사건표집법, 표본식 기록, 행동목록법 등이 있다.

1) 일화기록법

일화기록은 관찰자가 영유아의 특정 행동에 초점을 맞추어 그 행동이 나타날 때마다 이를 상세하게 관찰, 기록하는 것이며 시간의 흐름에 따라 반복적으로 기록할 수 있다. 교사들이 가장 용이하게 활용하는 방법으로 일화를 기록하는 과정에서 특정한 형식이나 절차는 필요하지 않다. 그러나 일화기록을 통해 작성된 내용은 영유아의 발달과 성장을 이해하는 데 의미가 있어야 한다(한국보육진흥원, 2011).

즉, 일화기록은 사실적인 기록이어야 하며, 일어난 사건에 대해 간단하고 명료하게 기술하는 것이 중요하다. 또한 시간이 지난 후에 기록할 경우 명확히 기억하지 못할 수 있으므로 관찰 즉시 기록해야 한다. 만약 상황을 관찰한 후에 기록할 시간이 부족하다면 핵심 단어를 사용하여 기록하고 시간이 나면 문장으로 완성하도록 한다(서현아 외, 2016).

영유아교육현장에서 가장 빈번하게 사용되는 일화기록의 작성지침과 작성 시 유의사항 및 장단점은 다음과 같다(안선희 외, 2017; 하수연 외, 2017).

(1) 작성지침

- 어떤 일화나 사건이 발생하면 즉시 있는 그대로를 기록한다. 관찰자는 항상 메모지와 필기도구를 준비한다.
- 일화기록지에는 관찰날짜, 관찰시간, 관찰장소, 관찰장면, 관찰 영유아의 이름과 생년월일, 관찰자 등을 기입한다.
- 발달상 중요한 사건이나 행동을 기록하는 데 사용할 수 있다.
- 관찰대상 영유아의 말과 행동뿐 아니라 교사 혹은 또래와의 상호작용도 함께 기록한다.
- 기록은 객관적이고 사실적이어야 한다.

(2) 유의사항

- 일화기록 대상을 선정할 때 학급명단 또는 가나다 순서대로 기록하는 것이 아니라 특별한 행동이나 사건에 초점을 맞추어 기록해야 한다.
- 관찰대상 영유아가 자신이 관찰대상이 되고 있음을 의식하게 될 때 일부러 관심 행동을 하거나 부자연스러운 행동을 할 우려가 있으므로 유의하여야 한다.
- 추측, 설명, 이유, 느낌, 편견, 선입견 등 주관적인 평가는 기술하지 않도록 한다.

(3) 장단점

일화기록의 장점 및 단점은 다음과 같다.

① **장점**

- 일화기록은 관찰대상 영유아를 집중적으로 관찰함으로써 좀 더 명확하고 분명하게 관찰 상황을 기록으로 남길 수 있다.
- 사전계획 없이 손쉽게 관찰을 진행할 수 있다.
- 형식이 비교적 간결하다.
- 일정 기간 동안 여러 번 영유아의 행동을 관찰하여 관찰대상 영유아의 행동을 정확하게 이해할 수 있다.

② **단점**

- 관찰자의 주관적인 판단이나 내용이 포함될 수 있다.
- 상대적으로 시간이 많이 소요된다.
- 구체적인 상황에 대한 묘사가 적어 관찰된 행동이나 사건의 전후관계를 파악하기 힘들다.

(4) 활용 예

일화기록법의 관찰기록 양식의 예를 살펴보면 다음과 같다.

〈표 5-1〉 **일화기록 양식의 예**

유아 이름		성 별		유아 월령	
관찰자		관찰일	20 . .		
관찰장면					
기 록					
관찰초점					

2) 체크리스트

체크리스트는 교사나 관찰자가 단순히 어떤 기술이나 행동 혹은 발달 특성이 나타나는지를 알아보고 싶을 때 쓰는 관찰방법이다. 체크리스트는 어떤 양식이든지 사전에 미리 나타날 행동을 알 수 있고, 행동의 출현 빈도나 질적 특성에 관한 자료가 주요 관심이 아닐 때 사용된다(장성화 외, 2015).

체크리스트의 작성지침, 작성절차 및 장단점은 다음과 같다(강혜원 외, 2012; 안선희 외, 2017).

(1) 작성지침

- 조사하고자 하는 주제를 철저히 연구한다.
- 관찰하고자 하는 행동이나 기술의 카테고리 또는 요소를 명확하게 정의한다.
- 체크리스트의 항목을 구체적으로 기술한다.
- 체크리스트 문항은 관찰 가능한 행동으로 자세하고 정확하게 묘사되어야 한다.
- 문항이 만들어지면 논리적인 순서로 조직하고 가장 쉬운 것에서 어려운 것으로 배열하며 통상적인 발달 수준에 따라 조직한다.
- 완성된 체크리스트는 영유아 개인의 포트폴리오나 파일에 보관하는 것이 좋다.

(2) 작성절차

- 적절한 주제를 선택하여야 한다.
- 주제에 관한 자료를 철저히 조사하여야 한다.
- 각 문항들이 명확하고 분명한지 검토하여야 한다.
- 어떤 기록 유형을 사용할 것인지 계획하여야 한다.
- 완성된 체크리스트를 가지고 본 조사 전에 예비조사를 실시하여야 한다.

(3) 장단점

① 장점

- 특별한 훈련 없이도 할 수 있으며, 유아의 행동을 가장 단순한 방법으로 기록할 수 있다.
- 행동발달의 단계 및 유아 개인의 단계적인 발달상을 기록하고 관찰하는 데 도움이 된다.

② 단점

- 행동의 출현 빈도나 질적 수준에 대한 정보를 얻을 수 없다. 즉, 행동의 출현 여부는 알게 되지만 '어떻게' 그 행동이 일어났는가에 대해서는 전혀 알 수가 없다.
- 예외적인 경우를 표시할 수 있도록 체크리스트의 내용을 수정하는 데 제한이 있다. 즉, 출현 여부 이외의 사실을 확인하게 되더라도 이것을 체크리스트에 포함시킬 수 없다.
- 체크리스트법은 사용하기는 쉽지만, 이를 유용성 있게 체계적으로 작성하기에는 사전에 시간과 노력이 많이 들고, 관찰자의 경험에 따라 그 유용성이 결정된다.

(4) 활용 예

운동발달 체크리스트 양식의 예는 다음과 같다.

〈표 5-2〉 **운동발달 체크리스트의 예**

<table>
<tr><td>유아 이름 :</td><td colspan="3">유아 월령 :</td></tr>
<tr><td>관찰일 : 20   년   월   일</td><td colspan="3">관찰자 :</td></tr>
<tr><td colspan="2">평가 문항</td><td>예</td><td>아니요</td></tr>
<tr><td colspan="2">1. 신발을 신발장에 넣을 수 있다.</td><td>○</td><td></td></tr>
<tr><td colspan="2">2. 가방을 제자리에 걸 수 있다.</td><td>○</td><td></td></tr>
</table>

3. 가위를 사용하여 종이를 오릴 수 있다.	○	
4. 2cm 높이의 평균대를 걸을 수 있다.		○
5. 사다리를 올라갈 수 있다.		○
6. 앞, 뒤, 옆으로 점프할 수 있다.	○	
7. 한쪽 다리를 잡고 뛸 수 있다.	○	
8. 공을 벽을 향해 던질 수 있다.	○	
9. 음악의 빠르기에 맞게 신체를 빠르게 또는 느리게 움직일 수 있다.	○	
10. 박자에 따라 앞으로 나아가고 설 수 있다.		○
11. 구슬 꿰기를 할 수 있다.	○	
12. 로프, 훌라후프 등의 장애물을 뛰어넘을 수 있다.	○	
13. 공을 차며 앞으로 나갈 수 있다.	○	
14. '무궁화 꽃이 피었습니다'와 같은 게임을 할 수 있다.	○	

〈표 5-3〉 **3세 유아의 대근육 운동발달 체크리스트의 예**

유아 이름 :	유아 연령 : 3세		
관찰일 : 20 년 월 일	관찰자 :		
	잘함	보통	못함
1. 발자국을 따라 걸을 수 있다.			
2. 제자리에서 점프할 수 있다.			
3. 공을 굴릴 수 있다.			
4. 공을 상대방에게 패스할 수 있다.			
5. 계단을 오르고 내릴 때 타인의 도움 없이 할 수 있다.			
6. 철봉에 3초 이상 매달릴 수 있다.			
7. 제기차기를 1개 이상 할 수 있다.			
8. 한 발을 들어서 몸의 균형을 잡을 수 있다.			
9. 말뛰기를 할 수 있다.			
10. 세발자전거를 탈 수 있다.			
11. 식판을 혼자 정리정돈 할 수 있다.			
12. 제자리에 서서 상체를 굽힐 수 있다.			

3) 평정척도법

평정척도법은 어떤 특성이나 특질 혹은 속성을 미리 정해진 범주에 따라 평가하는 관찰방법이다. 평정척도법은 영유아, 교사, 프로그램 혹은 교실환경을 평가하고자 할 때 체크리스트와 같이 관찰자가 사전에 관찰하려는 행동영역에 대해서 미리 알고 있을 때 사용된다. 그러나 이 방법은 어떤 행동의 출현 여부를 표시하는 것이 아니라 행동의 빈도나 정도를 평가한다(안선희 외, 2017).

(1) 작성지침

평정척도법의 관찰지침은 다음과 같다(한국보육진흥원, 2011).

- 관찰자가 객관적으로 관찰한 결과를 토대로 종합적으로 판단해야 하므로 관찰자의 전문성이 요구된다. 특히 평정자 오류를 줄이는 노력이 필요하다.
- 평정자 오류의 일반적 경향에는 중심화 오류, 인상의 오류, 논리 오류, 기준의 오류, 근접의 오류, 대비의 오류 등이 있으므로 경향성을 미리 관찰자가 인지하는 것이 중요하다.
- 객관성 점검을 위하여 동일한 유아를 두 명의 관찰자가 평정하고 그 결과를 비교해 보고 관찰자 간의 기준을 맞추어 볼 수도 있다.

(2) 유의사항

- 평점을 매기기 전에 유아에 대한 의견을 다른 사람에게 묻지 않도록 한다.
- 평점을 매기기 전 모든 항목을 읽어본다.
- 평점을 매길 때 유아에 대한 일반적 인상, 선입견에 영향을 받지 않도록 한다.

(3) 장단점

평정척도법의 장점, 단점은 다음과 같다.

① **장점**

• 짧은 시간에 많은 정보를 수집하고 관찰자가 편리한 시간에 기록이 가능하다.
• 특별한 교육 없이도 쉽게 활용이 가능하다.
• 질적 평가가 가능하기 때문에 시간을 두고 같은 목록을 반복하여 기록하면 시간이 지나면서 나타나는 행동의 변화를 알 수 있다.

② **단점**

• 관찰자가 알고자 하는 항목을 모두 개발하기가 쉽지 않다.
• 같은 행동이라도 관찰자의 주관에 따라 다른 점수가 매겨질 수 있으므로 관찰자의 편견이 개입될 여지가 있다.
• 행동의 수준만을 기록하므로 평정척도의 결과만으로는 행동의 원인을 규명할 수 없다.

(4) 활용 예

평정척도법 활용의 예는 다음과 같다.

〈표 5-4〉 **평정척도법의 예 1**

유아 이름		유아 월령	
관찰일	년 월 일	관찰자	
관찰행동	화장실 다녀오기와 손씻기		

1. 화장실 다녀오기

__V__ 1) 교사가 지시하지 않아도 화장실을 스스로 다녀온다.
____ 2) 스스로 화장실을 다녀오긴 하지만 때로는 교사의 지시가 필요하다.
____ 3) 교사가 지시할 때만 화장실을 다녀온다.
____ 4) 교사의 지시를 듣고 화장실을 다녀온 것처럼 한다.
____ 5) 교사가 지시를 하였음에도 화장실을 다녀오지 않는다.

2. 손씻기

_V_ 1) 교사가 지시하지 않아도 손을 스스로 씻는다.
____ 2) 스스로 손을 씻긴 하지만 때로는 교사의 지시가 필요하다.
____ 3) 교사가 지시할 때만 손을 씻는다.
____ 4) 교사의 지시를 듣고 손을 씻은 것처럼 한다.
____ 5) 교사가 지시를 하였음에도 손을 씻지 않는다.

〈표 5-5〉 **평정척도법의 예 2**

유아 생활습관 평정척도				
유아 이름			유아 월령	
관찰일	년 월 일		관찰자	
평정점수 / 유아행동	4점	3점	2점	1점
화장실 다녀오기	교사가 지시하지 않아도 화장실을 스스로 다녀온다.	화장실을 스스로 다녀오기는 하지만 때로는 교사의 지시가 필요하다.	교사가 지시할 때만 화장실을 다녀온다.	교사가 지시를 하였음에도 화장실을 다녀오지 않는다.
손 씻기 · 식습관	4점	3점	2점	1점
	비누를 사용하여 손등, 손가락 사이, 손바닥 등을 깨끗이 씻는다.	비누를 사용하여 손을 씻지만 대충 씻는다.	손을 씻지만 비누를 사용하지 않는다.	손을 씻지 않는다.
	편식하지 않으며 바른 자세로 먹는다.	편식하지 않고 바른 자세로 먹기는 하지만 때로는 교사의 지시가 필요하다.	교사의 지시가 있어야만 편식하지 않고 바른 자세로 먹는다.	교사의 지시를 듣지 않고 장난치거나 편식이 있다.

	4점	3점	2점	1점
자기 물건 정리정돈	교사가 지시하지 않아도 신발과 가방, 옷 등을 스스로 제자리에 정리정돈 한다.	신발, 가방, 옷 등을 스스로 제자리에 정리정돈 하지만 때로는 교사의 지시가 필요하다.	교사가 지시할 때만 신발, 가방, 옷 등을 정리정돈 한다.	교사가 지시를 하였음에도 신발, 가방, 옷 등을 정리정돈 하지 않는다.
	4점	3점	2점	1점
혼자서 옷입기	단추, 지퍼가 있는 옷도 스스로 입을 수 있다.	지퍼가 있는 옷은 입을 수 있지만 단추가 있는 옷은 도와주어야 한다.	혼자 옷을 걸칠 수 있지만 단추와 지퍼는 도와주어야 한다.	단추와 지퍼가 없는 옷도 도와주어야 입을 수 있다.
	4점	3점	2점	1점
놀잇감 정리정돈	놀잇감을 스스로 정리 한다.	놀잇감을 스스로 정리하기는 하지만 때로는 교사의 지시가 필요하다.	교사의 지시가 있어야만 놀잇감을 정리한다.	교사가 지시를 하였음에도 놀잇감을 정리하지 않는다.
	4점	3점	2점	1점
양치질	스스로 이와 혀 등을 깨끗이 닦는다.	스스로 이를 닦지만 혀는 생략한다.	이는 닦지만 교사의 도움이 필요하다.	이를 닦지 않는다.
	4점	3점	2점	1점
귀가준비	교사가 지시하지 않아도 스스로 자기 물건을 챙겨 귀가준비를 한다.	스스로 자기 물건을 챙겨 귀가준비를 하지만 때로는 교사의 도움이 필요하다.	교사의 지시가 있어야만 자기 물건을 챙겨 귀가준비를 한다.	교사가 지시를 하였음에도 자기 물건을 챙기지 않고 귀가준비를 하지 않는다.

4) 시간표집법

시간표집법은 시간선택 관찰법이라고도 하는데, 이는 현장에서 영유아의 특정한 행동을 24시간 관찰할 수 없기 때문에 일정한 시간적 범위 내에서 여러 차례 반복 관찰하여 그 결과를 기록하는 방법이다(김재은 외, 2009). 또한 시간표집법의 관찰의 시간 단위, 시간 간격, 관찰 횟수 등은 연구목적과 관찰하려는 행동 특성에 따라 적절히 변화시킬 수 있다. 특히 관찰시간이 짧고 관찰방법도 용이하여 행동수정 연구에 널리 활용되고 있다.

시간표집법의 작성지침 및 장단점은 다음과 같다(김이영 외, 2015).

(1) 작성지침

- 관찰자가 살펴보고자 하는 영유아의 특정 행동을 선정하고 이에 대한 조작적 정의를 내려야 한다. 예를 들어, 영유아교육기관 현장에서 비교적 자주 일어나는 행동들을 중심으로 선정하는 것이 바람직하다. 관찰자가 살펴보고자 하는 특정 행동이 선정되면 특정 행동에 대한 조작적 정의를 명확히 해야 한다.
- 관찰행동이 선정되고 행동에 대한 조작적 정의가 내려지면 관찰대상을 결정해야 한다. 관찰대상은 앞서 살펴본 특정 행동을 기초로 하여 개인별 혹은 집단으로 할 수 있다.
- 관찰하고자 하는 행동을 보기 위해서는 관찰시간 간격을 결정해야 한다. 관찰시간 간격은 연구자가 보고자 하는 행동에 따라 조금씩 차이가 있을 수 있다.
- 관찰시간 간격이 결정되면, 관찰 횟수 및 총 시간 수를 결정해야 한다. 관찰 횟수 및 총 시간 수의 결정은 특정한 행동의 대표적인 행동표집을 얻는 데 필요하다고 생각되는 총 시간의 수에 따라 달라진다.
- 관찰시간 간격, 관찰 횟수, 총 관찰시간 수 등이 결정되면, 관찰행동에 대한 표시방법을 결정해야 한다. 관찰행동 표시방법은 대표적으로 두 가지 방법이 주로 활용된다. 행동의 출현 여부를 부호로 표시하는 방법과 출현행동에 대한 내용을 요약하여 표시하는 방법이 있다.

(2) 장단점

① 장점

- 서술적인 관찰방법에 비해 시간과 노력이 덜 하며 효율적으로 관찰할 수 있다.
- 특수한 행동에 초점을 두고 있는 연구일 경우 시간표집법은 다른 어느 관찰유형보다 신뢰도, 객관성, 대표성이 높다. 이는 관찰하는 시간의 한계가 분명하고 관찰하려는 행동에 대한 조작적 정의로 인해 통제가 이루어지는 관찰이기 때문이다.
- 단시간 내에 많은 정보를 얻을 수 있다. 이것은 일정한 시간 내에 대표성 있는 행동을 표집하기 쉽게 해준다.
- 행동이나 사건 발생 빈도를 파악함으로써 행동수정 프로그램을 작성하거나 평정척도 같은 측정도구를 만드는 데 기초자료가 될 수 있다.
- 시간표집은 수량화가 용이하다. 시간표집의 결과로 수집된 자료는 통계적으로 처리될 수 있으며 다른 변인과의 관계를 발견하고자 할 때도 도움이 된다.
- 관찰대상 유아들의 일상생활을 방해하지 않고서도 기록과 채점이 가능하다.

② 단점

- 시간표집법은 자주 나타나는 비교적 높은 빈도로 발생하는 행동과 외현행동에는 적합하나 그렇지 못한 경우에는 적용이 어렵다.
- 자료를 기록체계에 따라 기록하지 않으면 행동이 어떤지 알 수 없으며 그 질에 관한 정보를 얻을 수 없다.
- 시간표집법은 측정행동에만 초점을 두기 때문에 수많은 인간행동 간의 상호관계는 밝히기 어렵다.
- 체크리스트 관찰 형식에 미리 정해놓은 범주만 사용함으로써 관찰의 내용을 편견으로 이끌 가능성이 있다.

- 인과관계를 밝혀주지 못한다. 왜냐하면 사건의 전·후를 서술하거나 기록하지 않기 때문이다.

(3) 활용 예

시간표집법의 활용의 예 및 시간표집법의 작성실습의 예는 다음과 같다.

〈표 5-6〉 **사회적 놀이에 대한 시간표집법의 예 1**

사회적 놀이 시간표집법										
유아 이름	○○○				유아 월령					
관찰일	년 월 일				관찰자					
관찰 시간	00시 00분 ~ 00시 00분				관찰영역					
시간 / 놀이유형	00시 00분 00초	00시 00분 00초	00시 00분 00초	00시 00분 00초	00시 00분 00초	00시 00분 00초	00시 00분 00초	00시 00분 00초	00시 00분 00초	비고
비참여행동	V	V								
지켜보기			V	V	V					
혼자놀이						V	V	V	V	
병행놀이										
연합놀이										
협동놀이										

〈표 5-7〉 사회적 놀이에 대한 시간표집법의 예 2

사회적 놀이를 관찰하기 위하여 특정한 영역에서 놀고 있는 3명의 유아를 관찰하여 기록한다.

<table>
<tr><th colspan="9">사회적 놀이 시간표집법</th></tr>
<tr><td colspan="2">관찰 유아</td><td colspan="4">유아1(○○○), 유아2(○○○), 유아3(○○○)</td><td colspan="2">유아 월령</td><td>. .</td></tr>
<tr><td colspan="2">관찰일</td><td colspan="4">년 월 일</td><td colspan="2">관찰자</td><td></td></tr>
<tr><td colspan="2">관찰 시간</td><td colspan="4">00시 00분~00시 00분</td><td colspan="2">관찰영역</td><td></td></tr>
<tr><td colspan="2" rowspan="2">놀이 유형
유아 및 시간</td><td colspan="6">사회적 놀이(social play)</td><td rowspan="2">비 고</td></tr>
<tr><td>비참여 행동</td><td>지켜 보기</td><td>혼자 놀이</td><td>병행 놀이</td><td>연합 놀이</td><td>협동 놀이</td></tr>
<tr><td rowspan="4">유아 1</td><td>00시 00분 00초</td><td></td><td></td><td></td><td></td><td></td><td></td><td></td></tr>
<tr><td>00시 00분 00초</td><td></td><td></td><td></td><td></td><td></td><td></td><td></td></tr>
<tr><td>00시 00분 00초</td><td></td><td></td><td></td><td></td><td></td><td></td><td></td></tr>
<tr><td>00시 00분 00초</td><td></td><td></td><td></td><td></td><td></td><td></td><td></td></tr>
<tr><td rowspan="4">유아 2</td><td>00시 00분 00초</td><td></td><td></td><td></td><td></td><td></td><td></td><td></td></tr>
<tr><td>00시 00분 00초</td><td></td><td></td><td></td><td></td><td></td><td></td><td></td></tr>
<tr><td>00시 00분 00초</td><td></td><td></td><td></td><td></td><td></td><td></td><td></td></tr>
<tr><td>00시 00분 00초</td><td></td><td></td><td></td><td></td><td></td><td></td><td></td></tr>
</table>

유아3	00시 00분 00초						
	00시 00분 00초						
	00시 00분 00초						
	00시 00분 00초						

〈표 5-8〉 **사회적 놀이에 대한 시간표집법의 예 3**

사회적 놀이를 관찰하기 위하여 특정한 영역에서 놀고 있는 3명의 유아를 4회 동안 관찰하여 기록한다.

사회적 놀이 시간표집법								
관찰 유아		유아1(ㅇㅇㅇ), 유아2(ㅇㅇㅇ), 유아3(ㅇㅇㅇ)				유아 월령		. .
관찰일		년 월 일				관찰자		
관찰 시간		00시 00분~00시 00분				관찰영역		
놀이 유형 / 유아 및 횟수		사회적 놀이(social play)						비 고
		비참여 행동	지켜 보기	혼자 놀이	병행 놀이	연합 놀이	협동 놀이	
유아1	1회							
	2회							
	3회							
	4회							

유아2	1회							
	2회							
	3회							
	4회							
유아3	1회							
	2회							
	3회							
	4회							

5) 사건표집법

사건표집법은 관찰자가 관심을 가지고 있는 사건이나 행동이 나타나기를 기다렸다가 그러한 사건이나 행동이 나타나면 형식에 따라 행동이나 사건을 기록하는 방법이다. 이 방법은 관찰자가 특정 행동이 나타날 때까지 기다렸다가 일단 그 행동이 발생하면 관찰하고 기록하기 때문에 언제 꼭 관찰해야 한다는 시간적 제약이 없다. 사건표집법에는 행동이 나타나기 전의 상황, 실제행동, 행동이 이루어진 후 시간 순으로 기록하는 서술식 사건표집법과 정해진 양식을 가지고 행동이 일어날 때마다 기록하는 빈도 사건표집법이 있다(서현아 외, 2016).

사건표집법의 작성지침, 장단점은 다음과 같다(안선희 외, 2017; 조윤경 외, 2015).

(1) 작성지침

- 사건표집법은 예측 가능한 기간 동안 일어난 행동의 유무보다는 어떤 행동이 특정 배경에서 일어났을 때 쓰인다. 행동은 정해진 시간을 두지 않고 이따금씩 드물게 발생한다. 사건표집법은 보통 행동의 원인과 결과를 밝히기 위해 사용되므로 관찰자는 관찰하고자 하는 행동이나 사건의 성격에 대해 충분히

이해하고 있어야 하며, 행동이 언제 발생할지 예측하고 행동이 발생할 때까지 기다려야 한다.

(2) 장단점

① 서술식 사건표집법

가. 장점

- 사건의 인과관계에 대해 알 수 있다. 서술식 사건표집법은 사건이 포함된 전후 관계를 기록하기 때문에 그 행동의 배경을 전체적으로 알 수 있게 해준다. 영유아가 어떠한 행동을 했을 때 행동이 발생하게 된 원인과 그에 따른 결과, 영향을 준 요인 등 맥락적 요인을 파악할 수 있다.
- 관찰대상에 제약이 없다. 서술식 사건표집법은 어린 영아, 장애아 등 대상에 관계없이 관찰하여 기록할 수 있는 방법이다.
- 자연스러운 상황에서 관찰할 수 있어서 생태학적 타당성을 가진다. 서술식 사건표집법은 유아들의 어떤 행동이나 사건이 일어나게 된 경위와 결과를 자연스러운 상황에서 관찰할 수 있다. 즉, 영유아의 행동에 거의 근접한 관찰결과로 생태학적 타당성을 가진다.
- 개별 영유아를 단위로 관찰할 수 있다. 대상 유아의 특정한 행동에 관한 정보와 그 행동이 일어나기 전후의 상황에 관한 세부적인 정보를 바탕으로 개별 영유아의 행동을 수정하거나 지도하기 위한 전략을 세우는 데 활용할 수 있다.
- 영유아발달의 질적인 정보를 제공한다. 서술식 사건표집법은 시간표집법이나 빈도 사건표집법보다 영유아발달과 관련된 사건의 세부적인 내용을 기록하기 때문에 질적인 측면을 알 수 있다.
- 시간의 흐름에 따른 변화를 비교적 정확히 알 수 있다. 서술식 사건표집법은 중심 사건이 발생할 때마다 반복해서 기록하기 때문에 시간이 흐르면서 사건

이나 그것을 일으키는 원인 등이 변화되는 모습을 알 수 있다. 또한 사건이 일어났을 때마다 기록하기 때문에 잘못된 기억으로 인한 왜곡을 방지할 수 있다.

나. 단점

- 수량화할 수 없다. 서술식 사건표집법은 사건이 일어난 원인, 사건이나 행동과 그것으로 인해 발생한 상황에 대해서 서술식으로 기록하기 때문에 빈도 사건표집법이나 시간표집법에서와 같이 수량화할 수 없다.
- 시간과 노력이 많이 든다. 서술식 사건표집법은 관찰하고자 하는 사건이 발생할 때까지 기다렸다가 기록해야 하기 때문에 총 관찰시간을 예측할 수 없다. 또한 동시에 여러 사람을 관찰하여 기록할 수 없다는 단점이 있다.
- 편견이 개입될 수 있다. 서술식 사건표집법은 관찰자가 관찰대상과 사건에 초점을 두고 기록하기 때문에 사건의 원인과 결과에 대한 주관적인 관찰과 해석이 개입될 여지가 있다. 즉, 관찰자는 관찰대상의 의도하지 않은 행동도 의도하여 행동한 것으로 잘못 해석할 수 있어 주의를 요한다.

② 빈도 사건표집법

가. 장점

- 편리하다. 빈도 사건표집법은 관찰기록지도 매우 간단하고 관찰기록을 하기 위한 노력을 많이 하지 않아도 될 만큼 단순하기 때문에 쉽게 사용할 수 있다. 따라서 어린이집에서 매우 유용하게 쓰일 수 있다.
- 수량화하여 분석할 수 있다. 서술식 사건표집법이 질적인 정보를 제공해 준다면, 빈도 사건표집법은 양적인 정보를 제공해 준다. 사건이 발생했는지 여부를 기록하므로 쉽게 수량화하고 통계적으로 분석할 수 있다.
- 시간이 적게 든다. 빈도 사건표집법은 관찰하고자 하는 사건이나 행동이 발생

했을 때 발생 여부만 기록하기 때문에 서술식 사건표집법에 비해 시간이 적게 걸린다.

- 여러 발달 영역을 동시에 관찰할 수 있다. 빈도 사건표집법은 영유아의 언어발달, 신체발달, 사회성 발달 등 여러 발달영역에 해당하는 항목을 미리 정해놓고 행동 발생 여부를 동시에 기록할 수 있다.

나. 단점

- 행동이나 사건의 질적인 측면을 알 수 없다. 빈도 사건표집법은 행동이나 사건의 발생 여부만 기록하기 때문에 대상 영유아의 행동이 다른 영유아에게 미치는 영향, 영유아 간의 상호작용 등 질적인 측면을 알 수 없다.
- 행동이나 사건의 원인을 알 수 없다. 빈도 사건표집법은 행동이나 사건의 발생 여부만 기록하기 때문에 행동이나 사건의 원인을 파악하는 데는 적합하지 않다.

(3) 활용 예

사건표집법의 예는 다음과 같다.

〈표 5-9〉 **사건표집법의 예**

관찰대상 : △○○ **생년월일** : 20 년 월 일

관 찰 자 : □○○ **관 찰 일** : 20 년 월 일

관찰행동 : 놀이 중에 나타나는 창의성 활동(인지적 요소)

[지침]

1. 영유아가 자유놀이 중 아래와 같은 활동영역에서 창의성 관련 행동을 보였을 때, 해당하는 범주에 표시(/)한다.
2. 창의성 관련 행동이 동시에 다양하게 관찰되었을 때는 해당하는 범주에 모두 표시한다.
3. 창의성 관련 행동이 여러 번 나타날 때에는 나타날 때마다 표시한다.
4. 영역을 더 줄이거나 늘리거나 관찰하고 싶은 영역을 선택하여 관찰할 수도 있다.

<table>
<tr><th rowspan="2">창의성의 인지적 요소/ 놀이영역</th><th colspan="2">사고의 확장</th><th colspan="3">사고의 수렴</th><th colspan="2">문제해결력</th><th rowspan="2">비고</th></tr>
<tr><th>확산적 사고</th><th>상상력/ 시각화 능력</th><th>유추/ 은유적 사고</th><th>논리/ 분석적 사고</th><th>비판적 사고</th><th>문제발견</th><th>문제해결</th></tr>
<tr><td>쌓기놀이 영역</td><td></td><td></td><td></td><td>//</td><td></td><td></td><td></td><td></td></tr>
<tr><td>미술영역</td><td></td><td>/</td><td></td><td></td><td></td><td></td><td></td><td></td></tr>
<tr><td>과학영역</td><td>/</td><td></td><td></td><td>/</td><td>/</td><td>//</td><td></td><td></td></tr>
<tr><td>역할놀이 영역</td><td></td><td></td><td>/</td><td></td><td></td><td></td><td></td><td></td></tr>
<tr><td>수・조작 영역</td><td></td><td></td><td></td><td></td><td></td><td></td><td>//</td><td></td></tr>
<tr><td>언어영역</td><td></td><td></td><td></td><td></td><td>/</td><td></td><td>/</td><td></td></tr>
<tr><td>음률영역</td><td></td><td>/</td><td></td><td></td><td></td><td>//</td><td>/</td><td></td></tr>
</table>

출처 : 황해익 외(2016)의 양식을 활용함.

6) 표본식 기록

표본식 기록은 수업활동에 참여하지 않는 상황에서 기록만을 가지고 그 상황을 재현할 수 있어야 하기에 매우 자세하고 정확하게 기록되어야 한다. 표본식 기록법은 관찰자가 관찰대상, 관찰장면, 관찰시간 등을 미리 정해놓고, 영유아의 모든 말이나 행동을 일어난 순서대로 가장 자세하고 전체적으로 기록하는 관찰방법이다. 즉, 관찰자는 어떤 특정 순간만을 선택하는 것이 아니라 제한된 시간하에서 연속적인 행동을 지속적으로 관찰하는 것이며, 또한 어떤 특정한 관심 부분만을 선택하는 것이 아니라 그 상황에서 일어나는 전체를 기록하는 것이다(황해익, 2009).

표본식 기록의 작성지침, 유의사항 및 장단점은 다음과 같다(권정윤 외, 2014; 하수연 외, 2017).

(1) 작성지침

- 관찰지에 관찰날짜, 관찰시간, 관찰대상 유아, 관찰자의 이름, 관찰대상 유아의 생년월일, 관찰일 현재 나이, 성별 등을 사전에 기입한다.

- 관찰대상 유아의 행동이 관찰된 장소, 관찰장면을 반드시 적는다.
- 1회 관찰은 10분 이내가 적당하며 최대 30분을 넘지 않는 것이 바람직하다.
- 모든 행동을 전체적으로 기록하며 사건이 일어난 순서와 행동이 출현한 순서대로 객관적으로 기록한다.
- 관찰대상 유아의 말, 행동 및 상황을 있는 그대로, 일상적인 용어를 사용하여 객관적으로 기록한다.

(2) 유의사항

- 관찰일시, 관찰대상, 관찰자의 이름을 미리 기록한다.
- 객관적인 사실만 기록하며 관찰자의 해석이나 주관적인 판단은 배제한다.
- 가능한 한 자세히 적고 행동의 특성에 대해 설명하도록 한다.
- 관찰대상 영유아뿐만 아니라 그 영유아와 상호작용하고 있는 사람들의 말과 행동도 함께 기록한다.
- 현재형으로 작성하고 직접화법을 이용하여 영유아의 대화를 있는 그대로 적는다.
- 시간이 일어난 순서대로 적는다.
- 기록의 여백에 정해진 간격으로 시간표시를 해둔다.

(3) 장단점

① 장점

- 모든 관찰 장면이나 상황을 아주 자세하게 기술하기 때문에 관찰대상 유아에 대한 많은 정보를 제공해 줄 수 있다.
- 특별한 관찰 기술과 도구가 필요하지 않으며 관찰대상 유아의 행동이나 상황을 있는 그대로 자세하게 기록하면 된다.

- 관찰된 행동이나 사건을 통해 사건의 전후관계를 상세하게 파악할 수 있다.
- 상황묘사가 자세하고 정확하기 때문에 보다 객관적으로 상황을 이해할 수 있다.

② 단점

- 표본기록에 상대적으로 많은 시간이 걸린다.
- 너무 많은 관찰자료를 수집했을 경우, 이를 해석하는 데 시간과 에너지 소모가 크다.
- 관찰대상 유아를 집중해서 관찰해야 하기 때문에 한 번에 한 명의 유아밖에는 관찰할 수 없다.
- 관찰자의 주관적인 해석이나 추론의 가능성이 있다.

(4) 활용 예

표본식 기록법의 예는 다음과 같다.

〈표 5-10〉 **표본식 기록법의 예**

<table>
<tr><th colspan="4">표본기록법 관찰양식</th></tr>
<tr><td>관찰유아</td><td>□○○</td><td>연 령</td><td>만 세</td></tr>
<tr><td>관찰일시</td><td>20 년 월 일 요일</td><td>관찰자</td><td>○○○</td></tr>
<tr><td>관찰장면</td><td colspan="3">○○가 △△, □□와 함께 쌓기놀이 영역에서 역할놀이를 하고 있다.</td></tr>
<tr><td>시 간</td><td colspan="2">기 록</td><td>비 고</td></tr>
<tr><td>9:45</td><td colspan="2">□○○ : 우리 까까를 요리하자.
★△△ : 그래. 얼른 불을 만들자.
〈△△, ○○, □□가 쌓기놀이 영역에서 종이상자 블록을 이용해 네모 모양으로 불이 나오는 곳을 만들었다. 그리고 그 위에 프라이팬도 놓았다.〉
□○○ : 야, 파란색 고기도 먹어봤냐?</td><td>동그라미 모양의 플라스틱 블록을 까까라고 한다.</td></tr>
</table>

	△□□ : 여기 고기를 가져왔다. 〈○○이가 차일드 블록 파란색을 가져왔다〉 ★△△ : 야, 계란도 넣자. △□□ : (△△이가 통나무집 작은 막대를 앞뒤로 흔들면서) 소금도 넣어. ★△△ : 거기에서도 소금이 나와? △□□ : (통나무집 작은 막대를 앞뒤로 흔들면서) 봐봐, 소금 나오잖아. ★△△ : (파란색 고기를 불 속에서 꺼내고 파란색 블록을 입에 갖다 대면서) 야, 파란색 고기 맛없어. △□□ : (프라이팬을 흔들면서) 얼른 까까를 요리하자. ★△△ : 그래. ★△△ : 맛있게 요리됐어? △□□ : 아니 까까 진짜 맛없어. □○○ : 까까를 더 불에 태워야 돼. ★△△ : 맞아. 얼른 더 불에 태워. □○○ : (프라이팬을 흔들면서) 야, 까까가 도망갈라고 해. ★△△ : 얼른 잘 요리해. 까까 도망가지 않게. □○○ : 우리 기름을 더 넣자. ★△△ : 야, 기름 있어? △□□ : (주유소 모형을 가져오면서) 야, 얼른 넣어. ★△△ : 야, 기름 많이 넣지 마. △□□ : 알겠어. ★△△ : 야, 까까 다 요리됐다. △□□ : 아~~ 진짜 맛있어. □○○ : 맞아.	
요 약	신체발달 : 소근육 발달 언어발달 : 의사소통 능력 발달(듣기, 말하기) 사회 · 정서 발달 : 사회성 발달	

출처 : 심성경 외(2015)의 양식을 활용함.

〈표 5-11〉 **표본기록 관찰양식의 예**

유아 이름		유아 월령	
관찰일	년 월 일	관찰자	
관찰 시간	00시 00분~00시 00분	관찰 장소 및 관찰 장면	
시 간	관찰내용	비 고	

7) 행동목록법

행동목록은 관찰대상 아동 행동의 출현 여부를 체크하는 방법으로 관찰시간이 절약되고 유아의 특정 행동 유무를 쉽게 판단할 수 있기 때문에 유아의 행동평가 및 수정에 용이하다. 하지만 행동목록법은 행동의 유무를 판단할 수 있는 효율적인 방법이지만 그 행동의 빈도, 지속시간, 특성, 행동에 대한 설명 등의 정보는 매우 제한적이다. 따라서 행동목록법은 유아의 단순한 기술이나 행동의 특성을 알아보는 데 쓰이는 관찰법이라는 것을 이해하고 관찰대상 유아로부터 확인해 보고 싶은 행동에 대해 행동목록을 수립하고 이에 대해서만 관찰하도록 한다(김이영 외, 2015).

행동목록법의 작성지침, 장단점은 다음과 같다(심성경 외, 2015; 안선희 외, 2015).

(1) 작성지침

- 적절한 주제를 선택한다. 조사하고자 하는 적절한 주제를 선택하고, 주제에 관한 문헌조사 등을 통해 조사하고자 하는 주제를 적절하게 연구해야 한다.
- 관찰행동의 범주를 명확하게 정의하고, 항목을 구체적으로 기술한다. 관찰하려는 특정 영역에서 가능한 한 포괄적이고 대표적인 목록을 구성하여 문항 간 중복이 없도록 한다. 하나의 행동목록표에 모든 행동을 포함하기에는 어려움이 있으나, 특정 행동만을 포함해서는 문제가 될 수 있다. 따라서 특정 영역을 대표하면서 하위 영역을 고루 포함하는 문항들로 구성해야 한다.
- 문항을 명료하게 기술한다. 행동목록에 포함할 문항은 가능한 한 관찰 가능한 구체적 행동을 나타내는 것이어야 한다. 또한 자세하고 정확하게 묘사되어야 하고, 명료하게 기술되어 해석에 어려움이 없어야 한다.
- 문항이 만들어지면 행동목록표를 논리적으로 조직한다. 행동목록을 배열할 때는 일정한 체계가 있어야 한다. 문항은 쉬운 것에서부터 어려운 것의 순서로 배열하며, 일반적인 발달수준에 따라 조직한다. 이러한 과정이 행동목록표를 통한 관찰을 용이하게 하며, 행동목록표로부터 얻은 자료에 대한 신뢰도와 타당도를 높여준다.
- 행동목록표를 작성하고 난 이후에는 예비조사를 통해 수정・보완하는 작업을 거쳐야 한다. 적절한 연구대상을 선정해 평가하고, 이후 수정하고 보완한다.

(2) 장단점

① 장점

- 특별한 훈련 없이 실시가 가능하다.
- 기록의 신속성을 높일 수 있다.

- 객관적이고 기록이 간편하다.
- 결과의 수량화가 용이하다.

② 단점

- 항목 외의 관찰이 불가능하다.
- 행동목록 항목을 작성하는 데 전문가의 도움이 필요하다.
- 행동에 대한 구체적인 정보를 얻을 수 없다.
- 관찰자의 편견이 개입될 수 있다.

(3) 활용 예

행동목록을 이용한 관찰실습의 예는 다음과 같다.

〈표 5-12〉 **행동목록을 이용한 관찰실습의 예**

행동목록의 내용이 관찰되면 '예', 관찰되지 않으면 '아니요'에 체크한다.

	행동목록	예	아니요
1	한 영역에서 3분 이상 활동하지 못하고 다른 영역으로 옮긴다.	V	
2	친구 그림에 낙서를 한다.		V
3	친구들과 상호작용할 때 친구의 말에 경청하지 않고 자신의 말만 한다.		V
4	선생님께 존댓말을 사용하지 않는다.	V	
5	놀이나 활동을 할 때 집중하지 못하고 돌아다닌다.	V	
6	자신의 생각대로 되지 않으면 화를 내거나 친구에게 시비를 건다.		V
7	순서를 기다리지 못하고 화를 낸다.		V
8	밥을 먹을 때 앉아서 먹지 않고 돌아다니며 먹는다.	V	
9	이야기 나누기 시간에 친구 이야기를 경청하지 않고 다른 친구에게 말을 건다.		V
10	앉아서 하는 활동이나 놀이를 할 때 집중하지 못한다.	V	

목록을 이용한 관찰실습의 예는 다음과 같다.

〈표 5-13〉 **목록을 이용한 관찰실습의 예 1**

영유아의 놀이를 위한 공간 구성 및 운영, 배움을 위한 자료 제공의 평가내용에 대해 어린이집의 수준에 해당되는 칸에 체크한다.

<table>
<tr><th rowspan="2">평가
항목</th><th rowspan="2">평가내용</th><th colspan="5">어린이집의 수준</th></tr>
<tr><th>전혀
그렇지
않다</th><th>그렇지
않다</th><th>보통
이다</th><th>그렇다</th><th>매우
그렇다</th></tr>
<tr><td rowspan="2">2-1</td><td>영유아의 놀이를 위한 공간 구성 및 운영</td><td rowspan="2">1</td><td rowspan="2">2</td><td rowspan="2">3</td><td rowspan="2">4</td><td rowspan="2">5</td></tr>
<tr><td>영유아의 놀이 중심으로 공간을 구성하고, 놀이가 방해받지 않을 정도의 크기를 제공한다. 영유아가 실내외에서 자연 및 계절, 날씨의 변화를 경험할 수 있도록 지원하고, 평안하게 휴식할 수 있는 공간과 분위기를 마련한다. 영유아의 놀이와 활동에 대한 기록을 활용하여 보육실이나 복도, 실외공간 등을 구성한다.
<u>장애아전용 어린이집의 경우</u>
장애영유아의 장애 유형과 특성에 적절한 공간 및 시설, 적합한 보조기구 등이 마련되어 있고, 장애영유아가 일과에 참여 할 수 있도록 이동, 활동 참여, 의사소통 등을 다양한 형태로 지원한다.</td></tr>
<tr><td rowspan="2">2-2</td><td>배움을 위한 자료 제공</td><td rowspan="2">1</td><td rowspan="2">2</td><td rowspan="2">3</td><td rowspan="2">4</td><td rowspan="2">5</td></tr>
<tr><td>영유아의 배움을 지원하는 풍부하고 매력적인 자료, 영유아의 놀이와 연계한 자료, 영유아의 성, 신체적 특성, 장애, 종교, 가족 및 문화적 배경의 다름을 존중하는 놀이 및 활동 자료를 제공한다. 놀이 및 활동 자료를 영유아가 자유롭게 사용할 수 있도록 지원한다.</td></tr>
</table>

출처 : 교육부 · 한국보육진흥원(2025). 2024 개정 어린이집 평가 자체평가 안내서.

〈표 5-14〉 **목록을 이용한 관찰실습의 예 2**

실내외 공간의 청결·쾌적성, 급·간식 운영의 적합성, 실내외 공간, 시설·설비의 안전한 관리, 영유아의 안전한 보호의 평가내용에 대해 어린이집의 수준에 해당되는 칸에 체크한다.

평가 항목	평가내용	어린이집의 수준				
		전혀 그렇지 않다	그렇지 않다	보통 이다	그렇다	매우 그렇다
6-1	**실내외 공간의 청결·쾌적성** 보육실 공간을 청결하고 쾌적하게 관리한다. 실내외 공간을 청결하고 쾌적하게 관리한다.	1	2	3	4	5
6-2	**급·간식 운영의 적합성** 신선한 식자재 구입, 보관이 이루어지도록 관리한다. 조리실의 공간을 청결하고 위생적으로 관리한다. 조리 및 배식 과정을 청결하고 위생적으로 관리한다.	1	2	3	4	5
6-3	**실내외 공간, 시설·설비의 안전한 관리** 보육실과 실내외 공간 및 시설·설비를 안전하게 관리한다. 놀잇감, 놀이기구, 위험한 물건을 안전하게 관리한다. 비상사태용 시설·설비를 상시 사용할 수 있도록 관리한다.	1	2	3	4	5
6-4	**영유아의 안전한 보호** 일과 중 영유아를 안전하게 보호한다. 비상시 신속하게 대처할 수 있도록 관리한다. 등하원 차량을 운행할 경우 안전요건을 갖추어 관리한다.	1	2	3	4	5

출처 : 교육부·한국보육진흥원(2025). 2024 개정 어린이집 평가 자체평가 안내서.

2. 면 담

면담(면접법)은 교사가 제시한 새로운 개념을 영유아가 잘 이해하였는지를 직접 영유아를 면담하여 알아보는 방법으로 객관성을 지녀야 한다. 면담은 교사와 부모 또는 영유아 간의 가장 적극적인 의사소통 방법 중 하나로 영유아의 전인적 성장과 발달을 위해 영유아교육기관과 가정의 일관성 있는 교육의 방향을 결정짓는 계기를 마련하는 시간이다. 일반적으로 영유아교육기관에서 면담은 공식적 또는 비공식적으로 실시된다. 부모의 비공식적 면담은 등·하원 시간에 만나서 간단하게 대화를 나누는 것에서 시작되며, 공식적인 면담은 교사의 계획하에 정기적인 방법으로 이루어진다(장성화 외, 2015; 황해익 외, 2016).

면접의 장점과 단점은 다음과 같다(오만록, 2017).

1) 장 점

- 읽고 쓰는 능력이 없는 자에게는 질문지법의 적용이 불가능하고, 그러한 능력이 있다고 하더라도 일반적으로 말하는 것보다 쓰는 것이 개인에게 부담이 크므로 협조를 얻기가 그만큼 힘들다. 반면 면접법은 어린 영유아를 포함하는 누구에게나 거의 적용할 수 있다. 이때 면접에서의 질문은 구두질문지의 구실을 하게 된다.
- 면접법은 직접 조사대상자를 만나서 그 응답을 구하는 것이기 때문에 피면접자의 응답에 제3자가 개입하는 것을 막을 수 있고, 본인의 의견만을 구할 수도 있는데, 이러한 것은 질문지법에서는 기대하기 어렵다. 그러므로 질문지법의 큰 단점의 하나가 면접법에 의해서 해결될 수 있다. 이 점 때문에 질문지법의 경우에 이에 대한 보완의 방법으로 면접법이 아울러 사용되고 있다.
- 면접법에서는 피상적인 응답뿐만 아니라 심층적인 응답을 이끌어 낼 수 있고,

피면접자의 반응에 따라 융통성 있는 질문을 계속 해나갈 수 있으므로 다양한 자료를 얻을 수 있다.

- 면접법에서는 반응이 자연스러워 인위적인 것이 적고 격식에 사로잡히지 않으며, 진실을 파악할 수 있다. 특히 면접조사자는 피조사자를 현장에서 직접 만나기 때문에 그의 인상과 표정을 통하여 응답의 진실성 여부도 함께 판단할 수 있다.
- 면접법에서는 피면접자의 의견이나 태도뿐 아니라 그 반응의 근원에 뿌리박고 있는 특성까지도 파악할 수 있다.
- 면접과정에서는 피면접자에게 필요한 정보를 제공하고, 또 피면접자에게 어떤 태도를 가지도록 교정이나 치료를 할 수 있는 기회를 가질 수 있다. 이것은 질문지법 등에서는 거의 불가능한 것으로서 면접법만이 가지는 가장 큰 장점이라 할 수 있다.

2) 단 점

- 면접을 실시할 때에는 많은 비용과 시간이 소요된다. 또한 피면접자의 시간을 확보하기 어렵고 약속을 해도 그 이행이 보장되기가 어렵다. 왜냐하면 약속시간에 찾아가면 급작스러운 방문객 때문에 피면접자를 오랫동안 기다려야 할 때도 있고, 때로는 자리를 비울 때도 있기 때문이다. 그리고 피면접자가 여러 지역에 흩어져 있을 때에는 교통비, 숙식비 등의 비용이 소요된다. 이러한 시간과 비용의 제한 때문에 일시에 많은 대상에 대해서는 실시하기가 어렵고, 조사자 자신의 부담도 크다.
- 누구나 훌륭한 면접자가 될 수 있는 것이 아니기 때문에 일정한 훈련을 통해서 면접절차와 기술 등 방법적인 지식과 기능의 숙달이 요구된다. 그리고 필요할 때에 즉시 면접 조사자를 구하기가 쉽지 않다.

- 면접자가 면접과정에서 편견이나 편파성을 가질 수 있다. 따라서 이는 자료의 정확성, 객관성, 신뢰도를 떨어뜨릴 위험이 있다.
- 면접 자료는 익명으로 한다고 하더라도 면접대상자가 피면접자와 대면적 관계를 유지하므로 자기의 정체가 드러나 중요한 문제에 대해서는 언급을 회피하는 경우가 생긴다.
- 면접이 여러 장면에서 이루어져야 할 경우 한 곳에서 일어났던 면접장면과 다른 곳에서 있었던 면접장면 간의 통일성과 균등성을 차지하기 어렵다. 동일한 말투와 동일한 절차에 의한다고 해도 피면접자에 따라서는 그 말투를 다른 각도에서 듣게 되어 면접장면에 따라 질문의 말투나 순서를 바꾸어야 하는 경우도 생긴다. 이런 경우가 많아지면 객관성을 잃기 쉽다.
- 응답결과를 수량적인 자료로 처리하기가 어렵다. 왜냐하면 응답내용이 각양각색일 뿐만 아니라, 그 해석도 다양하기 때문이다.

면담 시 주의해야 할 사항들은 다음과 같다(황해익 외, 2016).

- 부모면담의 일정을 알린다(모임의 개요는 기관장의 동의를 받아야 한다).
- 부모나 양육자를 반갑게 맞이한다.
- 면담 시 영유아에 관한 긍정적인 것들을 먼저 말하도록 계획을 세운다.
- 영유아를 가르칠 때 느꼈던 흥분되고 감격적인 장면에 대해서 이야기한다.
- 따듯하고 친절하고 개방적이며 부모의 이야기를 적극적으로 경청한다.
- 부모에게 자녀에 관해 더 많은 것을 알기 원한다는 방식으로 면담을 한다.
- 면담양식지를 활용하고 기록한다.

유아면담 및 부모면담의 예는 다음과 같다.

〈표 5-15〉 **유아면담의 예**

유아 이름		유아 월령		유아 성별	
면담자		면담일		면담시간	
면담내용	**면담자** : 친구가 놀고 있는 장난감을 가지고 놀고 싶을 때 어떻게 하면 좋을까? **유아** : 그냥 가져와요. **면담자** : 그냥 가져오면 그 친구의 기분은 어떨까? **유아** : 짜증나고 화나요. **면담자** : 무엇 때문에 친구가 짜증나고 화가 날까? **유아** : 친구한테 말도 안 하고 장난감을 가져와서요. **면담자** : 어떻게 하면 친구의 기분이 나쁘지 않을까? **유아** : '그 장난감 좀 줘'라고 말해요. **면담자** : 조금만 더 자세히 이야기해 줄래? **유아** : '나도 그 장난감으로 놀고 싶은데 그 장난감 주면 안 돼?'라고 말해요. **면담자** : 네가 그 장난감을 왜 갖고 싶은지 이유를 말하고 달라고 말하겠다는 것이니?				
교사의 의견					

〈표 5-16〉 **부모면담의 예**

<table>
<tr><td>유아 이름</td><td></td><td>유아 월령</td><td></td></tr>
<tr><td>면담자</td><td></td><td>면담일</td><td></td></tr>
<tr><td>유아 형제 또는 자매 유무</td><td></td><td>유아 성별</td><td></td></tr>
<tr><td>연락처</td><td colspan="3"></td></tr>
<tr><td colspan="2">면담 내용</td><td colspan="2">부모님의 의견</td></tr>
<tr><td colspan="2">1. 자녀와 함께 가장 많은 시간을 보내는 분은 누구신가요?</td><td colspan="2"></td></tr>
<tr><td colspan="2">2. 어머님이 자녀와 함께하는 시간이 가장 많다고 하셨는데 그렇다면 주로 자녀와 함께 놀이나 활동을 같이 하시나요?</td><td colspan="2"></td></tr>
<tr><td colspan="2">3. 유아의 언니와 주로 놀이나 활동을 한다고 말씀해 주셨는데 어느 시간대에 유아가 언니와 함께 놀이나 활동을 하나요?</td><td colspan="2"></td></tr>
<tr><td colspan="2">4. 자녀가 언니와 함께 활동이나 놀이를 할 때 자녀의 기분은 어때 보였나요?</td><td colspan="2"></td></tr>
<tr><td colspan="2">5. 자녀랑 어머님은 언제 어떤 놀이나 활동을 하나요?</td><td colspan="2"></td></tr>
<tr><td colspan="2">6. 어떤 놀이를 할 때 자녀가 흥미 있고 재미있어 보였나요?</td><td colspan="2"></td></tr>
<tr><td colspan="2">7. 자녀가 놀이나 활동을 하면서 가장 자신 있어 하는 것은 무엇이며 어머님이 느끼실 때 자녀가 가장 잘하는 것은 무엇이라고 생각하시나요?</td><td colspan="2"></td></tr>
<tr><td colspan="4">교사의 의견</td></tr>
<tr><td colspan="4"></td></tr>
</table>

3. 포트폴리오

포트폴리오는 표준화된 검사와 같은 전통적인 방법과는 달리 또 다른 맥락에서의 유아를 관찰하며 평가할 수 있는 방법으로, 유아가 수행한 작업과 유아의 발달과 학습을 평가하기 위하여 비형식적으로 이루어진 평가와 수행평가로부터 얻은 교사의 자료를 수집할 수 있다(조윤경 외, 2010).

포트폴리오 평가의 장점과 단점은 다음과 같다(장혜순, 2006; 황해익, 2009).

1) 장 점

- 영유아들이 자신의 작품을 선택하고 이전 작품에 대해 반성해 봄으로써 자신의 진보를 확인할 수 있으므로 자랑스러움을 느끼고 성취감을 가지게 된다.
- 포트폴리오는 교수 · 학습 과정의 질적 변화와 발전을 가져올 수 있다. 영유아의 진보에 대한 구체적인 증거를 제시하고 부모들이 영유아의 작품을 좀 더 잘 이해하고 감상하게 해주므로 교사–부모협의회에서도 유용하게 사용될 수 있으며, 교육의 효과를 증진시킨다.
- 포트폴리오에서의 평가경험은 영유아들에게 필요한 자기평가기술을 얻고 다른 사람들에 대한 평가기술을 더 잘 전달하도록 해준다.
- 영유아들은 자신의 학습과정에 평가주체로 참여하기 때문에, 내재적 동기를 유발하고 책임감을 증진시킬 수 있다.
- 교사에게 영유아의 학습정보를 다양하게 제공하므로 영유아의 능력을 평가하는 명확하고 다양한 증거자료를 제공한다. 또한 포트폴리오는 부모와의 의사소통을 개발하고 자녀에게 주어지는 교육과정의 의미와 유아의 발달에 대한 이해를 공유하는 데 가장 강력한 도구가 될 수 있다.

- 영유아의 장점에 초점을 맞추어 영유아가 무엇을 할 수 없는가에 대해서가 아니라 무엇을 할 수 있는가에 관심을 갖게 해준다.
- 평가가 매일의 수업과정 속에서 이루어지므로 이러한 평가의 결과는 교수과정을 계획하고 수정하는 데 바로 활용될 수 있다.

2) 단 점

- 포트폴리오 평가는 계속적으로 수집하고 정리하는 데 시간과 노력이 많이 든다.
- 포트폴리오 평가는 타당성 있는 사정도구라기보다는 감상적인 기억들을 담은 상자가 될 수 있다.
- 포트폴리오 평가의 자료를 정리할 수 있는 충분한 파일공간의 확보가 필요하다.
- 포트폴리오 평가는 기록·보관에만 치중하다 보면 영유아의 학습과정이 한쪽으로 치우칠 수 있다.
- 포트폴리오 평가는 내용 타당성의 확보가 쉽지 않으며, 평가결과에 대한 타당도와 신뢰도의 확보가 어렵다.
- 포트폴리오 평가는 수집의 준거가 불분명할 수 있다.
- 포트폴리오 평가는 기록물을 수집하고 평가하는 과정에서 교사의 편견이 작용할 가능성이 많다.

포트폴리오는 다음 사항들을 주의해야 한다(황해익 외, 2014).

첫째, 일정 기간 동안 체계적으로 자료를 수집해야 한다.

둘째, 각각의 수집한 자료에는 교사의 의견이 제시되어야 한다.

셋째, 유아 행동에 대한 관찰 결과가 포함되어야 한다.

넷째, 교사 자신이 포트폴리오의 목적과 활용에 대한 인식을 가지고 있어야 한다.

포트폴리오를 위한 활동의 예는 다음과 같다.

〈표 5-17〉 **포트폴리오 설정을 위한 행동목록의 예**

포트폴리오 설정계획표	
설정계획 질문 목록	교사의 계획 및 의견
1. 포트폴리오의 목적은 무엇인가?	
2. 포트폴리오를 어떻게 구성할 것인가?	
3. 포트폴리오에 포함될 내용들은 무엇인가? □ 작업표본 □ 발달 체크리스트 □ 일화기록 □ 활동자료, 미디어자료 및 교사평가 □ 자기평가 □ 시간표집 자료 □ 평가 진행 과정 보고서 등	
4. 포트폴리오의 구성물들은 어떻게 수집할 것인가?	
5. 포트폴리오를 어떻게 공유할 것인가?	
6. 평가결과는 어떻게 보고할 것인가?	
7. 평가결과는 어떻게 피드백할 것인가?	
8. 포트폴리오를 어디에 보관할 것인가?	

〈표 5-18〉 **활동에 대한 부모조언 이야기 양식의 예**

<table>
<tr><th colspan="4">활동에 대한 부모조언 이야기 양식</th></tr>
<tr><td colspan="4">"영유아의 작품에 대해 이야기 나누어 주세요"</td></tr>
<tr><td>활동명</td><td></td><td>유아 월령</td><td></td></tr>
<tr><td>유아 이름</td><td></td><td>날 짜</td><td></td></tr>
<tr><td colspan="4">• 오늘 자녀가 만든 작품에 대해 함께 이야기해 주세요.
예 "이 작품은 무엇을 표현한 거니?" / "왜 이렇게 만들고 싶었어?"

• 오늘 만든 작품에서 멋진 점은 무엇인지 함께 이야기해 주세요.
예 "너는 이 작품에서 어떤 점이 마음에 드니?"<br>"엄마도 (유아가 말한 것) 마음에 든다. 그리고 ~ 한 것도 참 좋구나~"

• 다음 활동 시 어떤 점을 더 첨가하면 좋을지 함께 이야기해 주세요.
예 "다음에 이 작품을 또 만든다면 어떤 재료가 더 있으면 좋을 것 같니?
"다음에 이 작품을 또 만든다면 어떤 것을 더 표현하고 싶니?</td></tr>
<tr><td>부모님 의견</td><td colspan="3"></td></tr>
</table>

4. 표준화된 검사

표준화된 검사란 검사의 실시, 기구, 채점방식이 일정하게 고정되어 있어 동일한 검사과정이 행해지므로 시행결과로 나타난 반응의 차이는 순수한 개인차로 해석할 수 있다. 표준화 검사에는 규준표가 제시되는데 규준집단에 의해 얻어진 점수분포가 제시되어 있다. 규준표 사용은 심리검사 결과를 일정한 기준에 따라 객관적으로 해석하게 해주며 개인 간의 비교가 가능하게 해준다. 검사 실시과정의 표준화는 결과의 객관화를 위해 중요한 조건이며, 검사 실시과정이 표준화되어 있지 않다면 제시된 규준표 역시 정확하지 않다. 심리검사의 표준화가 완전하게 이루어지려면 검사 사실에 영향을 줄 수 있는 가능한 조건들이 구체화되어야 하며, 보다 완전한 표준화 검사는 검사자나 장소의 변화에 상관없이 거의 동일한 점수가 특정 될 수 있어야 한다(장성화 외, 2015).

표준화된 검사도구들을 살펴보면 다음과 같다.

〈표 5-19〉 **표준화 검사도구**

유 형	검사명	대상 연령	제작자	출판사
지능 검사	K-ABC 검사	2세 6개월~ 12세 5개월	문수백 외 (1997)	학지사
	KEDI-WISC 검사	만 5~15세	박경숙 외 (1987)	도서출판 특수교육
	KISC	만 3세 6개월~ 만 6세 6개월	한국행동과학 연구소(1993)	행동과학연구소
	한국 Wechsler 유아지능 검사(K-WPSSI)	만 3세~ 7세 3개월	박혜원 외 (1996)	도서출판 특수교육
	한국판 그림지능검사(P.T.I)	4~7세	서봉연 외 (1985)	중앙적성연구소
학습 준비도 검사	학습준비도검사	5~6세	이연섭 · 김성일 (1981)	한국교육개발원
	유아학습준비도검사	4세 6개월~ 6세 5개월	한국교육개발원 · 박혜정 외 (1987)	동아출판사
	계몽학습준비도검사	6~7세	계몽아동연구소 (1993)	계몽아동연구소

언어 검사	그림 어휘력 검사	2세~8세 11개월	김영태 외 (1995)	서울장애인 종합복지관
	언어이해 · 인지력 검사	3세~5세 11개월	장혜성 외 (1992)	서울장애인 종합복지관
	취학 전 학생의 수용-표현 언어검사(PRES)	2~6세	김영태 외 (2003)	도서출판 특수교육
발달 검사	한국판 DLAL-3	만 3세~ 만 6세 11개월	전병운 외 (2004)	도서출판 특수교육
	한국형 Denver II	만 0세~5세 12개월	신희선 외 (2002)	현문사
	영유아 언어 · 인지 · 사회 · 정서 · 발달 평가도구(KEBA 2 to 5)	만 2~5세	이종숙 외 (2008)	제주특별시자치도 · 교육과학기술부
성격 검사	유아성격검사	4~7세	송인섭 (1995)	학지사
	한국아동인성검사	만 4~14세	김승태 외 (1997)	한국가이던스
적응 행동 · 사회 · 정서 검사	사회성숙도검사	0세~성인	김승국 · 김옥기 (1995)	중앙적성연구소
	유아정서지능평가 도구	유아	이영자 외 (2000)	덕성여자대학교

출처 : 조운주 외(2015)의 양식을 활용함.

참여해 봅시다

1. 영유아 행동 관찰법인 일화기록법, 체크리스트, 평정척도법, 시간표집법, 사건표집법, 표본식 기록 및 행동목록법은 영유아가 행동하는 상황과 장면에 따라 다양하게 관찰되는 방법들입니다. 영유아의 다양한 행동상황과 장면을 떠올리면서 어떤 관찰방법이 사용되어야 적절한지 토론해 봅시다.
2. 영유아 행동의 평가방법인 면담의 장점과 단점에 대해 알고 단점을 보완할 수 있는 방법에 대해 토론해 봅시다.
3. 영유아 행동의 평가방법인 포트폴리오의 장점을 파악하고 영유아교육기관에서 적절하게 적용할 수 있는 다양한 상황과 장면에 대해 의견을 공유해 봅시다.

PART 03

영유아 생활지도의 실제

Chapter 6

영아를 대상으로 한 생활지도의 실제

이 장에서는 영아의 식습관, 대소변 가리기, 수면습관, 안정애착의 형성, 의사소통의 변화과정을 이해하고 건강하고 안전한 태도와 습관을 형성하기 위해 교사가 해야 할 일들을 탐색하고자 한다.

학습목표

1. 영아의 발달 특성에 맞는 식습관 지도 방법을 이해하고 적용한다.
2. 영아의 배변훈련 과정을 이해하고 발달 단계에 적합한 지원 방법을 익힌다.
3. 영아의 건강한 수면습관 형성을 위한 환경 조성과 교사의 역할을 파악한다.
4. 영아와 안정애착을 형성하기 위한 교사의 상호작용 방법을 모색한다.
5. 영아의 의사소통 발달 과정을 이해하고 이를 지원하기 위한 효과적인 의사소통 전략을 개발한다.

1. 식사습관 지도

1) 식습관 지도의 필요성과 목적

식습관이란 영아가 성장 과정에서 형성하게 되는 식생활 전반에 관한 행동 양식이다. 이는 식품의 선택, 섭취하는 방법, 식사 시간, 식사 횟수, 조리 방식, 식사 시 태도 및 분위기 등 일상적으로 반복되는 식사 관련 행동을 포괄하는 개념이다. 이러한 식습관은 개인의 발달적 특성뿐만 아니라 가정환경, 사회 · 문화적 배경에 따라 다양하게 나타나며, 이는 국가나 민족에 따라 상이한 식생활 문화로 구체화된다.

바람직한 식습관이란 단순히 특정 음식을 선호하거나 규칙적으로 식사하는 것을 넘어서는 개념이다. 즉, 음식의 짠맛과 단맛의 선호도, 식사의 규칙성, 과식이나 편식 여부, 섭취 속도, 식사 시의 자세, 식사 중 행동 및 전반적인 식사 환경 등 다양한 요인이 복합적으로 작용하여 건강을 유지하고 증진할 수 있는 방향으로 체계화된 식행동을 의미한다.

따라서 영아기의 식습관 지도는 단순한 식사 기술의 습득을 넘어서, 평생의 건강한 식생활을 위한 기초를 형성하는 중요한 교육적 과업이다. 교사는 영아의 발달 수준에 부합하는 적절한 식사 행동을 유도하고, 긍정적이고 안정적인 식사 환경을 조성함으로써 영아가 자율적이고 건강한 식습관을 형성할 수 있도록 전문적 역할을 수행해야 한다.

2) 식습관 발달과정

식습관의 발달과정을 살펴보기 위해, 먼저 음식의 종류를 세 가지 형태로 구별해 보면 유동식, 연식, 고형식이 있다. 유동식이란 일반적으로 수분이 많고 딱딱한 성분이 없어 씹지 않고 그대로 삼킬 수 있는 음식물을 의미한다. 연식이란 소화에 도움을 주기 위해 부드럽게 조리된 음식물을 의미한다. 고형식이란 유동이나 연식 또는 가루의 형태가 아닌 일정한 결정과 형태를 가지고 있는 상태의 음식물을 의미한다. 영아는 모유를 시작으로 유동식에서 연식으로, 연식에서 점차 고형의 음식을 섭취하는 방향으로 식습관을 변화시킨다.

신체기관의 상태와 배설능력을 고려하여 영아의 유동식, 연식, 고형식 섭취 시기의 특징을 살펴본다(Largo, 2007).

- **유동식** : 생후 4개월까지 모유나 분유는 영아에게 가장 이상적인 음식이다. 모유와 분유는 소화하기 쉽고 신진대사와 장에 부담을 주지 않는다. 특히 모유에는 전염병으로부터 보호할 수 있는 항체가 포함되어 있다. 생후 5~14일이 되면 영아는 성장 · 발달에 필요한 영양분을 충분히 섭취할 수 있다.
- **연식** : 생후 4개월이 지나면 모유나 분유만으로 성장 · 발달에 필요한 영양분과 열량을 섭취하기 어렵다. 이 시기가 되면 부드러운 음식으로 식사를 시작해도 될 만큼 영아의 소화, 신진대사, 배설 기능이 발달하며 딱딱한 음식을 입에 넣고 빨기 시작한다.
- **고형식** : 생후 12개월이 지나면 어른들이 먹는 음식을 먹을 만큼 구강 운동과 장 기능이 발달한다. 영아는 딱딱한 음식을 물고 씹을 수 있고, 가족과 함께 식탁에 앉아 식사할 수 있을 만큼 몸을 가눌 수 있다.

식습관의 발달과정에서 가장 중요하게 다루어지는 행동은 유동식에서 연식으로 발달하는 과정에서 나타나는 혼자서 병 잡고 먹기 행동과, 고형식 기간 동안 나타나는 손으로 수저와 같은 도구를 사용하는 행동이다.

- **혼자서 병 잡고 먹기** : 생후 5개월이 지나면서 영아는 손의 근육이 발달하여 물건을 움켜쥘 수 있게 된다. 물건을 움켜쥐기 시작하면서 움켜쥔 물건을 입

으로 가져간다. 손으로 물건을 잡고 입으로 가져가면 손으로 느껴지는 느낌뿐만 아니라 입에서 느껴지는 느낌과 맛으로 물건을 탐색하게 된다. 이때 양육자가 얼마나 자주 영아에게 스스로 할 수 있는 병 잡기 기회를 주느냐에 따라서 빠르면 5개월에서 느리면 9개월 정도에 혼자서 병(우유병이나 주스병 등)을 잡고 먹는 행동이 익숙해진다.

- **수저와 같은 도구를 사용하여 먹기** : 생후 12개월이 지나면서 영아는 어른이 먹는 단단한 음식 중 일부를 먹을 수 있게 된다. 성인은 영아들이 매 식사 때마다 수저와 포크 같은 도구를 사용할 것을 요구한다. 이때 영아는 수저나 포크와 같은 식사 도구를 잡기 위하여 노력하는데, 그 방법은 영아들마다 차이가 있을 뿐만 아니라, 각 영아도 매번 다른 방법으로 잡기를 시도한다. 영아가 매번 다른 방법으로 잡기를 시도하는 이유는 자신에게 손쉬우면서 동시에 음식을 흘리지 않고 먹을 수 있는 방법을 찾기 위한 영아 개인의 탐구 과정이다. 수저와 포크를 사용하는 방식이 영아 개인의 고유한 방법으로 확정되기까지는 약 3~4개월이 걸리며, 이 기간 동안 영아는 지속적으로 다양한 잡기의 방법을 시도한다(이용주, 2002).

3) 지도의 내용과 유의사항

좋은 식습관을 기르기 위해 교사가 해야 하는 지도의 내용은 제시하는 학자들마다 약간의 차이가 있는데, 특히 영아기에 관한 내용은 정확하게 규정되지 않은 것이 우리나라의 상황이다. 이에 2024 개정 표준보육과정(교육부, 2024)과 학자들이 제시한 바를 검토하여 영아기 지도의 내용을 정리해 보도록 한다.

〈표 6-1〉 좋은 식습관을 기르기 위한 지도의 내용

표준보육과정(2024)	박정옥 · 김태인(2013)	라르고(Largo, 2007)
〈0~1세〉 • 개별 영아별 이유식, 고형식 계획 수립 • 먹는 기쁨을 경험하는 시간 • 영아 스스로 먹도록 지원 • 부정적 인식 안 되도록 배려 • 격려, 모델링 등으로 음식에 관심 가지도록 지원 〈2세〉 • 단순히 먹는 시간을 넘어 또래나 교사와 즐겁게 이야기 나누는 사회적 교류 이루어지도록 지원 • 적당한 목소리로 대화하기, 음식을 삼킨 후 이야기하기, 맛있게 먹었다고 인사하기 등 사회적 예절을 경험하도록 지원 • 각 영아의 특성을 고려하여 새로운 음식 접하도록 지원 • 먹기를 준비하고 정리에 주도적으로 참여하도록 지원 • 음식의 색, 질감, 냄새, 맛 등 영아가 음식에 관심을 가지도록 지원 • 다양한 도구를 사용하여 독립적으로 음식을 탐색하고 즐겁게 먹을 수 있도록 지원	• 음식을 먹기 전에 손 씻기 방법 알려주기 • 음식을 먹기 전에 감사하는 마음을 표현하기 • 어른이 먼저 수저를 든 후에 수저 들기 알려주기 • 음식을 기쁘고 즐거운 마음으로 먹을 수 있도록 지도 • 골고루 먹기 지도 • 천천히 꼭꼭 씹어서 먹기 지도 • 적당량의 음식을 입에 넣도록 도움 주기 • 입에 음식을 넣고 이야기하지 않도록 지도하기 • 음식을 들고 돌아다니지 않도록 도움 주기 • 음식을 깨끗이 먹기 지도 • 다른 사람이 식사를 마칠 때까지 기다리기 지도 • 음식을 먹은 후에 자기 자리와 그릇을 스스로 정리하도록 도움 주기 • 음식을 먹은 후에 이 닦기 지도하기	• 올바른 식사 예절을 교육하기 • 식사 준비를 함께하기: 음식을 소중히 다루는 법을 알게 함 • 식사 시간에는 함께 동참할 수 있는 대화 나누기 • 먹을 수 있는 만큼만 주되 모자라서 더 달라고 할 정도의 양을 제시하기 • 음식을 다 먹으라고 강요해서는 안 되고, 영아가 얼마나 먹을지 스스로 결정할 수 있도록 하기 • 얌전히 먹으려고 애쓰면 칭찬해주기. 혼자서 노력하는 것은 칭찬받을 만한 일임 • 신호 알아차리기: 영아가 음식을 가지고 장난하거나 바닥에 던지면 배가 부르다는 신호 • 식사가 시작되면 식사 시간이 언제까지인지 알려주기 • 영아가 원하는 것을 무조건 막지 않기: 건강한 식습관과 올바른 식사 예절을 몸에 익히도록 하려면 영아가 원하는 것을 무조건 막으면 안 됨

이를 종합하여 영아를 담당하는 교사가 유의해야 하는 점을 제시하면 다음과 같다.

첫째, 분유를 먹일 때 고려해야 하는 사항을 알아야 한다.

영유아교육기관에는 월령이 어린 영아들이 있다. 영아들에게 분유를 먹이기 위해서 교사는 반드시 위생적이고 친밀한 환경을 마련해야 한다. 다음은 교사가 영아에게 분유를 먹일 때 고려해야 하는 사항이다.

분유를 먹일 때 고려해야 하는 사항

- 분유병은 항상 소독된 것을 사용한다.
- 타 놓은 우유는 세균의 번식 위험이 있으므로 영아가 분유를 먹을 때마다 매번 새로 타서 먹여야 한다.
- 제공해야 하는 기준량을 정확하게 지켜야 한다. 같은 양의 물에 분유를 초과하여 타게 되면 영아는 소화가 힘들어진다. 반면 분유의 양이 미달하면 건강에 문제를 일으킬 수 있다.
- 분유를 먹은 후 반드시 트림을 시킨다. 트림은 분유를 먹을 때 유입되는 불필요한 공기를 빼주는 역할을 한다. 분유를 먹은 후에는 반드시 트림을 통해 불필요한 공기를 빼주어야 한다. 이는 월령이 낮은 영아인 경우, 반드시 해야 할 일이다. 만약 트림을 하지 않는다면 배 속에 공기가 유입되어 통증이나 구토를 유발할 수 있다.

둘째, 교사의 식생활 태도는 영아의 식생활 태도에 본보기가 된다.

영아기 2년 동안의 식생활은 교사의 식생활 태도를 보며 형성되어 간다 해도 과언이 아니다. 교사가 도구를 사용하여 음식을 먹고 즐겁게 식사하는 모습은 영아가 혼자서 먹고 마시는 방법을 터득하고 식사에 대한 태도를 형성하는 데 의미 있는 영향력을 미친다. 따라서 교사는 올바른 식사 태도를 갖출 뿐만 아니라, 영유아교육기관과 가정이 서로 연계하는 것이 바람직하다. 교사와 부모는 긴밀한 의사소통으로 일관성 있는 태도를 보이는 것이 영아의 좋은 식습관을 형성하도록 지도하는 방법이다.

셋째, 편안하고 즐거운 식사시간이 되도록 한다.

교사는 영아의 식사시간 동안 강압적이지 않은 태도를 유지하여야 한다. 음식의 내용은 영유아교육기관이나 교사가 결정하더라도 먹는 양은 각각의 영아에 따라 달라질 수 있다. 교사는 정해진 양을 억지로 먹도록 강요하거나 강압해서는 안 될 것이다. 영아가 언어로 상호작용할 수 없다 하더라도 교사가 즐겁고 편안하게 이야기하며, 식사시간이 즐거운 시간임을 느낄 수 있도록 한다.

넷째, 적절한 식사 도구를 혼자 사용할 수 있도록 격려하고 기다려 준다.

영아는 생후 5개월이 지나면서 우유병을 손으로 잡을 수 있을 만큼 양손의 힘이 증가한다. 이후 12개월 즈음에 음식을 손으로 집어 먹으려는 것과 같이 혼자 식사를 할 수 있는 동력으로써 자립성을 나타내기 시작한다. 이때 손이 더럽다거나 시간이 없다는 이유로 영아 혼자 먹으려는 것을 금지하지 않는다. 손이 더러우면 먹기 전 깨끗하게 씻어주고, 조금 더 시간적인 여유를 확보하여 영아가 혼자서 식사 도구를 사용할 수 있는 연습의 기회를 주어야 한다. 혼자서 식사 도구를 사용해 보았다면 영아를 격려하고, 스스로 할 수 있을 때까지 조급해하지 않고 느긋하게 기다리는 여유를 갖도록 한다.

4) 지도의 실제

식사습관을 지도하는 다양한 방법 중 영아에게 음식물 알레르기가 있는 경우 교사의 지도 방법을 살펴본다.

음식물 알레르기

■ 개념

음식물 알레르기란 음식물을 섭취하였을 때 체내에 나타나는 과민반응이라고 할 수 있다. 음식물 알레르기는 영아의 생활 및 영양과 관련된 공적 문제로, 전 세계적으로 영아와 유아의 2~8% 정도가 음식 알레르기를 지닌 것으로 보고되고 있다.

■ 주요 증상

음식물 알레르기의 주요 증상은 구강 등에 부종 등이 발생하는 증상, 피부에 두드러기나 혈관 부종 등이 나타나는 증상, 신경계에 두통 · 불쾌감 · 피로감 등이 나타나는 증상, 알레르기 반응이 신체 여러 기관에 동시에 발생하는 아나필락시스 증상 등이 있다.

■ 원인

영아기에 알레르기를 일으키는 주요 음식물은 계란, 우유, 대두, 땅콩, 밀, 견과류와 조개류, 생선, 갑각류 등이 연관성이 높은 것으로 파악된다.

■ 예방 및 지도 방안

음식물 알레르기를 예방하기 위한 방법은 아직 정확하게 제시되고 있지 않다. 영유아교육기관에서 할 수 있는 일반적인 방법을 제시하면 다음과 같다.

① 교육기관 입소 시 알레르기를 일으키는 음식에 대한 정보를 파악한다.

② 알레르기를 일으키는 음식을 교육기관 종사자들과 공유한다.

③ 알레르기를 일으키는 음식을 금한다.

④ 모유 수유 시에는 가정과의 연계가 중요하며, 어머니도 알레르기를 유발하는 음식들을 삼가야 함을 공유한다.

⑤ 만약 위와 같은 음식을 반드시 먹여야 하는 경우, 먹기 전에 입 주변이나 손등에 음식을 먼저 묻혀보고 반응을 살핀다. 음식이 묻은 주변이 붉어지거나 부풀어 오른다면 먹이지 않아야 한다.

2. 대소변 가리기 지도

1) 대소변 가리기 지도의 필요성과 목적

인간의 대부분의 골격근은 출생과 동시에 뇌와 신경학적으로 연결되어 있어 의도적인 조절이 가능하다. 그러나 배변을 조절하는 괄약근은 출생 초기에는 대뇌의 의식적 통제와는 분리되어 기능하며, 점차적인 성숙과 훈련을 통해 뇌의 명령에 반응하는 방식으로 발달한다. 이에 따라 대소변을 가리는 능력은 단순한 생리적 성숙의 결과가 아니라, 신체적 성장과 더불어 환경적 자극과 훈련을 통해 형성되는 후천적 행동 발달의 과정으로 볼 수 있다. 이러한 점에서 영아기에 실시되는 체계적인 배변 훈련은 중요하다.

정신분석학자 프로이트(Freud)는 이러한 배변 조절 과정을 심리성적 발달 이론의 핵심으로 간주하였다. 그는 만 18개월에서 3세에 해당하는 항문기(anal stage)를 성격 형성의 기초가 되는 시기로 보았다(Freud, 1905). 이 시기의 영아는 항문 부위에 심리적 에너지가 집중되며, 배변을 조절하고 적절히 배출하는 과정에서 심리적 만족감을 경험하게 된다. 적절하고 일관된 배변 훈련은 영아에게 자율성, 자기조절력, 정서적 안정감을 길러주며, 이는 이후의 성격 발달에 긍정적인 영향을 미친다(Shaffer & Kipp, 2013). 반대로, 과도하게 엄격하거나 강압적인 훈련은 영아의 불안, 수치심, 완고함 등의 부정적 성격 특성을 유발할 수 있다.

따라서 대소변 가리기 지도는 영아의 생리적 기능 습득뿐만 아니라, 정서적 안정과 건강한 자아 형성에 기여하는 중요한 발달과업이다. 영아의 발달 단계와 개인차를 고려한 적절한 배변 훈련은 자율성과 긍정적 정서를 촉진하며, 이는 이후의 사회적 관계 형성과 사회적 적응에도 중요한 영향을 미친다.

2) 대소변 가리기 행동 발달과정

영아기에 터득해야 하는 가장 중요한 조절능력 중 하나는 배설과 관련되어 있다. 배 속의 태아는 3개월이 지나면서 신체의 노폐물을 걸러내기 시작하는데, 걸러진 노폐물은 소변으로 만들어져 양수로 배출된다. 신생아들은 소변이나 대변을 배설하기 몇 초 전에 울음을 터트리거나, 몸통 또는 다리를 갑작스럽게 움직임으로써 엄마에게 경고신호를 보낸다. 그러나 부모가 그러한 행동에 반응하지 않거나 알아차리지 못하기 때문에 2~3주가 지나면 사라진다(Largo, 2007).

6개월 정도의 영아는 방광에 소변이 쌓이면 반사적으로 소변을 배설하지만, 갈수록 소변을 보는 간격은 점차 길어진다. 10개월이 지나면서 영아는 신경 및 뇌가 발달하여 방광의 감각을 느낄 수 있다. 15개월에 가까워지면서 영아는 중요한 변화를 보이기 시작한다. 대변의 횟수가 줄어들고 변을 보는 시간이 일정해지기 시작하는 것이다. 18개월이 지나면서 방광이 좀 더 커져 보다 많은 양의 소변을 모을 수 있으며, 대변이 나오는 느낌을 느낄 수 있다. 따라서 15개월에서 24개월에 이르는 동안 영아는 어느 정도의 대소변 가리기가 가능해진다. 24개월에서 30개월 정도가 되면 소변이 마려워도 어느 정도 참을 수 있을 만큼 방광 조절능력이 발달하며, 스스로 화장실이나 변기에 가서 소변을 볼 수 있을 정도의 조절력이 갖추어진다. 하지만 변기로 가는 동안이나 낮잠을 자는 동안 실수를 할 수 있다(박정옥 · 김태인, 2013; 주은자, 2012).

대소변 가리기 훈련을 시작하는 적당한 시기는 언제인가? 학자들(이용주, 2002; Fraibergm, 1996; Kagan, 1981; Largo, 2007)은 공통적으로 영아의 배변훈련 준비도에 대해 언급하며, 교사는 영아가 기저귀를 떼고 싶다고 신호를 보낼 때까지 기다리는

것이 바람직하다고 제시한다. 영아는 대소변이 마려우면 얼굴을 찡그리거나, 몸에 힘을 주거나, 눈 주위가 붉어지는 등 용변 시에 관찰할 수 있는 전형적인 행동들로 자신의 의사를 표현하고 교사에게 신호를 보낸다.

3) 지도의 내용과 유의사항

대소변 가리기 지도의 가장 중요한 목표는 대소변을 통제하는 기술을 길러 영아가 자신의 신체와 신체 기능을 스스로 조절할 수 있도록 하는 것이다. 대소변 가리기를 시작하는 시기는 영아가 대소변을 가릴 수 있는 신체적 준비가 선행되어야 하는 만큼, 교사는 영아의 배변 준비 신호를 점검하고 편안하고 깨끗한 환경을 제공해 주는 것이 중요하다. 이에 원활한 배변습관을 기르기 위해 월령에 따른 지도의 내용을 정리해 보도록 한다.

첫째, 15개월 이전까지는 전적으로 기저귀에 의존하는 시기이다. 이 시기는 교사가 배변을 구체적으로 지도하기에 아직 이른 시기이다. 그러나 교사는 각 영아의 대소변 리듬과 패턴을 미리 파악하고 개별적으로 상호작용하는 것이 필요하다. 영아의 배변은 건강상태와 밀접한 관련이 있으므로 교사는 대소변 횟수나 양, 상태 등을 예민하게 관찰하고, 관찰한 내용을 기록해 둔다.

둘째, 15개월 이후 24개월에 이르는 동안 영아는 어느 정도의 대소변 가리기가 가능해진다. 대변은 변의에서 실제 변을 보기까지 시간적인 차이가 있다. 이러한 시간적 차이를 활용하여 변을 보는 자세를 취하거나 변기에 앉히는 등의 활동을 해볼 수 있다. 평상시에 교사는 또래 영아들이 자연스럽게 화장실이나 변기를 사용하는 모습을 볼 수 있도록 지도하는 것도 효과가 있다. 그러나 긴장이나 조급함과 같이 심리적으로 어려운 상황에 놓인 영아들은 변기에 앉기를 거부하는 경우가 많다. 따라서 편안하고 안정된 분위기를 조성하는 것이 필요하다.

셋째, 만 2세 이후 영아는 기저귀를 차지 않아도 생활이 가능할 만큼 배변을 통제할 수 있게 되며, 화장실과 변기를 사용하는 것도 비교적 익숙하게 된다. 그러나 이러한 통제의 능력은 완성된 것이 아니기에 자주 실수하게 된다. 기저귀를 차지 않은 상태에서 대소변을 실수하게 되면 영아는 위축되게 마련이다. 따라서 교사는 영아의 실수를 너그럽게 대하여야 하며, 서두르거나 강요하지 말아야 한다. 항상 여벌의 옷도 준비해 두어야 한다. 또한 놀이나 다른 활동에 몰입하다 실수할 수 있으므로 화장실 가는 시간을 규칙적으로 실행하는 것도 바람직한 방법이 될 것이다. 대소변 가리기를 성공적으로 수행하였다면 칭찬과 격려를 아끼지 않는다.

넷째, 3세 전후 영아는 언어가 발달하면서 배변 의사를 말로 표현하고, 낮에는 수월하게 대소변을 통제한다. 반면 밤 동안의 대소변 통제는 아직 미숙하며, 훨씬 오랜 기간이 소요된다. 이 시기에 교사는 스스로 입고 벗기 편안 옷을 입히고 여벌 옷을 준비해 준다. 영아에 따라 유아용 변기보다는 교사용 변기를 사용하려는 선호가 나타나기도 한다. 이러한 경우 성인용 변기에 유아용 변기 커버를 끼워주고 다리를 받칠 수 있는 계단을 설치해 주면 보다 안심하고 성인용 변기를 사용할 수 있게 된다. 이 시기 중요한 교사의 역할은 화장실 사용법 및 화장실 예의를 구체적으로 지도하는 것이다. 구체적인 화장실 사용법 및 예의는 다음과 같은 것들이 있다.

화장실 사용법과 예의 지도의 내용

- 화장실 내 기기의 정확한 명칭 알기
- 화장실 들어가기 전에 노크하기
- 적당량의 휴지 사용하기와 사용법 알기
- 물 내리는 방법 알기
- 대 · 소변 후 손 닦기
- 사용 후 화장실 문 닫기 등

다섯째, 만 3세가 지나도 대소변 가리기를 하지 못하는 경우, 조급해하거나 비난하지 않는다. 약 25% 정도의 영아들이 만 3세가 지나도 대소변 가리기를 하지 못한다고 보고되고 있다. 억지로 강압적으로 대소변 가리기를 시도한다고 완성되는 것이 아니므로 교사는 여유를 가지고 안정된 마음으로 지도해야 할 것이다.

월령에 따른 발달 특징과 지도 내용을 요약하면 다음 표와 같다.

〈표 6-2〉 **월령에 따른 발달 특징과 지도 내용**

월 령	발달 특징	지도 내용
15개월 이전	• 기저귀 의존 시기	• 각 영아의 대소변 리듬과 패턴 파악 • 대소변 횟수, 양, 상태 등 세밀한 관찰과 기록 • 개별적 상호작용
15~24개월	• 어느 정도의 대소변 가리기 가능	• 변의에서 실제 변을 보기까지의 시간적 차이 파악 • 시간적 차이를 활용하여 변보기 자세를 교육 • 자연스러운 화장실(또는 변기) 사용 모습 지도
2세~3세 전	• 배변 통제 가능 • 화장실, 변기 사용이 비교적 익숙해짐 • 여전히 자주 실수함	• 실수를 너그럽게 • 서두르거나 강요하지 말 것 • 여벌 옷 준비 • 성공적 수행에는 아낌없는 칭찬과 격려
3세 전후	• 유아용보다는 성인 변기를 더 선호 • 배변 의사를 말로 표현함 • 낮에 수월하게 대소변 가리기 가능 • 밤에는 아직 대소변 가리기가 미숙함	• 성인 변기에 유아용 커버를 씌워줌 • 성인 변기에 다리를 받칠 수 있는 계단 설치 • 화장실 사용법 및 예의 지도
3세 이후	• 전체 영아 중 25% 정도가 대소변을 가리지 못함	• 강압하지 않음 • 여유와 안정된 자세를 보여줌

4) 지도의 실제

대소변 가리기를 지도하는 다양한 방법 중 영아의 건강과 변의 관련 주요 증상을 알아보고 변비일 경우 교사가 지도할 수 있는 방법을 제시하였다.

영아의 건강과 변

■ 개념

영아는 아직 자신의 몸 상태를 적절한 용어를 사용하여 정확하게 교사에게 전달하지 못한다. 이때 영아의 몸 상태나 건강을 대변하는 역할을 하는 것이 바로 변이다. 변의 양과 횟수는 식사의 양이 적당한지를 나타내며, 변의 색은 장내 머문 시간이나 질병의 유무를 나타내기도 한다.

■ 변의 횟수와 관련된 주요 증상

이유식을 진행하면서 대변을 보는 횟수는 줄어든다. 모유나 분유를 소화하기 위하여 걸리는 시간보다 이유식을 소화하기 위하여 더 많은 시간이 소비되는데, 더 많은 소화 시간은 대변을 보는 횟수를 줄어들게 한다. 12개월 전후가 되면 하루 2~3회 정도 변을 보는 것이 일반적이다.

영아가 잘 놀고 잘 먹는데도 불구하고 비교적 오랜 시간 동안 변을 보지 않았다면 몇 가지 관찰 사항을 점검해 본다. 분유를 적합한 농도로 수유하였는지, 적절하게 물을 먹었는지, 긴장이나 적응과 같은 심리적인 문제가 있는지 등이다. 특히 영유아교육기관의 공동체 생활에서 직면할 수 있는 심리적인 문제는 비교적 오랜 시간 동안 변을 보지 못하게 한다.

■ 변의 색과 관련된 주요 증상

건강한 영아의 변의 색은 주로 황색, 녹색, 쑥색 정도이다. 변의 색은 간에서 만들어지는 담즙색소의 색이며 기본적으로 갈색을 띤다. 이것이 장내에 머무르는 시간에 따라 녹색, 쑥색으로 변하게 되는데, 이 정도는 정상 변으로 간주한다.

질병에 걸린 영아의 변은 붉은색, 검은색, 흰색을 띠는 경우가 있다. 즉, 변 전체가 붉은색을 띠는 경우는 장 내 출혈의 가능성이 있다. 변의 일부에 피가 묻어 있는 경우는 항문 가까운 점막이 찢어진 경우일 가능성이 높다. 만약 영아의 변이 검은색을 띤다면 위나 소장과 같은 소화기 계통 기관의 위쪽에서 출혈이 발생하였을 가능성이 있다. 한편 변이 흰색을 띠는 경우는 위장이나 췌장의 감염에 의한 것일 가능성이 있다. 단, 요구르트를 많이 먹었을 경우에도 흰색을 띠는 경우가 있으니 주의해야 할 필요가 있다.

■ 변비일 경우 지도 방안

유아교육기관의 공동체 생활에서 직면할 수 있는 심리적인 문제가 아니라면, 변비는 충분한 수분과 섬유질 섭취의 부족을 나타낸다. 영아의 변이 단단하고, 변을 볼 때마다 힘들어한다면 다음과 같은 방법을 사용할 수 있다.

① 분유와 이유식뿐 아니라 식사와 간식을 묽게 한다.

② 과즙은 변을 묽게 만든다.

③ 식사 시 섬유질의 비율을 높인다.

④ 배꼽 주위를 마사지하거나 살살 주물러 준다.

3. 수면습관 지도

1) 수면습관 지도의 필요성과 목적

영아는 생애 초기의 빠른 성장과 발달이 이루어지는 시기로, 이 시기의 건강한 생활습관 형성은 전 생애에 걸친 발달의 기초를 이룬다. 특히 수면은 영아의 건강과 발달을 좌우하는 핵심적인 요소로, 단순한 휴식을 넘어 생리적 회복과 신체 및 신경계 발달, 정서적 안정, 인지기능 향상에 직접적인 영향을 미친다. 이 시기의 수면은 수면-각성 주기의 성숙, 생체리듬의 형성, 감정 조절능력의 기반 형성과도 밀접한 관련이 있다.

수면은 성장호르몬의 분비가 활발히 이루어지는 시간이다. 규칙적인 수면은 영아의 전반적인 행동 양상, 기분 상태, 부모와의 상호작용에도 긍정적인 영향을 미친다. 반대로 수면 부족이나 수면 문제는 식욕 부진, 성장 지연, 주의력 결핍, 과잉행동 등의 문제로 이어질 수 있어 조기 개입이 중요하다. 성인의 체계적인 지도와 환경 조성이 반드시 필요한 것이다. 교사는 영아의 발달 단계에 맞는 수면 환경을 제공하고, 수면 전 예측 가능한 일과를 형성함으로써 영아의 정서적 안정감을 높여야 한다. 또한 영아의 수면 신호(하품, 눈 비비기, 짜증 등)를 민감하게 인식하고 적절하게 반응하는 태도는 영아가 안정적인 수면 습관을 형성하는 데 중요한 역할을 한다.

수면습관 지도의 목적은 단순히 잠재우는 것을 넘어, 영아가 생체리듬을 내면화하고, 정서적 · 신체적 안정을 도모하며, 건강한 성장의 기초를 다지도록 돕는 데 있다. 따라서 수면습관 지도는 일상적인 돌봄의 일부가 아니라, 발달을 지원하는 전문적인 교육적 실천으로 인식될 필요가 있다.

2) 수면행동 발달과정

인간의 수면은 렘(REM : Rapid Eye Movment)수면과 논-렘(non-REM : non-Rapid Eye Movment)수면으로 나뉜다. 전자가 얕게 자면서 꿈을 꾸는 수면이라면, 후자는 꿈꾸지 않고 깊게 자는 수면을 의미한다. 논-렘수면은 다시 4단계로 나뉘는데, 1 · 2단계가 비교적 얕은 잠이며, 3 · 4단계가 깊은 잠이다. 대부분의 사람은 하룻밤 동안 논-렘수면의 1 · 2단계와 3 · 4단계를 모두 거치며, 이후에는 꿈을 꾸는 렘수면 단계를 겪는다. 이러한 잠의 단계가 4~6회 반복되면 하룻밤이 지나간다. 성인은 이 수면 주기를 거치는 데 90분 정도 소요되지만, 영유아는 훨씬 짧은 60분마다 한 번씩 주기가 순환된다. 반면 꿈을 꾸는 렘수면 시간은 성인보다 훨씬 길다. 영아가 자다가 자주 움찔거리고, 몸을 뒤척이며, 깬 것 같지만 자고 있고, 깊이 잠든 것처럼 보이다가 눈을 번쩍 뜨고 우는 이유가 바로 이 때문이다(삼성출판사, 2015).

영아의 연령별 적정 수면 시간을 살펴보면, 만 3세까지는 하루의 절반 이상의 시간 동안 잠을 자야 한다. 생후 1개월까지는 낮잠과 밤잠의 시간이 비슷하다. 3개월이 되면서 낮잠보다 밤잠의 시간이 현저하게 길어지지만, 여전히 15시간 이상의 잠을 필요로 한다. 영아의 연령별 적정 수면 시간을 정리하면 다음과 같다.

〈표 6-3〉 **영아 연령별 적정 수면 시간**

개월 수	낮잠 횟수	낮잠 시간	밤잠 시간	평균 총 수면 시간
1개월	4회	8시간	8시간	16시간 정도
3개월	3회	5시간	10시간	15시간 정도
6개월	2회	3시간 15분	11시간	14시간 정도
12개월	2회	2시간 45분	11시간	13시간 정도
18개월	1회	2시간	11시간	13시간 정도
24개월	1회	2시간	11시간	13시간 정도
36개월	1회	1시간 30분	10시간 30분	12시간 정도

출처 : 삼성출판사(2015)에서 재구성.

영아는 생후 6~8주 정도가 되면 낮과 밤을 인식한다. 낮은 환하고 밤은 어둡다는 차이를 어느 정도 인식하는 것이다.

백일 이전에 수면에 문제가 생겼다면 영아산통인지 확인한다. 이 시기에 나타나는 수면 문제의 가장 큰 원인은 영아산통이기 때문이다. 영아산통이란 생후 4개월 이하의 영아에서 발작적인 울음과 보챔이 하루 3시간, 최소 한 주 동안 3회 이상 발생하는 상태(서울대학교병원 의학정보, 2018)로 정의한다. 영아산통은 갑자기 큰 소리로 우는 것이 특징인데, 밤잠뿐만 아니라 낮잠도 어렵게 만들어 영아 수면 문제를 일으키는 가장 큰 원인으로 지목된다. 다행히 백일 무렵에 자연스럽게 사라지기에 이후 수면 주기를 확립할 수 있다.

6개월이 지나면서 영아는 3~4시간 정도의 낮잠을 자고 10~11시간 정도의 밤잠을 자는 등 비교적 규칙적인 수면 패턴을 형성한다. 이후 10개월이 지나면서 성인과의 애착관계가 형성되면서 수면에도 영향을 주는데, 잠에서 깨었을 때 애착된 성인이 없을까 불안해하거나 토막잠을 자는 현상이 나타난다.

3) 지도의 내용과 유의사항

영아가 적절한 수면습관을 형성하고 수면을 지속하기 위해서 수면지도가 필요하다. 특히 잠 들기 이전에 편안한 환경을 만들어 주는 것은 영아의 정서발달과 연결되며 성인과의 안정적인 애착을 돕는다. 이에 적절한 수면습관을 기르기 위해 수면 전 교사가 할 수 있는 지도의 내용을 정리해 보면 다음과 같다.

첫째, 편안한 잠자리 환경을 조성한다. 영유아교육기관에서의 수면은 낮에 진행된다. 낮잠은 밤잠과 다른 환경에서 진행된다. 낮에는 밤보다 더 많은 소음이 있다. 직사광선을 가린다고 할지라도 여전히 밝은 상태이다. 이러한 낮잠의 환경을 완벽하게 차단하여 완벽한 밤잠의 환경을 만들려고 노력하지 않아도 된다. 왜냐하면 낮잠은 점차 줄이는 것이 적절하기 때문이다.

교사가 노력해야 하는 것은 편안하고 안정된 분위기를 만드는 것이다. 적어도 영아가 잠들기 최소 1시간 전부터 잠을 잘 잘 수 있는 환경을 조성해 주는 것이 좋다. 직사광선을 가리고 조용하고 잔잔한 음악을 틀어준다. 활동적인 분위기보다는 정적인 분위기를 연출한다. 활동복보다는 편안한 옷이나 수면복으로 갈아입고 영아와 교사가 함께 눕는 것이 보다 편안한 분위기를 조성하는 데 도움이 된다.

둘째, 수면의식을 행한다. 수면의식이란 영아에게 잠 자는 시간임을 알리고 잠이 들기까지 나른한 상태에 이르게 하는 것이다. 이를 위해 교사는 영아를 재우기 전 항상 동일한 행동을 반복함으로써 잠 자는 시간이 다가오고 있음을 알도록 지도한다. 영아를 재우기 전 항상 할 수 있는 행동들은 배고프지 않은지 확인하기, 기저귀 확인하기 또는 갈아주기, 인사하기, 책 읽어주기, 자장가 불러주기 등이다. 영아가 잠에서 깨어난 후 할 수 있는 행동들은 기지개 펴기, 마사지하기, 인사하기 등이다. 영아가 정해진 시간에 일어나지 않는 경우 커튼을 열어 햇빛을 비춰주고 손과 발을 마사지할 수 있다.

4) 지도의 실제

수면습관을 지도하는 다양한 방법 중 잠을 못 자는 영아를 지도하는 방법을 알아본다.

잠을 못 자는 영아

■ 개념

잠자리의 습관은 영아기에 형성된다. 유아교육기관에서의 낮잠 습관은 밤잠 습관에 영향을 주며, 나아가 전체 잠자리 습관에도 영향을 미친다. 잠을 못 자는 영아들은 꾸벅꾸벅 졸면서도 누이면 잠을 깨고, 잠투정이 심한 상태를 나타내기도 한다.

■ 수면 부족이 영향을 미치는 주요 증상

수면 부족은 성장 호르몬 분비를 감소시킨다. 성장 호르몬은 수면 중 75~80% 정도 생성된다. 일정한 시간 동안 질 높은 수면을 취하는 것이 성장 호르몬을 적절히 분비하도록 돕는다. 성장 호르몬은 단백질의 합성을 촉진하고 뼈와 근육에 작용하여 신체발달을 돕는다.

수면 부족은 스트레스에 대처하는 능력을 떨어뜨린다. 성인뿐만 아니라 영아들에게도 많은 스트레스가 있다. 영아들은 새로운 자극에 수시로 적응해야 하며 상황마다 다른 행동의 형태들을 학습하며 적절한 행동 양식을 수행해야 하는 과제에 부딪힌다. 잠을 충분하게 자지 못한다면 스트레스를 대처할 수 있도록 돕는 집중력이나 활동성의 수준을 떨어뜨린다. 실제로 수면이 부족한 영아들은 화를 잘 내거나 감정을 조절하는 데 실패하는 경우가 있다.

■ 잠을 못 자는 경우 지도 방안

영유아교육기관에서 낮잠을 잘 못 자는 경우, 낮잠을 방해하는 요소를 점검한다. 우선 영아산통이나 식도역류와 같은 신체 건강상의 요소가 있는지 파악한다. 건강상의 방해 요소를 점검하였음에도 불구하고 여전히 낮잠을 못 잔다면 다음과 같은 방법으로 지도한다.

① 잠 자기 직전에 먹는 분유나 간식은 숙면을 방해하므로 피한다.
② 가정과의 연계를 통해, 가정에서 너무 피곤하지 않았는지 점검한다.
③ 햇빛의 양, 소음의 정도, 정돈 상태 등 교실 환경이 영아의 수면을 방해하지 않는지 점검한다.
④ 교사가 영아들과 함께 나란히 누워 같은 리듬으로 숨을 쉰다.
⑤ 칭얼거리는 영아는 교사 옆에 누이고 등을 토닥인다.

4. 안정적 애착형성 지도

1) 애착형성 지도의 필요성과 목적

인간이 살아가는 데 필수적인 정서 중 하나는 사랑이다. 영아에게도 필수적인 정서인 사랑의 감정이 나타나는데 이것을 애착이라고 부른다. 즉, 애착이란 주양육자와 형성하는 강한 사랑의 유대이다. 영아기의 애착은 인간발달에 있어 생존이나 정서적 감정 이상의 중요한 심리적 의미를 내포하고 있다. 영아가 형성한 주양육자와의 애착관계는 영아 자신에 대한 인식과 타인 관계에 대한 인지적 틀로 작용한다. 안정애착을 형성한 영아는 자신과 타인에 대한 긍정적 인식을 할 수 있어 쉽게 스트레스 상황을 견디고 안정감을 찾는다. 반면 안정애착을 형성하지 못한 영아는 자신과 타인에 대한 부정적 인식을 갖거나 관계를 회피하고 불안정한 마음을 갖는다. 따라서 영아가 안정애착을 형성하기 위해 교사와 부모는 더 많은 관심과 이해를 해야 한다.

2) 애착 발달과정

애착의 발달과정에 대한 연구는 쉐퍼와 에머슨(Schaffer & Emerson, 1964)에 의하여 체계적으로 진행되었다. 쉐퍼와 에머슨은 18개월까지의 스코틀랜드 영아와 어머니를 대상으로 면담을 통해 이를 분석하였다. 그 결과 영아의 애착은 네 가지 단계를 거쳐 발달하는 것으로 나타났다.

① **비사회적 단계**(the asocial phase) : 평균적으로 생후 6주까지 해당한다. 영아는 대체로 사회적 자극과 비사회적 자극 모두에 호의적인 반응을 나타낸다. 6주 전후 이 단계가 끝날 즈음에는 비사회적 자극보다는 웃음과 같은 사회적 자극을 분명하게 선호하는 것으로 나타난다.

② **비변별적 애착단계**(the indiscriminate attachments phase) : 6주에서 6~7개월까지에 해당한다. 영아는 말하는 인형보다는 사람을 더 선호하며, 더 많이 웃고, 더 많이 미소 짓는다. 그러나 특정한 사람에게 더 많은 주의를 기울이지는 않는다.

③ **특정 애착단계**(the specific attachments phase) : 7~9개월에 해당한다. 신체의 발달과 더불어 특정인(주양육자)을 졸졸 따라다니기 시작한다. 동시에 특정인(주양육자)에게 미소를 짓거나 반가워하며, 분리될 때 저항하기 시작한다. 이는 진정한 애착이 형성되었다는 신호이다. 강한 애착이 형성되면 주위 환경에 대한 탐색활동이 나타난다. 탐색활동 중 영아는 애착 인물을 안전기지(secure base)로 여기고 편안하게 탐색활동을 즐길 수 있게 된다.

④ **중다 애착단계**(the multiple attachments phase) : 특정 애착단계가 나타난 후 몇 주가 지나면 시작된다. 실제로 연구에 참여한 영아의 반 정도가 주양육자 이외의 사람들과 애착의 관계가 시작되었다고 보고되었다. 주양육자 이외의 사람들은 주로 아빠, 형제자매, 조부모, 보모 등이었다. 영아는 주양육자와의 특정 애착을 토대로 다양한 사람들과 사회적 관계를 형성하는 것으로 파악할 수 있다.

애착의 특성을 파악하기 위한 방법 중 하나는 낯선 상황 검사이다. 낯선 상황 검사란 에인스워스(Ainsworth, 1983)에 의해 이루어진 연구로, 연구의 결과를 토대로 주 양육자와 영아 간의 애착의 질을 확인하고 그 유형을 네 가지로 분류하였다.

① **안정애착**(secure attachment) : 연구대상 영아의 65% 정도에서 나타났다. 안정애착을 형성한 영아는 낯선 상황 속에서 어머니의 품을 쉽게 떠나 주변을 적극적으로 탐색한다. 가끔 어머니의 존재를 확인하기 위해 어머니를 바라보거나 응시하기도 하였으나, 눈을 마주치거나 미소를 지은 후 다시 환경을 적극적으로 탐색한다. 어머니가 나가려고 하면 당황하지만 어머니가 돌아오면 반갑게 맞으며 다정하게 안긴다.

② **회피애착**(avoidant attachment) : 연구대상 영아의 20% 정도에서 나타났다. 회피애착을 형성한 영아는 어머니가 옆에 있을 때에도 탐색활동에 흥미를 나타내지 않는다. 어머니에 대한 반응이 별로 없어 방을 떠나도 울지 않고 다시 돌아와도 별 반응을 나타내지 않는다. 낯선 사람에 대한 반응에서도 특별히 경계하지 않고 친밀감을 표시하지도 않는다.

③ **저항애착**(resistant attachment) : 연구대상 영아의 10~15% 정도에서 나타났다. 저항애착을 형성한 영아는 낯선 상황 속에서 불안정하며, 어머니가 방을 떠나기 전부터 불안감을 느낀다. 어머니 옆에 붙어서 떠나려 하지 않으며, 어머니 곁에서도 탐색 활동을 하지 못한다. 어머니가 방을 떠나면 심한 불안을 나타내지만, 어머니가 방으로 돌아와 접촉을 시도하여도 안정감을 느끼지 못하고 밀어내는 양면성을 보인다.

④ **혼란 · 무지향 애착**(disorganized/ disoriented attchment) : 연구대상 영아의 5~10% 정도에서 나타났다. 혼란 · 무지향 애착은 가장 불안전한 애착의 형태로 회피애착과 저항애착이 복합적으로 나타나는 형태이다. 혼란 · 무지향 애착을 형성

한 영아는 어머니가 돌아오면 어머니에게 가야 할지, 회피할지 혼돈스러워 한다. 어머니가 안아주어도 얼어붙은 표정으로 먼 곳을 바라본다.

안정애착을 형성한 영아는 사랑스러운 관계를 형성하였기 때문에 행복감을 경험한다. 영아의 애착형성은 위계적인 것이 아니다. 영아가 다양한 양육맥락에서 양육자와 어떠한 개별적인 상호작용을 경험하였는지에 따라 애착관계의 질이 결정된다. 특히 보육시설에서 시간을 보내는 영아들이 증가하면서 교사와 어떤 애착관계를 맺느냐에 따라 영아의 사회성 발달이 달라지며, 교사와의 애착관계는 어머니와의 불안정 애착에서 오는 부정적 영향을 보상할 수 있을 것이다(신지연, 2004).

3) 지도의 내용과 유의사항

영아가 안정적인 애착을 형성하고 영유아교육기관에서 원활하게 생활하기 위해서는 교사의 노력이 필요하다. 이에 서원경(2004)이 제시하는 안정적 애착형성을 위해 교사가 할 수 있는 지도의 내용을 정리해 보면 다음과 같다.

첫째, 영아의 도움에 관한 신호를 즉각 알아차리고 영아가 문제를 해결할 수 있도록 반응해 준다. 특히 기저귀 갈기, 쉬거나 잠자고 싶어 하기 등 다양한 상황에서의 신호에 민감하게 반응해 주고 풍부한 언어적 표현을 함께 한다.

둘째, 영아를 있는 그대로 수용해 주고 안전, 건강, 위생에 특별히 문제가 되지 않는 한 자유롭게 활동할 수 있도록 허용해 준다.

셋째, 영아의 감정을 고려하여 영아가 애정표현을 받아들이고 싶어 하는 적절한 시기에 애정표현을 한다. 영아가 즐거움을 함께 느낄 수 있도록 다양한 방법으로 애착증진 활동을 실시한다. 예를 들면, 코 비비기, 귀 잡고 뽀뽀하기 등의 방법이 있다.

넷째, 영아에게 안아주고, 쓰다듬어 주는 등의 다양한 신체접촉을 적극적으로 실시한다. 이러한 신체적 상호작용은 영아에게 안정감을 제공하고, 교사와의 관계에서 신뢰를 형성하는 데 중요한 역할을 한다. 특히 신체 접촉은 언어로 표현하기 어려운 영아의 감정과 욕구를 수용하는 비언어적 소통의 수단으로 기능한다.

다섯째, 일대일로 얼굴을 마주 보며 말하고 개별적인 상호작용 방법으로 활동을 전개해 간다. 개별적으로 얼굴을 맞대고 상호작용하는 시간은 영아가 '나는 중요한 존재'라는 감정을 내면화하는 데 기여하며, 안정적인 애착을 형성하는 기반이 된다.

여섯째, 영아가 이룬 작은 성취에도 격려를 해준다. "잘했어", "네가 해냈구나"와 같은 긍정적인 언어는 영아의 자기효능감과 정서적 안정감 형성에 매우 중요한 역할을 한다.

일곱째, 부정적인 정서를 표현할 수 있도록 허용하고, 적절한 활동을 통해 감정을 해소하고 통제할 수 있도록 지도해야 한다.

여덟째, 교사도 영아와의 활동에 참여자가 되어 활동을 즐겁게 수행하고 영아와 즐거운 감정을 공유하도록 한다. 교사는 단순히 지시하고 관찰하는 역할에 머무르지 않고, 영아의 놀이와 활동에 능동적으로 참여함으로써 '함께하는 존재'로 인식되어야 한다. 교사가 즐겁게 활동에 참여하고 영아와 정서를 공유할 때, 영아는 교사와의 관계를 통해 안정감과 소속감을 느끼며 애착 형성이 자연스럽게 이루어진다.

아홉째, "안 돼"라고 정확히 알려 안정감을 준다(삼성출판사, 2015). 영아와 하루 온종일 함께 생활하면서 언제나 웃어주고 모든 요구를 들어줄 수는 없다. 또 그렇게 한다고 애착이 잘 형성되는 것은 아니다. 오히려 안 되는 일, 위험한 일, 나쁜 영향을 가져올 수 있는 일 등을 정확하게 알려줄 때 영아는 교사에게 믿음을 갖게 된다. 이때 중요한 것은 일관성인데, 일관적 행동은 영아가 해야 하는 것과 하지 말아야 하는 것을 명확하게 인식하게 한다.

4) 지도의 실제

영아가 안정적 애착을 형성하도록 지도하는 방법 중 불안정 애착 영아의 정서 행동을 지도하는 방법을 알아본다.

불안정 애착 영아의 정서 행동 지도

■ 개념

양육자와의 불안정 애착은 영아로 하여금 불안을 경험하게 하고, 정서적으로도 많은 문제를 야기하게 된다. 그래서 불안정 애착 영아들은 회피와 반항적인 태도를 보이거나 욕구불만과 공격성을 표출하는 성향을 나타낸다(장현숙, 2007). 또한 자신의 감정을 억제하거나 과장된 정서표현을 보이며, 양육자와도 제한적이고 단절된 의사소통을 하거나 이야기의 주제가 자주 바뀌는 특성을 보인다. 또한 행복할 때도 눈 맞춤을 회피하고 자신을 신뢰하지 못하며, 타인에게 무관심하다(김수자, 2012).

■ 불안정 애착 영아의 주요 행동과 태도

다음은 김수자(2012)가 제시하는 불안정 애착 영아의 주요 행동과 태도이다.

첫째, 불안정 회피 애착유형의 영아는 자신에 대해서는 긍정적이지만 타인에 대해서는 부정적인 사고를 갖는다. 자신의 좌절감을 피하기 위해 타인과 거리를 둔다. 애착대상과의 재회에 별로 관심이 없다. 오히려 무시하고 계속 탐색행동을 하며 애착대상을 거부한다. 그들은 애착대상을 안전지대로 여기지 않으며, 애착대상이 방을 나갔을 때도 고통스러워하지 않는다. 회피 애착 영아는 애착대상으로부터 거부당할 것을 염려하기 때문에 고개를 다른 곳으로 향하고 애착대상을 무시하는 행동을 나타낸다.

둘째, 불안정 저항 혹은 양가 애착은 기분에 따라 일관되지 못하고 양가감정적인(ambivalent) 태도로 영아를 대하는 양육자와의 경험을 통해 형성된다. 그렇기 때문에 불안정 저항 혹은 양가 애착유형으로 분류된 영아는 두려워하고 긴장하는 모습을 많이 보이며 충동적이다. 자신에 대해 부정적인 양가 애착은 자기의 필요성을 확인하고 타인으로부터 지지를 얻기 위해 부정적인 감정을 과장하여 보여주는 것이 특징이다.

셋째, 혼란 비조직 애착은 1980년대 이후 메인(Main)과 솔로몬(Solomon)에 의해 추가되었다. 그동안 보고된 연구에 의하면 혼란 비조직 애착유형은 조정적이고, 일관성 없는 양육경험을 통해 정서적 혼란을 야기함으로써 혼란 비조직 애착을 형성하게 된다. 이 경우에 영아는 냉소, 또는 상투적이거나 혹은 애착 인물에게 보통 두려워하는 태도로 반응하며, 스트레스 상황에서 적절한 행동 패턴을 나타내지 못한다. 예를 들어, 어머니에게 달려가다가 중간에 멈추고, 멀리 도망가거나 얼어붙은 듯이 꼼짝하지 못하는 등 반복적인 움직임을 보인다.

■ 교사–영아 간 애착 증진 지도방안(김숙령, 2006)

① 교사는 영아의 신호에 민감하게 반응하고, 정서적으로 따뜻한 관계를 형성한다

영아가 배고픔, 피로, 불안 등의 신호를 보일 때 교사는 즉각적이고 일관된 반응을 보여야 한다. 또한 포옹, 쓰다듬기, 눈 맞춤, 미소 등의 신체적 · 정서적 접촉을 통해 영아가 교사와의 관계 속에서 안정감을 느낄 수 있도록 돕는다. 이러한 반복적인 정서적 교류는 안정 애착 형성의 핵심이다.

② 영아의 관심과 기분 상태를 존중하며 활동을 유연하게 조절한다

영아가 스스로 흥미를 보이는 활동은 애정 욕구를 표현하고 만족시키는 중요한 통로가 된다. 교사는 특정 활동을 반복하거나 연장하여 영아가 정서적으로 충분히 교류할 수 있도록 배려해야 하며, 활동 중 영아의 반응을 지속적으로 관찰하고 조절하는 융통성이 필요하다.

③ 교사는 영아를 통제하거나 강요하지 않고, 프로그램은 항상 영아 중심으로 운영한다

활동의 목표 달성을 위해 영아를 일방적으로 지도하거나 제지하는 것은 정서적 위협이 될 수 있다. 교사는 어떤 상황에서도 영아의 표현을 존중하며, 영아의 주도적 참여가 가능하도록 환경을 조성해야 한다. 영아는 자신이 존중받는다는 경험을 통해 교사와의 관계에서 신뢰를 형성한다.

④ 일관성 있는 개별적 상호작용을 통해 정서적 안정감을 제공한다

하루 일과 중 교사는 영아 한 명 한 명에게 정서적으로 집중할 수 있는 시간을 확보해야 한다. 등원 시의 따뜻한 맞이, 수면 전의 안정된 상호작용, 귀가 전의 정리된 감정 교류 등은 모두 영아가 예측 가능한 관계 속에서 심리적 안정감을 경험하도록 돕는다. 이처럼 일관된 반응은 영아의 정서 조절 능력과 사회성 발달에 긍정적인 영향을 미친다.

5. 영아기 울음의 의미와 언어발달 지도

1) 언어발달 지도의 필요성과 목적

인간의 언어 발달은 생애 전반에 걸쳐 이루어지지만, 그중에서도 영아기는 언어 능력의 기초가 형성되는 결정적 시기라 할 수 있다. 영아는 생후 몇 개월 이내에 울음, 옹알이, 표정 등 비언어적 수단으로 의사소통을 시작하며, 이후 단어와 문장을 사용하게 되는 언어적 전환기를 경험한다. 특히 생후 18~24개월 무렵에는 '어휘 폭발기(vocabulary spurt)'라 불리는 시기로, 단기간에 수백 개의 어휘를 습득하고 문장 구성 능력을 빠르게 확장해 나간다. 이러한 변화는 언어에 대한 생물학적 준비성과 더불어 환경적 자극과 상호작용의 영향을 크게 받는다.

영아기의 언어 발달은 단순한 말하기 기술을 넘어서, 사고의 구조화, 정서 표현, 사회적 관계 형성 등 인간 발달의 핵심 요소들과 긴밀히 연결되어 있다. 따라서 이 시기에 이루어지는 언어지도는 단순한 '말 가르치기'를 넘어, 영아의 인지적 · 사회적 · 정서적 성장의 기반을 마련하는 중요한 교육적 과정이다.

특히 최근에는 영아가 영유아교육기관에서 보내는 시간이 증가하면서, 언어 발달에 가장 큰 영향을 미치는 인적 환경으로서 교사의 역할이 더욱 중요해지고 있다. 교사는 단순히 말을 들려주는 전달자의 역할을 넘어, 언어적 상호작용을 통해 영아의 의사소통 능력을 자극하고 확장시키는 촉진자로서의 역할을 수행해야 한다. 풍부한 언어 환경, 반응적인 상호작용, 맥락 있는 언어 사용은 영아의 언어 능력 향상에 결정적인 영향을 미친다.

따라서 교사는 영아가 언어를 자연스럽게 습득하고 사용할 수 있도록 다양한 상황에서 반복적이고 친밀한 언어적 상호작용을 제공해야 한다. 또한 영아의 언어적 시도에 대해 민감하게 반응하고 확장하여 되돌려주는 언어적 피드백은 영아의 언어 발달을 효과적으로 촉진하는 방법으로 권장된다. 나아가 언어 지도는 영아의 자아존중감 형성, 사회성 발달, 문제해결력 향상에도 직결되기 때문에, 그 중요성과 필요성은 교육 현장에서 더욱 강조되어야 한다.

2) 영아기 울음의 의미와 언어 발달과정

영아의 언어발달 첫 단계는 울음이다. 제대로 된 의사표현을 할 수 없는 영아는 울음을 통해 자신의 욕구뿐 아니라 다양한 의사를 전달한다. 초기의 울음은 미분화된 울음으로 동일한 음성 패턴을 보이다가, 점차 원인에 따라 분화된 울음을 나타내며 변화하게 된다. 울음의 강약, 패턴, 고저에 따라 배가 아픈지, 배가 고픈지, 화가 났는지, 짜증이 났는지 파악할 수 있게 된다. 즉, 울음은 강력한 의사전달 및 의사소통의 수단이 되는 것이다. 이후 우연히 만들어 낸 울음소리를 반복하게 되는데, 이것을 쿠잉(cooing)이라고 한다.

4~5개월이 되면 옹알이가 나타난다. 옹알이는 단순한 울음소리가 아니며 언어와 유사한 소리로 나타난다. 영아는 처음에 우연히 만들어 낸 소리에 재미를 느껴 반복하게 되고, 점차 상대의 반응에 따라 더욱 빈번하게 되거나 없어지게 된다. 옹알이는 모국어를 습득하는 중요한 기제가 된다.

12개월이 되면 한 단어를 사용하여 자신의 모든 의사를 표현한다. 한 단어를 사용한다는 것은 하나의 단어가 전체의 문장을 대신하는 것이다. 영아는 성인의 이해를 돕기 위해 얼굴 표정이나 몸짓을 함께 사용하기도 한다. 이후 24개월이 되면 두 개 이상의 단어를 사용할 수 있게 되고, 적어도 두 개의 단어를 연결할 수 있게 된다. 영아기 언어발달의 전 과정을 요약하면 다음 표와 같다(Roseberry, & Hegde, 2006).

〈표 6-4〉 영아의 언어 발달과정

발달시기	언어 발달과정의 특징
0~3개월	• 큰 소리에 놀람 • 소리가 나는 쪽으로 눈을 움직이고, 말소리에 머리를 돌림 • 2개월 전후에 사람과 말하면, 하던 활동이나 소리를 멈춤
4~6개월	• "아빠 어디 있어?"와 같이 가족의 명칭에 움직임이나 바라봄으로써 반응 • 성인과 같은 모음을 발성하기 시작 • "바바"와 같이 모음과 자음을 연합한 옹알이 발성을 시작
7~9개월	• "아니"의 의미를 이해함("아니"의 의미로 머리를 흔듦) • 억양, 강세 패턴을 이용함 • 타인의 말소리의 억양과 패턴을 모방하고, 말소리를 다양하게 조합함 • 옹알이의 패턴이 다양해짐(예 마바마바 등)

10~12개월	• 10개 이상의 단어 의미를 이해하고 간단한 지시를 이해함 • 자신의 이름을 부르면 머리를 돌려 부른 사람을 바라봄 • 필요를 충족시키기 위해 몸동작이나 발성을 사용함 • 다양하고 폭넓은 음과 억양을 사용하고, 발성 시 음도가 다양해짐 • 모든 자음과 모음을 사용하여 음성놀이를 즐김
13~24개월	• 한 단어를 사용하여 다양한 의미를 전달함 • 18개월 전후 200개의 단어를 이해하고 10~15개 단어를 말할 수 있음 • 한 단어를 한 문장의 의미로 사용함 • 한 단어 사용에서 두 단어 사용으로 확장됨 • 화자와 청자를 이해하고 대화의 규칙을 습득함 • 구어와 문어를 구분하고 의도한 바를 전하기 위해서 구어를 사용함
25~36개월	• 아직 표현보다는 이해력이 좋음 • 30개월 전후 2,400개 정도의 단어를 이해하고 36개월 전후 3,600개 정도의 단어를 이해하기까지 발전함 • 30개월 전후 400개 이상의 표현어휘를 사용할 수 있음 • 의문사를 이해하고 간단한 답변과 질문을 할 수 있음 • 주어-목적어-동사의 형태를 결합하여 사용할 수 있음 • 개인 간 의사소통이 확대되고 자신의 생각과 개성을 표현하기 위한 역할을 배움 • 비평하기, 명령하기, 요구하기, 다루기, 질문하기, 대답하기 등의 의사소통 형태가 나타남

출처 : Roseberry, & Hegde(2006)에서 재구성.

3) 지도의 내용과 유의사항

영아기 언어지도의 내용과 방법에 대한 학자들의 제안은 다양한데, 와이트허스트와 그의 동료들(Whitehurst, et al., 1992), 김정아(2006)가 제시하는 그림책 읽기 방법에 대해 알아보도록 한다.

와이트허스트와 그의 동료들(Whitehurst, et al., 1992)은 영아기 언어지도를 위한 효과적인 지도방법에 대해 P-E-E-P 과정을 통한 대화식 읽기(Dialogic Reading) 지도법을 제시하였다. P-E-E-P 과정이란 자극(Prompt)-반응 평가(Evaluation)-확장(Expansion)-자극(Prompt)의 과정을 말한다. 자극(Prompt)의 과정에서 교사는 영아의 호기심을 유발하고 말을 하도록 자극한다. 반응 평가(Evaluation)의 과정에서 교사는 영아의 반응을 평가한다. 확장(Expansion)의 과정에서 교사는 말을 바꿔 다시 말해주거나 정보를 더해주는 것과 같은 반응을 보이며 영아의 말을 확장해 준다. 영아의 말을 확장할 때는 분명한 언어, 완성된 문장을 사용한다. 다음은 다시 자극(Prompt)의 과정으로, 이와 같은 과정을 순환한다. 영아들에게 자극은 교사가 필수적으로 해야 하는 중요한 교사의 역할 중 하나이다. 어떻게 자극할 것인가의 물음에 대해 다섯 가지의 교사 발문 형태를 제시한다.

① 성인이 문장의 끝에 빈칸을 두고 영아가 채워 말하게 하는 완성 자극(completion prompt)
② 읽었던 책의 이야기구조와 사건의 순서를 이해하도록 돕는 회상 자극(recall prompt)
③ 영아의 사고를 확장시키는 개방적 질문 자극(open-ended prompt)
④ 무엇 · 어디 · 언제 · 왜 등의 내용 이해를 돕는 질문 자극(wh-prompt)
⑤ 책의 그림과 어휘를 책 이외에서의 경험과 관련지어 보도록 요구하는 연관 짓기 자극(distancing prompt)

김정아(2006)는 상호작용적 그림책 읽기 모형을 제안하며 교사가 고려해야 할 언어교수의 원리를 다음과 같이 제시하였다.

첫째, 영아의 발달수준과 흥미에 적절한 그림책을 제시하여 적극적이고 능동적으로 그림책 읽기에 참여하게 한다. 효과적인 상호작용적 그림책 읽기 모형 적용을 위해서 영아의 발달수준과 흥미에 부합되는 그림책의 제시가 중요하다.

둘째, 교사의 개방적 질문으로 영아의 다양한 언어적 표현을 촉진한다. 그림책 읽기에서 영아의 다양한 사고와 언어 표현이 산출되기 위해서는 예, 아니요나 단답형 반응을 요구하는 폐쇄적 질문이 아닌 개방적 질문이 중요하다.

셋째, 그림책의 그림과 내용에 대해 진술하기는 영아가 주의 깊게 듣는 경험을 하도록 한다. 그림책 본문에 나오는 언어 표현과 함께 교사의 그림과 내용에 대해 진술하는 상호작용은 영아가 타인의 말에 관심을 가지고 주의 깊게 듣기 활동을 하게 한다.

넷째, 영아의 참여를 촉진하기 위한 완성하기 자극과 함께 읽기는 영아가 능동적으로 말하게 하는 경험을 하게 한다. 영아 그림책에 사용되는 리듬감 있고, 예측 가능하게 반복되는 언어를 활용하여 완성하기 자극 등을 통해 영아가 즐겨 말하게 하는 기회를 갖도록 한다.

다섯째, 그림책 읽기를 즐기는 교사는 영아에게 훌륭한 모델을 보이게 되어 영아가 그림책 읽기를 좋아하게 한다.

여섯째, 월령별로 개인차가 큰 영아들 개개인의 발달수준을 고려하여 상호작용을 하며, 집단 구성에 있어서도 영아의 흥미를 고려하여 융통성 있게 활동을 진행한다.

일곱째, 상호작용 모형의 각 요소는 진행 순서를 의미하지 않으며 영아의 흥미와 그림책 내용의 특성에 따라 적절하게 충분한 시간을 가지고 적용한다.

4) 지도의 실제

영아의 울음은 언어발달의 토대라 해도 과언이 아니다. 언어의 토대가 잘 형성되도록 지도하는 방법 중 너무 많이 우는 영아의 행동을 지도하기 위한 방법을 살펴본다.

너무 많이 우는 영아

■ 개념

생후 초기 영아의 울음은 언어를 대체하여 자기표현을 하는 수단이기도 하다. 그러나 기저귀 갈기 · 배고픔의 해결 등 영유아교육기관에서 교사가 할 수 있는 모든 조치를 취했음에도 불구하고 영아의 울음이 그치지 않는다면 점검해 보아야 하는 것은 무엇인지 알아보기로 한다.

■ 영아의 울음이 지속될 때 고려할 수 있는 것

- 영아의 배앓이 : 어린 영아들은 배앓이를 할 가능성이 있다. 하루에 3시간 이상의 장시간 동안 특별한 이유 없이 울음을 그치지 않는 경우 배앓이를 의심해 볼 수 있다. 그 원인은 보통 명확하지 않은 경우가 대부분인데 분유에 지나치게 민감한 경우, 특정 음식에 알러지가 있는 경우 배앓이를 한다. 배앓이에 대한 해결은 생후 약 3개월 이상이 되면 자연스럽게 없어지는 경우가 대부분이기에 영유아교육기관의 교사가 특별히 취할 방법이 없는 경우가 많다. 그러나 지속적으로 배앓이의 가능성이 높다고 판단되면, 영아가 먹을 수 있는 장 영양제나 유산균이 포함된 영양제를 줄 수 있다. 장 영양제나 유산균이 포함된 영양제는 배앓이를 줄이는 데 도움을 준다.
- 과식으로 인한 소화 장애 : 영아는 배가 고프면 운다. 배가 고플 때는 특히 입술을 오물오물 움직이거나 쩝쩝거리기도 하는데, 이러한 신호를 과신하지 않도록 한다. 즉, 우유나 음식을 과잉 섭취하여 영아가 소화할 수 있는 음식의 양보다 많은 양을 섭취하게 되면 소화 장애가 발생할 수 있다. 소화 장애는 영아의 울음을 촉발하는 또 다른 원인이 되기도 한다. 따라서 교사는 배가 고플 때와 배고픔을 충족했을 때 영아의 표정을 기억하여야 한다. 또한 배가 고픈

영아의 배는 누웠을 때 아랫배가 살짝 들어간 모양이며, 배가 부른 영아의 배는 아랫배가 살짝 나와 타원형 모양을 갖는다. 타원형 모양의 배를 한 영아에게 음식을 강요하는 것은 또 다른 부작용을 발생시킨다.

■ 지속적으로 우는 경우 지도 방안

① 식사의 양이 충분한지 점검한다.

② 가정과의 연계를 통해, 가정에서 발열 등 건강상의 원인을 점검한다.

참여해 봅시다

1. 영아의 식습관 발달과정에 대한 다양한 동영상 자료를 찾아보고 식습관 발달을 돕기 위한 운영 방법을 토론해 봅시다.
2. 원활한 대소변 가리기를 위한 대소변 통제의 과정과 지도 방법을 토론하고 지도활동을 구성하여 모의수업을 진행해 봅시다.
3. 충분한 수면을 이루기 위해 수면행동을 이해하고 지도활동을 구성하여 모의수업을 진행해 봅시다.
4. 애착형성을 위한 양육자 및 교사와의 안정적 상호작용 행동의 원리를 알아보고 안정적 애착을 형성하지 못하였을 때 나타날 수 있는 행동들을 토론해 봅시다.
5. 올바른 언어습관 형성을 위한 지도활동을 계획하여 모의수업을 진행해 봅시다.

Chapter 7

유아를 대상으로 한 생활지도의 실제

이 장에서는 예절생활, 안전한 생활, 소비 및 경제생활에 대한 유아의 발달 특성을 이해하고 건강하고 행복한 태도와 습관을 형성하기 위해 교사가 수행해야 할 역할과 지도 방향을 탐색하고자 한다.

학습목표

1. 예절의 개념을 이해하고 예절행동을 형성하기 위한 지도 방법을 이해한다.
2. 유아의 안전한 생활을 방해하는 요소들을 점검하고 안전하게 생활하기 위한 지도 방법과 실천 방안을 탐색한다.
3. 소비 및 경제생활의 개념을 이해하고 유아기 소비 및 경제생활 관련 교육의 중요성을 제시한다.

1. 예절행동 지도

1) 예절행동 지도의 필요성과 목적

우리나라는 예로부터 '동방예의지국(東方禮儀之國)'이라 불릴 만큼 예절을 매우 중요하게 여겨 왔다. 특히 유아기의 태도 형성은 평생의 인격 형성에 영향을 미치는 중요 요소로 간주하여, 생활 속에서 자연스럽게 예절을 익힐 수 있도록 예절교육에 힘써왔다.

예절이란 단순한 외형적 행동이 아니라, 타인에 대한 이해와 존중, 사랑과 공경의 마음을 행동으로 표현하는 실천적 가치다. 유아기에 이루어지는 예절교육은 아동이 자기중심적 사고에서 벗어나 타인의 존재를 인식하고 존중하는 마음을 기르도록 돕는다(이경노 · 홍자영, 2010). 나아가 예(禮)를 배우고 실천함으로써 자기 자신을 소중히 여기고 감정을 안정적으로 조절하며, 타인의 감정을 공감하고 배려하는 태도를 통해 공동체 안에서 조화롭게 살아가는 능력을 키우게 된다(보건복지부, 2001).

최근 사회에서는 학교폭력, 집단 따돌림, 사이버 폭력, 묻지마 범죄 등 다양한 반인격적 행동들이 심각한 사회 문제로 대두되고 있다. 이러한 현상은 개인 간의 관계 단절, 공감 능력 부족, 자기중심적 사고의 심화 등으로 인해 발생하는 경우가 많다. 이에 대한 근본적인 대안으로, 인성과 사회성을 기초로 하는 예절교육의 필요성이 더욱 절실하게 요구되고 있는 것이다.

예절교육은 단지 예의 바른 행동을 가르치는 데 그치지 않고, 타인의 감정과 입장을 이해하는 공감 능력을 키우며, 갈등 상황에서도 폭력이나 배제가 아닌 평화로운 방식으로 문제를 해결할 수 있는 기초적 사회 기술을 제공한다. 특히 유아기부터 이러한 교육이 이루어진다면, 성인이 되어서도 타인과 더불어 살아가는 데 필요한 도덕적 판단력과 사회적 책임감을 갖추게 된다.

자기중심성이 강한 유아 시기에는 타인과 협력하며 조화롭게 살아가는 것이 쉽지 않다. 하지만 바로 이 시기에 예절교육을 통해 타인과 더불어 살아가는 방식, 공동체 안에서 지켜야 할 규범과 질서를 배운다면, 인격적 성장을 이루는 기반이 마련될 수 있다. 따라서 유아 예절교육은 개인의 삶뿐 아니라 사회 전체의 건강한 관계 회복과 공동체 의식 형성에도 중요한 역할을 한다.

2) 유아의 발달과 예절

유아기의 가장 큰 특징을 자기중심성이라고 한다면 과연 유아들은 예절을 배울 수 있는가?

피아제는 전조작기의 가장 두드러진 인지적 제한은 유아가 자신의 관점과 타인의 관점을 구분하는 데 실패하는 자기중심적인 사고를 한다는 사실이라고 설명하였다. 유아는 현실 세계를 표상할 때 우선 자신의 관점에 집중한다. 마치 자신이 인지하고, 생각하고, 느끼는 것처럼 다른 사람도 똑같이 인지하고, 생각하고, 느낀다고 생각한다(Berk, 2005).

이처럼 자기중심적 특징이 있는 유아에게 나 아닌 다른 사람을 이해하고 존중할 수 있는 마음을 가지게 하며 다른 사람의 마음을 헤아려 서로 불편함이 없는 공동체 생활을 영위하는 예절을 단숨에 교육하기는 힘들다. 그러므로 예절을 대상과 상황에 따라 구분하고, 그 구분에 따라 언어, 행동, 태도, 몸가짐 등 구체적인 일상의 생활 속에서부터 차근차근 시작해야 한다. 일상생활 속 예절은 옷입기, 음식 먹기, 말하기 등 소소한 일상에서 지켜야 하는 예의를 예로 들 수 있다.

'세 살 버릇 여든까지 간다'는 속담은 영유아 시기부터 전반적인 예절교육을 실시하여 예의 바른 삶의 태도를 가져야 할 필요성을 뒷받침한다.

3) 지도의 내용과 교육방법

보건복지부(2001)는 영유아 예절 및 전통보육 프로그램에서 예절의 내용을 크게 세 가지 영역으로 분류하였는데, 수신(修身)을 예(禮)의 시작으로 보고 인간관계의 예와 생활 속에서의 예를 위한 내용을 제시하였다. 그 내용을 소개하면, 다음과 같다.

수신(修身) : ① 마음을 바르게 하기
② 몸가짐을 바르게 하기
③ 절도 있는 생활
인간관계의 예(禮) : ① 가족에 대한 예(禮)
② 가족 외 사람에게 대한 예(禮)
생활 속에서의 예(禮) : ① 언어예절
② 음식예절
③ 의복예절
④ 인사예절

주영애(2017)는 유아인성예절지도에서 인성예절의 핵심 덕목을 개인적 덕목과 공동체적 덕목 두 가지로 구분하였다. 개인적 덕목과 공동체적 덕목의 하위 내용을 소개하면 다음과 같다.

개인적 덕목(德目)	공동체적 덕목(德目)
① 자기이해	① 존중
② 자기조절	② 배려
③ 책임	③ 소통
④ 정직	④ 질서
⑤ 공감	⑤ 나눔
	⑥ 협동

한편 이경노와 홍자영(2010)은 영유아교육기관에서 예절교육이 일상생활습관 형성에 미치는 영향을 분석하면서 예절교육의 구체적인 내용을 네 가지로 분류하여 제시하였다. 네 가지 예절교육의 내용은 수신(修身)예절, 인사예절, 언어예절, 식사예절이다. 수신예절은 스스로 아름다워지기 위해 하는 자기 관리로 예절의 기본이자 출발점이 된다. 인사예절은 상대방에게 공경을 나타내는 가장 기본적인 행동이다. 언어예절은 예절의 마음을 상대편에게 알리는 첫 번째 방법을 언어로 규정하고 이에 대한 예절을 제시한다. 식사예절은 식사 그 자체가 생활의 즐거움이기에 남에게 폐가 되지 않는 언어와 행동으로 식사해야 함을 나타낸다. 남에게 폐가 되지 않는 식사예절을 지킬 때, 식사시간은 신의(信義)와 인정(人情)이 있는 대화의 장소가 될 수 있다고 제시한다. 구체적인 내용을 살펴보면 다음과 같다.

(1) 수신예절

① 마음가짐과 표정

- 모든 일에 정성스러운 마음과 공경하고 너그러운 마음을 가져야 한다.
- 얼굴 표정을 온화하고 부드럽게 갖는다.
- 눈은 곱게 뜨고 시선을 단정히 하고 입은 조용히 다문다.

② 몸가짐

- 발은 경솔하지 않게 무겁게 놀려야 한다.
- 손은 쓸데없이 움직이지 말고 단정히 놀려야 한다.
- 눈은 옆으로 흘겨보거나 곁눈질하지 말고 단정하게 떠야 한다.

③ 서는 자세와 앉는 자세

- 서 있을 때 두 발은 나란히 하여 한쪽으로 기울거나 흔들리지 않게 하여 편하고 자연스러운 자세를 취하고 두 손은 자연스럽게 모으고 선다.

• 허리는 곧게 펴고 두 손은 공수하여 중앙에 놓거나 무릎에 얹고 앉으며 벽이나 가구 등에 기대지 않는다.
• 방석 위에 앉을 때는 방석의 중앙에 앉고 방석을 발바닥으로 밟고 서지 않는다.

④ 걷는 자세

• 몸은 흔들지 않으며 발끝을 벌리지 말고 발만 옮긴다.
• 옷을 펄럭이지 않게 여미며 걷는다.
• 뛰거나 허둥대지 않는다.

⑤ 방안에 들고 나는 자세

• 노크나 기침, 말로써 방안에 있는 사람에게 양해를 구한다.
• 문은 소리 나지 않게 열고 닫으며 발소리도 나지 않게 한다.
• 다른 사람과 함께 출입을 할 때는 상대방에게 먼저 양보한다.

⑥ 물건 주고받기

• 받는 사람이 편하도록 주고받는다.
• 앉은 사람에게는 앉아서 주고 서 있는 사람에게는 서서 준다.
• 신문, 책 등은 상대방 쪽에서 바르게 보이도록 준다.

(2) 인사예절

① 인사말

• 인사말은 다정하고 정중하게 한다.
• 때와 장소에 따라 알맞은 인사말을 사용한다.
• 집을 나설 때는 "다녀오겠습니다", 돌아와서는 "다녀왔습니다"라고 인사한다.

② **절하는 방법**

- 절은 정성을 다해 정중하게 하여야 하며 때와 장소에 따라 절도를 지킨다.
- 절을 할 때는 두 손을 모아 잡고 한다.
- 큰절은 웃어른이나 의식 행사에서, 평절은 웃어른이나 같은 또래 사이에 한다.

(3) 언어예절

① **말을 하는 예절**

- 대화 상대에 따라 높임말과 낮춤말을 사용한다.
- 자세를 바르게 하여 공손하고 성실하게 듣는 사람의 표정과 눈을 주시한다.
- 조용한 어조, 분명한 발음, 맑고 밝은 음성, 적당한 속도로 이야기한다.

② **말을 듣는 예절**

- 대화 중에 자리를 뜰 때는 양해를 구하고 다른 사람에게 방해가 되지 않도록 한다.
- 몸을 흔들거나 손이나 발장난을 치지 말고 열심히 듣는다.
- 남의 이야기 중에 끼어들지 말고 의문이 있을 때는 말이 끝난 뒤에 묻는다.

(4) 식사예절

- 어른이나 손님이 상석에 앉는다.
- 어른이 먼저 수저를 드신 다음 아랫사람이 식사를 한다.
- 밥그릇과 국그릇은 손에 들고 먹지 않는다.
- 음식을 먹는 속도는 옆 사람과 보조를 맞추고 입안의 음식이 보이지 않게 다물고 조용히 먹는다.
- 반찬을 뒤적거리거나 흘리거나 자기 기호에 맞는 것만 골라 먹지 않는다.
- 식사 중에는 자리를 떠나지 않는다.

영유아교육기관에서 예절교육을 효율적으로 실시하기 위해서는 유아의 발달적 특성을 충분히 이해하고, 이에 부합하는 활동으로 교육 내용을 구성하는 것이 핵심이다. 유아는 언어 능력, 인지 발달, 감정 조절 능력 등이 성숙해 가는 과정에 있기 때문에, 일방적인 지시나 설명보다는 유아의 눈높이에 맞춘 경험 중심의 활동이 필요하다.

예절교육 활동은 단순히 '예의 바르게 행동하자'는 교훈적 메시지를 전달하는 데 그치는 것이 아니라, 유아가 실제 생활 속에서 예절을 자연스럽게 실천할 수 있도록 돕는 방향으로 설계되어야 한다. 이를 위해서는 유아의 흥미를 유발하고 자발적인 참여를 유도할 수 있는 놀이 중심의 활동, 역할놀이, 동화 이야기 나누기, 인형극, 동요와 율동 등 다양한 매체를 활용한 교수방법이 효과적이다.

또한 예절교육은 단순한 사회적 기술 습득이 아니라 인성 발달, 언어 표현, 자기 조절, 대인관계 능력 등 다양한 발달 영역과 밀접하게 연결되어 있다. 따라서 교육 활동은 이러한 발달 영역들을 통합하여 계획하는 것이 바람직하며, 활동 구성 시 언어 · 사회 · 정서 · 신체 발달이 조화롭게 이루어질 수 있도록 해야 한다. 무엇보다도 예절교육의 효과를 극대화하기 위해서는 가정과의 연계가 필수적이다. 유아는 하루의 많은 시간을 가정에서 보내며, 부모의 말과 행동을 자연스럽게 모방하고 학습한다. 따라서 교육기관과 가정이 같은 방향성과 메시지를 공유하고, 유아가 일관된 예절 태도를 익힐 수 있도록 협력하는 것이 중요하다. 이를 위해 예절교육과 관련된 가정연계자료를 제공하거나, 부모 대상 교육 및 워크숍, 가정에서 실천 가능한 예절 실천 활동 등을 제안할 수 있다. 부모의 지속적인 참여를 유도하기 위한 전략도 필요하다. 부모가 자녀의 예절교육에 관심을 가지고 적극적으로 동참할 수 있도록, 교사는 정기적인 피드백 제공, 가정통신문, SNS를 통한 교육내용 공유, 부모참여 수업 등을 통해 가정과의 소통을 강화해야 한다.

교육 방법에 있어서도 실습과 시연을 통한 체험 중심 활동을 포함하는 것이 중요하다. 유아는 직접 보고 듣고 해보는 과정에서 더 효과적으로 학습하므로, 다양한 상황에서의 예절을 실제로 체험해 보는 기회를 제공하는 것이 필요하다. 예를 들어, 식사예절 실습, 인사 예절 역할극, 대화 예절 시연 등의 활동이 있으며, 외부 인사를 초청하여 예절의 중요성을 직접 들을 수 있는 기회를 제공하거나, 또래 간 협동을 통한 소집단 활동 등을 활용할 수도 있다. 이러한 교수방법은 유아에게 예절이 삶 속에서 어떻게 실천되는지를 체험하게 하여, 학습 효과를 높이고 지속적인 태도 형성에 기여할 수 있다.

교사가 예절교육을 행하기 위해서는 다음과 같은 교수 · 학습 방법의 원리(보건복지부, 2001)를 기억해야 한다.

① **지행합일(知行合一)의 교육** : 예(禮)를 아는 것으로 끝나는 것이 아니라, 아는 것은 반드시 실천하도록 강조하여, 아는 것과 행하는 것이 일치하도록 노력한다.

② **능력에 부합되는 교육** : 획일적인 교육이 아니라 영유아의 수준에 맞는 교육내용과 방법을 제안한다.

③ **사색과 성찰을 통한 교육** : 많은 것을 단편적으로 아는 것보다는 한 가지라도 깊이 생각하고 명확하게 이해하는 것을 중요하게 여겨야 한다.

④ **점진적 교육** : 유아에게 한 번에 많은 것을 주려 하기보다는 장기적인 안목을 가지고 차근차근 점진적으로 필요한 부분을 주려고 노력하여야 한다.

⑤ **동기유발을 통한 교육** : 유아 스스로가 배움과 행함에 뜻을 두고 자발적으로 하는 것을 강조하고, 직접적인 가르침과 더불어 스스로 선택하고 판단하고 결정할 수 있는 내적 동기 부여를 강조한다.

⑥ **실생활 문제해결 중심 교육** : 교육과 생활은 분리된 것이 아니다. 실생활 속에서 깊이 생각하고 행하며 배움의 소재를 찾고 궁금증을 해결해 나가도록 지도한다.

⑦ **의미 있는 반복교육** : 유아가 어떤 지식을 배워 행함으로 연결시키기까지는 여러 번의 행함과 시행착오가 있다. 그것이 몸에 배어 생각지 않아도 저절로 행해지도록 돕기 위해 여러 번 실행해 보는 것을 강조한다.

⑧ **긍정적 훈육에 따른 교육** : 유아가 바른 마음가짐과 몸가짐을 가지도록 돕기 위해 바람직하지 않은 언행을 하는 경우 무관심하지 않고 애정을 가지고 적극적으로 지도한다. 긍정적인 훈육방법을 잘 활용해야 한다.

⑨ **모범을 통한 교육** : 유아가 예(禮)를 일상생활 속에서 자연스럽게 학습하기 위해서는 교사나 성인이 몸가짐, 마음가짐 등 모든 면에서 모범을 보이는 것이 중요하다.

4) 지도의 실제

보건복지부(2001)에서 제시하고 있는 예절활동의 실제를 탐색하고 실행해 보자. 뿐만 아니라, 발달에 적합하게 현장 적용한 다양한 활동들을 찾아보고 시연해 보자.

활동명	어떤 인사를 해야 하나요?

- **활동형태** : 언어
- **활동목표** : 바른 인사예절에 대해 안다.
- **준비물** : 상황 카드
- **활동자료** : 상황에 대한 그림 카드
  - 유치원에 도착하여 선생님께 드리는 말씀 : 안녕하세요.
  - 집에 갈 때 친구와 헤어지면서 하는 말 : 안녕, 잘 가.
  - 자기의 잘못으로 친구가 넘어지거나, 다치게 되었을 때 친구에게 하는 말 : 미안해.
  - 친구와 싸우고 나서 화해할 때 하는 말 : 미안해, 내가 잘못했어.
  - 친구들이 놀고 있을 때 함께 놀기를 원할 때 하는 말 : 나도 함께 놀아도 되니?

- 상이 차려져 있을 때 할머니 할아버지께 드리는 말씀 : 진지 잡수세요.
- 유치원에 가방 메고 집을 나설 때 부모님께 드리는 말씀 : 유치원 다녀오겠습니다.
- 유치원에서 집에 도착했을 때 부모님께 드리는 말씀 : 다녀왔습니다.

❁ **활동방법**

① 유아들이 알고 있는 인사말에 대해서 이야기나눈다.
   – 너희들이 알고 있는 인사말이 무엇이 있니?
   – 언제 그런 말을 사용하니?
② 인사말의 필요성에 대해서 이야기나눈다.
   – 인사말이 없다면 어떤 일이 생길까?
   – 다른 사람이 자기를 함부로 했을 때의 기분이 어땠니?
③ 상황에 대한 그림을 보면서 이야기나눈다.
   – 이 그림은 무슨 그림인 것 같니?
   – 이럴 때 어떤 인사를 주고받아야 할까?
④ 두 사람이 짝이 되어 인사를 주고받아 본다.
⑤ 인사말이 익힐 수 있도록 카드를 바꾸어 가면서 반복한다.

출처 : 보건복지부(2001).

2. 안전한 생활 지도

1) 안전지도의 필요성과 목적

안전은 인간의 생명과 직결되는 매우 중요한 문제이다. 대부분의 사람들은 안전에 관심을 가지고 주의를 기울이지만, 사고는 예고 없이 갑작스럽게 발생하는 경우가 많아 예방이 어렵다. 특히 유아는 위험한 상황에 대한 인식이나 예측 능력이 부족하기 때문에, 작은 부주의도 큰 사고로 이어질 수 있다.

따라서 유아의 안전을 지키기 위해서는 무엇보다 위험한 상황을 인식할 수 있는 능력과 함께, 안전한 생활 습관과 태도를 형성하는 것이 중요하다. 또 예측이 어려운 안전사고를 사전에 예방하기 위한 체계적인 교육과 환경 조성이 필수적이다. 더 나아가 유아기의 안전교육은 단순한 주의 환기를 넘어서, 다음 세 가지 요소를 포함해야 한다. 첫째, 다양한 안전 관련 지식을 유아의 수준에 맞게 이해시키는 '지식 교육', 둘째, 위험 요소를 미리 인식하고 예방하려는 태도를 기르는 '태도 교육', 셋째, 실제로 안전하게 행동할 수 있는 기술을 익히는 '기능 교육'이다(이기숙 · 장영희 · 정미라 · 윤선화, 2011).

결국, 유아기 안전지도는 지식, 태도, 기능을 통합적으로 다루며, 교사와 부모의 협력을 통해 일관되고 체계적인 방식으로 이루어져야 한다. 유아가 이러한 안전한 생활 습관을 내면화하기 위해서는 교육기관의 교사뿐 아니라 가정의 부모도 적극적으로 참여하고 협력해야 하는 것이다. 이를 통해 유아는 스스로 위험을 인식하고 안전하게 행동하는 습관을 길러, 보다 건강하고 안전한 생활을 할 수 있게 한다.

2) 유아의 발달과 안전사고

안전사고의 발생은 유아의 연령이나 인지적 발달, 운동기술과 같은 개인적인 발달 특성들에 영향을 받는다. 유아는 자기와 자기를 둘러싼 주위 환경을 구분하지 못하여 자신을 보호한다든지 위험한 상황을 대처하는 준비가 전혀 되어 있지 않다. 유아는 위험을 판단하는 능력이 미숙하고 호기심이 많아 사고에 쉽게 노출된다. 배고픔, 질병, 피곤, 새로운 상황, 애정 결핍과 같은 요인들은 사고의 위험을 더욱 증가시킨다(이현숙, 2018).

출생에서 12개월의 영아는 신체적 · 생리적 기능이 불완전하며 반사운동에 의존한다. 청각의 경우에 12개월이 지나야 작은 소리에 반응할 수 있다. 시각의 경우에 물체에 초점을 맞추기는 하나 완전한 시각발달이 이루어지지 않은 상태이다. 신체적으로 두뇌가 크고 몸집이 작아 안정적으로 활동하지 못한다. 이러한 발달 특성으로 인해 발생할 수 있는 주된 안전사고 유형은 질식, 이물질 흡입, 추락 및 충돌, 화상 등이다.

1세에서 3세의 걸음마기 영아는 급속도로 발달하는 신체운동 능력에 따라 대근육 운동과 이동이 원활해진다. 다양한 사물에 대한 경험이 증가하면서 대상 지각능력도 함께 발달한다. 소근육도 발달하여 쥐기, 쌓기, 돌리기, 꿰기 등의 활동도 점차 가능해진다. 타인을 모방하거나 또래와의 상호작용이 활발해지면서 정서와 감정의 조절이 중요해진다. 이러한 발달 특성으로 인해 추락 및 충돌, 놀잇감 및 놀이시설 사고가 증가한다.

3세에서 6세의 유아는 몸통과 다리 부분이 급속도로 성장 · 발달하면서 몸의 균형이 이루어진다. 몸의 균형은 빠르게 걷기, 뛰기, 한 발 뛰기(hopping) 등 성인과 거의 유사한 모든 동작을 할 수 있게 한다. 뿐만 아니라, 장애물 넘기나 모험놀이와 같은 활동적인 대근육 활동을 즐기며 친구들과 함께 어울리는 놀이를 즐기게 된다. 영아기에 비해 급증한 유아기의 활동성은 사고의 위험을 높일 수 있는데, 이러한 발달 특성으로 인해 교통사고의 위험이 증가하고 놀이 안전, 스포츠 안전이 요구된다.

연령과 발달 특성에 따른 상해의 유형을 정리하면 다음 표와 같다.

〈표 7-1〉 **연령 및 발달 특성에 따른 상해의 유형**

연 령	발달 특성	상해의 유형	예방적 조치
출생~ 4개월	• 먹고, 자고, 욺 • 반사행동을 함 • 울음으로 의사표현	• 화상 • 추락 • 삼킴 • 질식 • 영아돌연사 증후군	• 보호울타리가 없는 침대나 탁자 위에 혼자 두지 않음 • 크기가 작은 놀잇감은 사용하지 말 것 • 놀잇감은 모서리가 날카롭지 않으며 독성이 없을 것 • 핀과 같은 날카로운 물체, 비닐과 같은 질식 유발 물체를 치울 것 • 푹신한 매트리스를 삼갈 것

4~12개월	• 물체를 손에 움켜쥠 • 물체를 입으로 탐색 • 기고, 뒤집고, 일어서고, 안기 등 다양한 움직임 가능	• 놀이사고 • 목욕실 사고 • 장난감 사고 • 작은 물체 • 추락 • 화상	• 안전한 장소에 항상 성인과 같이 있어야 함 • 단추, 구슬, 동전 등 작은 물체 주의 • 추락 위험이 있는 곳은 안전 울타리 설치 • 난방기구, 주방가전, 뜨거운 물, 증기, 콘센트 주의
1~2세	• 걷고 기며 탐색 • 문과 서랍을 열고 닫으며 탐색	• 현관문, 문, 창문에 끼임 • 놀이사고 • 질식 • 독성물질	• 복도, 계단 등 안전대 설치 • 도로에 접한 문이나 통로는 열지 않음 • 전기 코드를 모두 제거하고 콘센트 안전도구 사용 • 욕조, 화장실 등 미끄러질 위험이 있는 곳에 혼자 두지 않음 • 화상 위험물질 주의 • 단추, 구슬, 동전 등 작은 물체 주의
2~3세	• 끊임없이 움직임 • 혼자서 독립적으로 행동하려고 함 • 다양한 모방행동과 탐색활동	• 교통사고 • 화상 • 위험한 물체 • 놀이기구 추락	• 난방용 기구는 보호대 설치 • 조리용 기구는 영유아의 손이 닿지 않는 곳에 곧바로 정리 • 위험에 대해 이야기해 줌 • 하지 말아야 할 것을 알려주고 대안을 제시함 • 놀잇감은 날카로운 모서리가 없는 것을 선정 • 영유아를 혼자 두지 않음 • 각종 전기기구는 사용 후 플러그를 뽑고 안전 보조기구로 막음 • 약품 등은 잠금 장치가 된 곳에 보관 • 가위, 칼 등은 안전 사용 방법을 가르침 • 자전거, 오토바이, 자동차 등 사고 위험을 알림 • 가구 모서리 등 안전장치 사용 • 놀이기구의 안전한 사용 방법을 알려줌 • 창가, 베란다 등 추락 위험이 있는 곳에는 딛고 올라갈 수 있는 물건을 두지 않음
3세 이후	• 행동 범위 확대 • 자전거를 탐 • 기어오르거나 뛰는 대근육 활동 활발	• 추락, 충돌 • 약물중독, 화상 • 놀이사고 • 익수사고	• 실내 환경, 놀이터, 놀잇감의 안정성 정기점검 • 교실 활동과 일상생활을 연계하여 지속적인 안전교육 • 익수사고 예방, 물놀이법 지도

• 모방놀이 확장	• 교통사고	• 횡단보도, 신호등, 차량 질서 등 교통규칙 지도 • 운동 전 유의점, 규칙 지도 • 칼, 가위 등 위험 교재 안전 사용 지도 • 놀이규칙 제시, 폭력에 대한 지도 • 유괴, 성폭력 사고 예방교육 실시

출처 : 이기숙 · 장영희 · 정미라 · 윤선화(2011) 재구성.

3) 지도의 내용과 교육방법

조숙영과 원혜경(2015)은 5세 누리과정 교사용 지도서를 중심으로 유아 안전교육 관련 내용을 분석하면서 유아를 위한 안전교육의 내용을 정리하였다. 구체적인 내용의 범주는 교통 및 보행에 대한 안전, 시설 및 설비에 대한 안전, 놀이에 대한 안전을 비롯한 12가지 범주로 구성되어 있다. 12가지 안전교육의 범주와 교육내용을 정리하면 다음 표와 같다.

〈표 7-2〉 유아의 안전교육의 범주와 내용

내용범주	교육내용
교통, 보행에 대한 안전	유아가 교통, 보행 시 교통안전의 질서 및 규칙과 자동차 사고의 위험 등을 이해하고, 사고의 위험으로부터 자신을 보호하기 위한 내용
시설, 설비에 대한 안전	시설, 설비(미디어, 인터넷 등)를 안전하게 사용하는 데 필요한 내용
놀이에 대한 안전	실내 · 외 놀이 장소에서 다양한 놀잇감 등을 안전하게 사용하는 데 필요한 내용
물건, 도구, 기구에 대한 안전	실내 · 외 놀이 장소에서 여러 가지 물건, 도구, 기구의 사용방법을 알고 안전하게 사용하는 데 필요한 내용
장소에 대한 안전	현장체험, 산책 등의 장소에서 위험한 곳을 인식하고 사고를 예방하기 위한 필요한 행동이 무엇인지를 알고 적절히 대처할 수 있는 내용
개인정보에 대한 안전	타인이 유아 및 유아의 주변 인물 정보 등에 대해 알고자 하거나 수집하고자 할 때 대처하는 방법에 대해 아는 내용

유괴, 미아사고, 성폭력, 낯선 사람에 대한 안전	유괴, 미아사고, 성폭력, 낯선 사람 등을 사전에 예방할 수 있도록 대처방법을 알려주어 스스로 자신을 지킬 수 있도록 하는 내용
동식물에 대한 안전	유아들에게 해를 끼칠 수 있는 동식물에 대해 알려주고, 위험한 동식물에 대해 안전하게 대응하는 방법을 아는 내용
자연재해에 대한 안전	지진, 산사태, 황사, 홍수, 폭설, 천둥, 번개 등 자연재해를 예방할 수 있는 방법을 알아보고 대피 훈련을 하는 내용
화재 · 화상에 대한 안전	화재 · 화상에 대한 원인과 예방법, 화재 · 화상 시 적절한 대처방법 등을 아는 내용
약물오남용, 음식물에 대한 안전	약물 및 음식에 관한 여러 가지 갈등 상황, 가설 상황 등을 제시하여 해결책을 아는 내용
질병에 대한 안전	여러 가지 질병에 대해 예방과 대처방법 등을 아는 내용

출처 : 조숙영 · 원혜경(2015).

한편 교육부는 학교안전교육 7대 표준안(교육부, 2015)을 발표하고 학교에서의 안전교육을 보다 효율적으로 실시할 수 있도록 하였다. 이후 2024년 학교안전교육 7대 표준안 유치원용을 개편하였다. 그 내용을 살펴보면, 생활안전교육, 교통안전교육, 폭력예방 · 신변보호교육, 약물 · 사이버 중독 예방교육, 재난안전교육, 직업안전교육, 응급처치교육 등 7개 내용범주로 구성되어 있다. 학교안전교육 7대 표준안 유치원용에 제시된 교육내용을 정리하면 다음 표와 같다.

〈표 7-3〉 **학교안전교육 7대 표준안 유치원용에 제시된 교육내용**

	생활안전 교육	교통안전 교육	폭력예방 및 신변보호 교육	약물 및 사이버 중독 예방 교육	재난안전 교육	직업안전 교육	응급처치 교육
유치원	1. 교실, 가정, 등하굣길에서 안전하게 생활하기	1. 표지판 및 신호등의 의미 등 교통안전 규칙 알고 지키기	1. 내 몸의 소중함과 정확한 명칭 알기	1. 올바른 약물 사용법 알기	1. 화재의 원인과 예방법 알기	1. 일터 안전의 중요성 및 안전을 위해 지켜야 할 일 알기	1. 응급상황 알기 및 도움 요청하기

2. 안전한 장소를 알고 안전하게 놀이하기	2. 안전한 도로 횡단법 알기	2. 좋은 느낌과 싫은 느낌 알기	2. 생활 주변의 해로운 약물·화약제품 만지거나 먹지 않기	2. 화재 발생 시 유의사항 및 대처법 알기	2. 일터 안전 시설 현장 체험하기	2. 119 신고와 주변에 알리기
3. 놀이기구나 놀잇감, 도구의 바른 사용법을 알고 안전하게 사용하기	3. 어른과 손잡고 걷기	3. 성폭력 예방 및 대처방법 알기	3. TV, 인터넷, 통신기기(스마트폰 등) 등의 중독 위해성을 알고 바르게 사용하기	3. 각종 자연재난 및 사고에 적절하게 대처하는 방법 알기		3. 손씻기와 소독하기 등 청결 유지하기
4. 실종, 유괴, 미아 상황 알고 도움 요청하기	4. 교통수단(자전거, 통학버스 등) 안전하게 이용하기	4. 나와 내 주변 사람(가족, 친구 등)의 소중함을 알고 사이좋게 지내기		4. 각종 재난 유형별 대비 훈련 실시		4. 상황별 응급처치 방법 알기
5. 몸에 좋은 음식, 나쁜 음식 알기		5. 아동학대 신고 및 대처방법 알기				

출처 : 학교안전교육 7대 표준안 유치원용(2024).

이기숙 등(2011)은 효과적인 안전교육 방법은 학습활동과 자료의 구체적 제시, 다양한 교수자료의 융통적 제시, 쉽고 재미있는 방법으로 지속적으로 시행할 것, 그리고 좋은 본보기를 통해 자연스럽게 습득하도록 돕는 방법 등이 있다고 제시하였다. 이를 구체적으로 살펴본다.

① 안전교육을 위한 학습활동과 자료는 구체적이어야 하며, 유아들의 경험과 관련된 것이어야 한다. 유아는 자신의 직접적인 경험을 통해 가장 효과적으로 학습할 수 있기 때문에 유아의 생활과 동떨어진 것이어서는 안 된다. 유아가 일상생활에서 늘 경험하는 것이어야 한다.

② 안전교육은 유아 개개인의 능력과 흥미를 만족시킬 수 있는 다양한 교수자료로 융통성 있게 전개되어야 한다. 유아를 위한 안전교육을 실시할 때 교사는 같은 내용이라도 각 유아의 특성에 따라 다양한 교수자료를 사용한다. 교수방법도 다양하게 시도하여 유아들이 안전에 대한 지식, 기술, 태도를 배울 수 있도록 한다.

③ 안전교육은 쉽고 재미있는 방법으로 실시되어야 한다. 안전에 관련된 지식들을 주입하기보다는 유아들이 스스로 참여하고자 하는 마음이 생길 수 있도록 유아들의 발달수준에 맞게 재미있게 구성되어야 한다.

④ 안전교육은 지속적이고 반복적으로 실시되어야 한다. 영유아들이 안전에 필요한 기본 지식을 이해하고 안전한 생활을 하는 데 필요한 기술을 습득하여 생활화해야 한다.

⑤ 안전한 행동 및 태도는 바람직한 모델, 좋은 본보기를 통하여 자연스럽게 습득될 수 있다. 교사의 행동과 태도는 유아에게 안전한 생활습관 및 행동을 익힐 수 있도록 좋은 동기가 되어줄 수 있다.

4) 지도의 실제

학교안전교육 7대 표준안(2024)에서 제시하고 있는 지도의 실례를 살펴보고, 다양한 활동을 탐색하여 실행해 보자.

생활안전 ◎ 시설 안전 ◎ 다중이용시설 안전

2 | 다중이용시설 안전

교수학습 개관

학습목표

일상생활에서 접하는 다중이용시설에서 위험요소를 찾아보고, 안전한 이용 방법을 이해할 수 있다.

누리과정 관련 요소

영역	내용
신체운동·건강	[안전하게 생활하기] 신체 움직임을 조절한다. 안전사고, 화재, 재난, 학대, 유괴 등에 대처하는 방법을 경험한다.
사회관계	[더불어 생활하기] 약속과 규칙의 필요성을 알고 지킨다.
자연탐구	[생활 속에서 탐구하기] 도구와 기계에 관심을 가진다.

학습주제	학습의 중점
1. 급식실 안전하게 이용하기	• 급식실에서 안전하게 이용하는 방법을 알아본다. • 급식실에서 안전하게 행동한다.
2. 승강기 안전하게 이용하기	• 승강기의 종류와 기능을 알아본다. • 승강기 이용 시 안전하게 이용하는 방법을 알고 실천한다.
3. 출입문 안전사고 예방하기	• 출입문에서 자주 발생하는 안전사고 원인을 찾아본다. • 출입문 안전스티커를 만들어 사고가 일어날 수 있는 장소에 게시한다. 사전준비물 여러 종류의 문 그림이 실린 잡지
4. 사람이 많이 모이는 곳에서의 안전사고 예방하기	• 사람이 많이 모이는 장소와 상황을 알아본다. • 사람이 많이 모인 곳의 위험성을 인식한다. • 사람이 많이 모이는 곳에서의 안전사고를 예방하는 방법을 알아본다.

교수학습 흐름자료 1

학습주제 급식실 안전하게 이용하기

▸▸ 학습활동 PBL 수업모형

구분	교수학습활동	활용자료
경험 나누기	• 급식실의 기능과 급식실을 이용하는 순서 알아보기 〈급식실 이용 순서〉 1. 손을 깨끗이 씻는다. 3. 줄을 서서 차례를 기다린다. 4. 수저나 포크를 한 손에 쥔다. 5. 밥 → 반찬 → 국 순서대로 받는다. 6. 정해진 자리에 앉아 식사한다. 7. 다 먹고 남은 음식은 한곳으로 모은다. 8. 남은 음식은 정해진 곳에 버리고, 급식판, 국그릇, 수저를 정리한다. 9. 물을 먹고 약속된 곳에서 친구들을 기다린다. TIP | 급식실의 사전적 의미: 학교나 군대, 공장 따위에서 그 구성원에게 음식을 제공하기 위해 마련된 방 **지도상의 유의점** 교실에서 배식하거나 개인 도시락을 이용하는 경우 등 유치원 상황에 맞게 이야기를 나눕니다.	동영상 ❶ 나는야 식사 예절왕
문제 해결 탐색 및 해결책 고안	• 급식실을 이용하는 다양한 모습의 사진을 함께 보며 위험요소 찾아보기 **지도상의 유의점** 건강교육이나 식사예절보다는 함께 이용하는 장소, 뜨거운 음식, 음식물로 바닥이 미끄러워지는 상황 등에 초점을 두면서 위험요소를 찾아봅니다. • 급식실 안전하게 이용하는 방법 이야기 나누기 - 급식실에서 실제로 사용하는 급식판, 국그릇, 수저, 포크 등을 준비하여 구체적으로 실연해 보기	참고자료 ❶ 급식실 안전하게 이용해요
정리 및 실천 생활화	• 급식실 안전하게 이용하기 위한 약속 정리하기 - 아이들과 함께 약속을 정하거나 기존에 나온 '급식실 안전 관리 매뉴얼' 또는 '학교급식 에티켓!'을 게시한다. • 급식실 안전하게 이용하는 방법 직접 실천하기 TIP | 생활습관을 집중적으로 지도하는 3월에 영양사 선생님과 사전 협의하여 식사 전에 급식실 이용 방법을 미리 연습합니다.	참고자료 ❷ 급식실 안전 관리 매뉴얼 활동자료 ❶ 조심조심 코로나19 학교급식 에티켓!

▸▸ 동영상 출처

동영상 ❶

나는야 식사 예절왕

양산시어린이급식관리지원센터
https://www.youtube.com/watch?v=dvJazrJAmxM

참고자료 1 급식실 안전하게 이용해요

| 급식기구로 발생할 수 있는 안전사고 |

- 젓가락, 포크: 젓가락이나 포크에 찔릴 수 있다.
- 급식대: 급식대에 손을 끼인다. 급식대 모서리와 부딪치거나 긁힌다.
- 급식판: 급식판 모서리에 박는다. 급식판을 제대로 들지 못하여 뜨거운 국을 엎어 데인다.
- 급식운반 엘리베이터: 장난을 치다가 손이 끼이거나 안에 갇힌다.
- 식당: 음식물로 미끄러운 바닥에서 장난치다가 미끄러져 넘어진다.

| 급식시간 안전수칙(예시) |

- 급식대나 급식운반차를 놀이기구처럼 이용하지 않는다.
- 식판에 뜨거운 밥이나 국통이 담겨 있으면 두 손으로 꼭 쥐어 쏟지 않도록 한다.
- 식판, 젓가락, 포크 등으로 장난치지 않는다.
- 배식을 받을 때는 질서를 지키고, 많은 학생이 한꺼번에 몰려가지 않도록 한다.
- 식판을 들고 자기 자리로 갈 때는 넘어지지 않도록 천천히 이동한다.
- 점심시간에는 이리저리 돌아다니지 않고, 큰 소리로 떠들면서 먹지 않는다.
- 점심을 먹기 전에는 반드시 손을 씻는다.
- 급식을 받고 자리에 앉기까지 주의를 집중하여 급식판을 엎지 않도록 한다.

URL: https://post.naver.com/viewer/postView.nhn?volumeNo=26570403&memberNo=19462446&vType=VERTICAL
출처: 대한안전교육협회 - 급식실 안전하게 이용해요

참고자료 2 급식실 안전 관리 매뉴얼

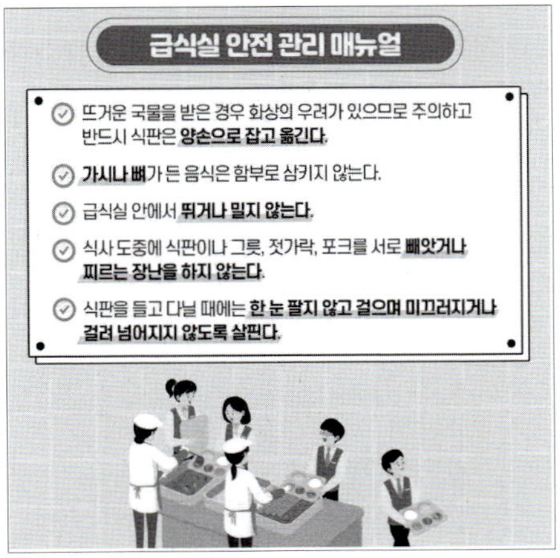

URL: https://blog.naver.com/gne_education/221846357809
출처: 경상남도교육청 - 생활 안전 함께 배워요

출처 : 교육부, 17개 시 · 도교육청, 학교안전중앙공제회(2024).

3. 소비 및 경제생활 지도

1) 소비 및 경제생활 지도의 필요성과 목적

현대 사회는 다양한 시장 경제가 매우 활성화된 사회이다. 이로 인해 유아도 일상 속에서 다양한 시장 경제를 직접 또는 간접적으로 체험하게 된다. 즉, 유아는 물건을 선택하고 구매하는 경제적 선택의 상황에 직면하고, 수많은 상품 속에서 가격을 비교하며, 품질을 판단하고, 불량품에 대응하는 등과 같은 다양한 경제적 문제를 해결해 나가야 한다.

따라서 유아가 소비자로서 성숙하게 성장하기 위해서는 제한된 자원을 효율적으로 활용하고, 합리적인 판단을 통해 바람직한 소비생활을 실천할 수 있는 능력이 필요하다. 아울러, 유아는 단순한 소비자를 넘어 사회적 존재로서 책임과 권리를 인식하고, 공동체적 가치를 존중하는 태도를 길러야 한다. 이러한 측면에서 유아기에 이루어지는 소비자교육은 매우 중요하며 반드시 필요하다.

효율적인 소비능력과 건전한 소비 가치관은 성인이 되어서 갑자기 형성되는 것이 아니라, 유아기부터 체계적으로 길러져야 한다. 실제로 유아기 소비자교육이 이후 아동기, 청소년기, 성인기에 이르기까지 소비 태도에 지속적인 영향을 미친다는 연구 결과도 이를 뒷받침하고 있다(권순남, 2015). 특히 학습자의 연령이 낮을수록 소비자교육의 효과가 크다는 점에서, 유아기에 이루어지는 교육의 중요성은 더욱 강조된다.

유아를 대상으로 한 소비 및 경제 교육을 효과적으로 지도하기 위해서는 먼저 소비자교육과 경제교육의 개념을 명확히 규정할 필요가 있다. 한국소비자보호원(2002)은 사회교육의 관점에서 소비자 시민으로서의 능력 증진을 강조하며, 경제교육 또한 소비자교육의 한 영역으로 통합하여 접근하는 것이 바람직하다고 제시하였다. 이에 따라 이 책에서는 소비자교육과 경제교육이 각각의 고유한 영역을 가지면서도 상호 중복되는 부분이 있음을 인정하고, 이를 통합적으로 다루고자 한다.

결론적으로, 유아를 위한 경제교육의 목적은 다양한 경제 상황을 이해하고 이에 대해 합리적인 판단을 내릴 수 있도록 돕는 것이며, 궁극적으로는 책임감 있는 민주시민으로 성장할 수 있는 자질을 함양하는 데 있다.

2) 유아의 발달 특성과 소비 및 경제 인식

소비나 경제의 개념은 일반 성인에게도 어렵게 인식되어 과연 유아에게 발달에 적합한 소비 및 경제 인식이 가능하도록 교육할 수 있을지 의문을 가질 수 있다. 그러나 원래 소비의 개념은 합리적으로 경제적 의사결정을 하기 위한 기본 지식이다. 또한 경제의 기초 개념은 소비와 지출, 물건의 선택과 구매, 직업과 삶, 일과 돈 등 우리가 삶을 유지하는 데 근본적으로 필요한 지식이라고 할 수 있어 유아에게도 기초적 삶에 대한 지식이라고 생각하고 접근할 수 있을 것이다.

따라서 유아기 소비 및 경제 교육의 개념은 어려운 개념이 아니라 유아가 일상생활에서 직면하게 되는 경제 관련 문제들을 합리적으로 이해하고 판단하도록 도와주고자 하는 교육활동(구광현 · 이희경 · 김보현, 2014)이라고 정의할 수 있다.

유아는 2~3세부터 학습을 통하여 소비자로서의 행동을 수행한다. 유아가 소비자로서의 행동을 학습하게 되는 것은 부모의 소비자행동을 관찰함으로써, 광고를 포함하여 TV를 시청함으로써, 소비자행동을 자극하는 많은 상품과 가정에 있는 제품과의 상호작용을 함으로써, 놀이를 통하여 부모의 소비자행동을 모방함으로써 이루어진다. 4~12세의 아동들은 과자류, 장난감류 등을 구매함으로써 구매자로서 경험을 하고, 자율적으로 쇼핑을 하면서 시장, 상인, 상점에 대한 지식 및 시장 주도의 경제 목적을 알게 된다(성영란, 2016).

퍼스(Furth, 1980)는 5~15세 아동의 경제개념 발달과정을 5단계로 구분하고 그 특징을 제시하였다.

- 1단계(5~6세) : 유아는 자기중심적 사고와 설명 체계의 부재로 인하여 화폐의 기본 기능을 이해하지 못하고 지불에 대한 개념을 깨닫지 못한다. 단지 물건을 사는 데 돈이 필요함을 막연히 인식하지만 개인과 사회 간의 논리적 · 기능적 관련성을 이해하지 못한다.
- 2단계(6~8세) : 친숙한 경제 현상에 대한 개인과 사회 간의 역할 차이는 이해하지만, 직접 체험하지 않은 경제 현상을 이해하지 못한다. 그러므로 이 시기 유아는 친숙한 경제 현상을 자기중심적인 방식으로 이해하거나 유희적으로 해석한다.
- 3단계(8~10세) : 아동은 직접 체험하지 않은 경제 현상을 이해하기 시작하는데, 그 체계가 불완전하기 때문에 어느 정도의 인지적 갈등을 나타낸다. 예를 들면, 특정한 액수의 돈으로 모든 것을 살 수 없다는 것을 인식하지만, 그 이유는 알지 못한다.
- 4단계(10~12세) : 아동은 경제 현상에 대한 인지적 갈등과 비논리적 이해를 대부분 극복하면서 개인과 사회, 규모의 차이 등을 이해한다. 그러나 성인과 같은 수준의 이해에는 도달하지 못한다.
- 5단계(12~15세) : 아동은 화폐의 다양한 기능을 이해하고 다른 사회적 문제와의 관련성도 이해하게 된다.

교사와 성인은 이러한 발달적 특성뿐만 아니라 유아가 소비자로서 갖는 특성을 이해하여야 할 것이다. 즉, 유아들은 간접적으로 다양한 상황에서 소비를 경험하지만, 직접적인 소비 행동을 체험하지 못하여 소비 및 경제에 대한 인식이 매우 제한적이다. 또한 자기중심적인 인지적 특성과 충동적인 정서적 특성은 소비를 절제하고 균형 있는 경제 활동을 할 수 없게 만드는 요인이다. 더욱이 좋고 싫음과 같은 감정적 특성과 TV나 대중매체의 영향은 발달적으로 직관적 사고를 하는 유아가 더욱 균형 있는 경제 활동을 할 수 없게 만드는 요인으로 작용한다. 그러므로 소비 및 경제 교육은 이러한 발달적 특성을 무시하고 수행할 수 없어 점진적이면서 실생활 속에 스며들 듯 자연스럽게 수행해야 할 것이다.

3) 지도의 내용과 교육방법

한국소비자보호원(2005)에서는 소비자 교육내용을 크게 4개의 대영역과 8개의 중영역으로 구분하였다. 4개의 대영역은 시장경제의 이해, 합리적 구매와 사용, 소비자 문제해결 및 예방, 신 소비문화 형성이며, 세분한 8개의 중영역은 시장경제의 기본 원리, 소비자자원의 관리, 소비자정보의 수집과 분석, 구매의사결정 과정과 구매 및 사용, 소비자문제의 해결, 소비자 주권과 소비자 참여, 소비문화와 트렌드, 공동체와 소비자로 구성되어 있다.

한국소비자보호원(2005)이 제시하는 소비자 교육내용

- 시장경제의 이해 : 시장경제의 기본 원리, 소비자자원의 관리
- 합리적 구매와 사용 : 소비자정보의 수집과 분석, 구매의사결정 과정과 구매 및 사용
- 소비자 문제해결 및 예방 : 소비자문제의 해결, 소비자 주권과 소비자 참여
- 신 소비문화 형성 : 소비문화와 트렌드, 공동체와 소비자

소비자교육 종합 발전계획(한국소비자보호원 정책연구실 · 소비생활연구팀, 2002)에서는 국내외 소비자교육 내용의 검토를 통해 종합적인 소비자교육 내용을 가치관 교육, 자원관리 교육, 합리적 구매교육, 소비자 시민교육으로 구분하고 다음과 같이 내용을 정리하였다.

〈표 7-4〉 소비자교육 종합 발전계획의 교육 내용

영 역	내 용
가치관 교육	소비행위의 기저에 놓이게 되는 가치의 문제를 따져보고, 소비의 사회적, 생태학적 결과를 이해하여 바람직한 소비가치를 형성함으로써 경제사회 전체 내에서의 소비의 의의를 자각시키는 것이다.
자원관리 교육	소비생활과 관련된 경제원칙을 이해하고, 구체적인 금전관리 기법을 터득함으로써 소비생활의 합리적인 관리 방법을 터득하는 것이다.
합리적 구매교육	상품 및 서비스에 대한 다양한 지식 습득을 함으로써 특정한 소비행위의 의사결정 시 무엇을 따져보고 유념해서 결정을 내리는 것이 가장 합리적인지 그 의사결정 능력을 배양시키는 것이다.
소비자 시민교육	소비자의 역할과 권리 및 책임을 인식하고, 소비자문제 해결 방법에 대한 지식 습득을 통해 경제사회 전체 내에서의 소비자의 의의를 자각하여 소비자문제 발생 시 사회적 차원에서의 적극적인 해결을 꾀함으로써 시민사회 구성원으로서의 책임을 다할 수 있도록 하는 것이다.

출처 : 한국소비자보호원 정책연구실 · 소비생활연구팀(2002).

장상옥(2017)은 유아를 위한 경제교육 연구의 동향을 분석하면서, 그동안 수행된 연구들에서 효과성을 검증한 교육 내용을 체계적으로 분류하였다. 이 분석은 유아 소비 및 경제 교육의 방향을 설정하는 데 중요한 시사점을 제공한다. 장상옥은 경제교육의 내용을 크게 네 가지 차원으로 나누었다. 첫째, '지식' 차원에서는 경제 개념이나 기초 용어 등에 대한 이해를 포함하며, 둘째, '기능' 차원은 자원 활용, 의사결정 능력, 문제 해결 능력 등 실제로 적용 가능한 기술을 포함한다. 셋째, '태도 및 의식' 차원에서는 절약, 책임감, 소비 윤리 등 바람직한 경제적 가치와 태도를 다룬다. 마지막으로 '기타' 차원은 위 세 범주에 포함되기 어려운 기타 관련 내용들로 구성된다.

이와 같은 분류는 유아 경제교육의 내용을 보다 구체적이고 체계적으로 이해할 수 있도록 돕고, 향후 교육 내용 구성 및 프로그램 개발에 실질적인 근거를 제공한다. 제시된 내용을 정리해 본다.

〈표 7-5〉 장상옥(2017)이 제시하는 유아 경제교육 내용

차 원	내 용
지 식	경제 개념
	소비, 화폐, 수학 개념
	소비/ 녹색소비 지식
기 능	소비/ 녹색소비 행동
	구매 행동
	경제생활 습관
	자기조절력, 절제 행동
	비판적 사고력, 의사결정력
	친사회적 행동
	어머니 소비 행동
태도 및 의식	소비 태도
	공동체 의식, 환경 의식
기 타	정서지능, 창의적 인성

출처 : 장상옥(2017).

이와 같이, 학자들이 제시하고 있는 유아 소비 및 경제 교육의 내용을 종합하면, 소비 및 경제 태도와 관련된 교육 내용은 매우 중요하다고 제시하고 있다. 유아기에 올바른 소비태도와 경제에 대한 가치관을 형성하는 것은 전 생애에 영향을 미치는 중요한 요소이기 때문이다.

한편 유아를 대상으로 한 소비 및 경제 교육의 방법은 인쇄매체 활용, 시청각매체 활용, 컴퓨터의 활용, 실물 제시법, 게시 · 전시, 실험 · 실습, 설문조사, 면접조사, 실태조사, 사례연구, 게임, 토의 · 논쟁, 역할놀이, 시뮬레이션, 문제해결학습, 프로젝트 학습, 견학, 지역 활동 참여 등(한국소비자보호원, 2006)이 있다. 이들 중 교사들은 통합 및 경험학습, 탐구 및 토의, 문학, 놀이, 친환경 및 전통, 기관 · 가정 연계 방법 등의 교육방법을 시도하고 있다.

〈표 7-6〉 소비 및 경제 교육의 교육방법

교수 · 학습 방법	세부 활동방법
통합 및 경험학습	통합적 접근, 경험학습, 체험학습, 현장중심 활동
탐구 및 토의	탐구학습, 가치탐구, 비판적 사고 교수, 일상적 소비문제 해결행동, 토의
문학	경제동화, 전래동화 활용
놀이	극놀이, 가게놀이, 게임
친환경 및 전통	환경친화, 텃밭 가꾸기, 아나바다 활동, 세시풍속 활동
기관, 가정과의 연계	

출처 : 장상옥(2017) 재구성.

4) 지도의 실제

성영란(2016)이 제시한 경제교육 활동의 실례를 살펴보고, 다양한 소비 및 경제 교육 프로그램을 탐색하고 실행해 보자.

활동명 시장이 궁금해요

❋ **활동형태** : 현장견학 및 체험/ 수/ 토의

❋ **활동목표** :
- 계획적인 소비생활의 중요성을 알고 실천할 수 있다.
- 화폐단위와 가치에 대해 이해하고 서로 비교하여 물건을 구입할 수 있다.
- 재래시장, 대형마트, 슈퍼마켓의 공통점, 차이점을 이해할 수 있다.
- 경제개념에 대해 이해한다.

❋ **준비물** : 사야 할 물건 물품 목록과 가격비교표, 연필, 지우개, 구급약품

❋ **활동방법**

■ **도입** : 문제인식 및 이전경험 이야기나누기

① 재래시장, 대형마트, 슈퍼마켓에서 물건을 사본 경험과 계획하지 않고 물건을 살 경우 어떤 일이 일어날지 함께 이야기나눈다.

- 재래시장, 대형마트, 슈퍼마켓에서 물건을 직접 사본 경험이 있니?
- 계획하지 않고 사고 싶은 물건을 다 사게 되면 어떤 일이 일어날까?
- 사야 할 물건을 계획하고 사게 될 경우에는 어떤 일이 일어날까?

② 재래시장, 대형마트, 슈퍼마켓의 특징에 대해 이야기나눈다.

■ **전개 1 :** 문제 해결을 위한 대안 찾기

① 재래시장, 대형마트, 슈퍼마켓의 견학계획을 모둠별로 토의해 본다.

- 모둠별로 나누어 우리가 사야 할 물건 목록과 재래시장, 대형마트, 슈퍼마켓을 견학할 때 주의해야 할 사항과 필요물품들이 있는지 함께 토의해 보자.

② 모둠별로 발표하기

- 모둠별로 토의한 견학계획을 발표해 보도록 하자.

물품목록	가격비교		
	재래시장	대형마트	슈퍼마켓

재래시장	필요물품	사야 할 물건 물품 목록과 가격비교표, 연필, 지우개
	주의사항	• 사람이 많으므로 잃어버리지 않도록 주의한다. • 함부로 물건을 만지지 않도록 한다. • 재래시장은 같은 물건을 많은 가게에서 팔 수 있으므로 꼼꼼히 비교해 가장 저렴한 곳을 찾는다.
대형마트	필요물품	사야 할 물건 물품 목록과 가격비교표, 연필, 지우개
	주의사항	• 사람이 많으므로 잃어버리지 않도록 주의한다. • 함부로 물건을 만지지 않도록 한다. • 물건의 위치를 찾기 어려울 경우 직원의 도움을 받는다.
슈퍼마켓	필요물품	사야 할 물건 물품 목록과 가격비교표, 연필, 지우개
	주의사항	• 사람이 많으므로 잃어버리지 않도록 주의한다. • 함부로 물건을 만지지 않도록 한다. • 좁은 공간일 수 있으므로 질서를 지켜 모둠별로 이동하도록 한다.

③ 대안에 대한 결과 예측하기
- 많은 사람들이 있어 길을 잃어버리게 될 경우 어떻게 해야 할까?
- 판매하고 있는 물건을 함부로 만지게 될 경우 어떻게 될까?
- 가격을 꼼꼼히 비교하지 않으면 어떻게 될까?
- 좁은 공간에서는 어떻게 행동해야 할까?

■ **전개 2** : 선택하고 실천하기

④ 최선안 선택하기
- 어떤 모둠의 방법이 가장 좋은 방법일까?
- 견학을 다녀와서 산 물건들은 어떻게 할까?

■ **마무리** : 정리 및 평가하기

① 경제개념과 연계하여 정리하기
- 우리에게 꼭 필요한 물건을 계획하여 다양한 시장(재래시장, 대형마트, 슈퍼마켓…)들에서 가격을 비교해 보고 가장 싼 물건을 선택하여 구매하는 것을 '합리적 소비'라고 한단다.

② 실천 후의 느낌과 생각 공유하기
- 사야 할 물건을 계획하여 다양한 시장에서 물건의 가격을 직접 비교해 보고 직접 사본 느낌이 어떠니?
- 집에서 가족과 함께 물건을 살 때 가장 합리적으로 살 수 있는 방법은 무엇이 있을까?

③ 활동 평가하기
- 사야 할 물건을 계획하여 가격을 비교해 보고 물건을 직접 구매했을 때 즐거웠던 점(어려웠던 점)은 무엇이 있었니?

■ **유의점**

① 모둠별 토의 활동 전에 재래시장, 대형마트, 슈퍼마켓의 견학 날짜와 시간은 교사가 사전에 업체와 협의하여 결정하고 교사가 먼저 사전 견학을 실시한다.

② 견학 시 유아들에게 길을 잃어버렸을 경우를 대비한 사전교육이 실시되어야 한다.

■ **확장활동**

① 역할영역에 가게놀이를 할 수 있도록 다양한 물품 비치하기(다양한 물건과 가격표, 화폐, 계산기, 장바구니, 역할목걸이 등)

출처 : 성영란(2016).

참여해 봅시다

1. 유아의 예절행동을 형성하기 위한 다양한 활동을 찾아보고 활동계획안을 작성해 봅시다.
2. 유아의 안전한 생활을 방해하는 요소들을 찾아보고, 학교안전교육 7대 표준안의 활동내용을 탐색하여 모의수업으로 실행해 봅시다.
3. 유아의 소비 및 경제생활의 개념을 지도하기 위해 구성된 프로그램들을 탐구한 후 활동안을 작성해 봅시다.

Chapter 8

영유아의 문제행동 지도와 관련된 접근법

이 장에서는 영유아의 문제행동 지도를 위하여 놀이치료, 미술치료, 음악치료에 대하여 자세히 알아보고자 한다. 또한 놀이치료, 미술치료, 음악치료에 대한 이해와 의미, 기능을 바탕으로 치료사의 행동원리 및 자질, 치료의 과정을 다루고자 한다.

학습목표

1. 놀이치료에 대한 이해와 의미, 기능을 파악하고 치료사의 행동원리 및 자질, 치료의 과정에 대해 안다.
2. 미술치료에 대한 이해와 의미, 기능을 파악하고 치료사의 행동원리 및 자질, 치료의 과정에 대해 안다.
3. 음악치료에 대한 이해와 의미, 기능을 파악하고 치료사의 행동원리 및 자질, 치료의 과정에 대해 안다.

1. 놀이치료

1) 놀이치료의 이해

유아는 많은 시간을 놀이에 할애하며 놀이를 통해 정서적으로 억압된 부분을 다스리기도 하며 놀이활동에 적극적으로 참여하면서 즐거움과 만족감을 얻고자 한다. 유아는 놀이를 통해 또래와의 경험으로 사회적 기술을 익혀나가며 여러 가지 개념을 습득해 나간다. 또한 놀이는 어떤 목적을 위한 수단이 아니며 강제성 없이 또래와 관계를 맺으며 유아의 생각과 감정을 표현하기도 하며 사회성뿐만 아니라 신체, 인지, 정서 등의 발달에 지대한 영향을 미친다. 즉, 놀이는 유아의 자연스러운 의사소통의 매개체이며 유아의 생활리듬으로 유아의 삶에 필요한 총체적 과업이라 할 수 있다.

2) 놀이치료의 의미

놀이치료는 영유아가 바람직하게 성장하도록 도와주고 궁극적으로는 영유아의 자아실현을 위한 도구가 되는 것이며 영유아 자신의 생각과 감정을 구체적으로 정확하게 표현해 줄 수 있는 타인과의 의사소통 수단이 되는 것이다(신숙재 외, 2000). 놀이는 성인에 비해 언어적 표현이 제한된 영유아에게 자연스러운 의사소통을 통해 접근하는 대표적인 영유아 상담 방법이다. 유아에게 놀이는 구체적인 표현이며, 영유아의 방식대로 그들의 세계에 대처해 나가는 방법 가운데 하나이다(Landreth, 2015).

놀이치료를 영유아와 함께 놀아주는 것 정도로 알고 있으나 이는 아주 잘못된 생각으로, 치유 기능이 빠진 놀이라면 놀이치료라 할 수 없다. 영유아의 발달 전반에 관한 지식을 기초로 심리적 문제와 그 배경을 이해하는 전문성을 갖춘 치료자에 의해 문제의 극복 과정이 단계를 밟아 차근차근 전개되는 것이 아니라면 놀이치료라 말할 수 없다(정혜자, 2008). 즉, 놀이치료는 영유아 상담의 한 분야로서 훈련받은 치료자가 심리적 문제를 지닌 내담자를 돕기 위해 체계적으로 놀이의 치료적 힘을 적용시키는 대인관계의 과정이다(O'connor, 1991).

놀이치료는 영유아 상담의 한 분야로서 놀이를 매개체로 하여 치료자와 영유아 간의 상호작용 속에서 영유아가 자기를 탐색하고 충분히 표현하도록 한다.

놀이치료의 시작은 유아의 자연적인 의사소통의 매개체를 통해서 자기를 탐색하고 유아가 충분히 표현하도록 하는 안전한 관계의 발달을 촉진하고, 놀이도구를 선택하여 제공하며, 상담사와 유아 간의 역동적인 대인관계라 정의할 수 있다(Landreth, 1991; 2012).

3) 놀이치료의 기능

놀이치료에서 놀이로 인해 제공되는 기능은 다음과 같다(성영혜, 2000; Ray, 2016).

(1) 즐거움

놀이치료에서 놀이의 사용은 치료자와 영유아에게 즐거움의 기회를 제공한다. 특히 신체적 접촉을 중요시하며 친밀하고 개별적이고 집중적이면서도 즐거움을 제공한다. 모든 활동들은 게임을 통해서나 영유아들이 쉽게 참여할 수 있는 재미있는 방법으로 이루어지지만 치료에서는 놀이가 영유아에게 항상 즐거움을 주는 것은 아닐 수 있다. 즐거움은 치료적 관계에서 영유아의 저항을 감소시키고, 환경적 갈등을 경험하고 있는 영유아의 삶에 결여된 경험을 제공한다.

(2) 상징적 표현

놀이치료에서의 놀이는 생각과 감정의 상징적 표현을 허용한다. 치료에서 놀이의 상징적 표현은 놀이치료자를 영유아의 세계로 초대하고 영유아는 더 이상 현실에 제약받지 않고 가장(pretend)함으로써 감정을 표현하거나 대처기술을 구축해 가는 장면을 창출할 수 있다. 상징놀이는 언어에 대한 이해력과 밀접한 관계가 있으며 실물과 다른 사물을 사용하거나 상상 도구를 사용한다.

(3) 카타르시스

내담자가 내면에 쌓여 있는 욕구불만이나 심리적 갈등을 언어나 행동으로 표출시켜 충동적 정서나 소극적인 감정을 발산시키는 것으로, 놀이치료에서의 놀이는 영유아에게 중요한 문제의 결과를 훈습(work through)하는 데 도움을 준다. 비지시적인 놀이는 영유아가 노력하는 방향을 선택하는 환경을 제공한다.

(4) 사회적 발달

놀이치료는 다양한 사회적 · 정서적 어려움을 겪고 있는 영유아들에게 유용하며, 영유아 세계의 표현만 고려하는 것이 아니라 영유아와 치료자 사이 혹은 집단 놀이치료에서는 또래들 사이의 의사소통을 촉진시키며 놀이를 통해 촉진된 양육적 관계 형성과 유지는 영유아의 사회적 동기와 기술을 견고하게 한다.

(5) 숙달

놀이치료에서 놀이는 영유아가 자신의 세계를 통제하기 위해 사용되며 영유아는 어떤 것이든지 될 수 있는 힘이 있고 어떤 것이든지 할 수 있는 능력이 있으며 현실세계의 제약에 구속받지 않는다. 영유아는 놀이치료에서 환경을 넘어서는 통제감과 능숙함을 개발하기 위해 놀이를 사용한다.

(6) 에너지의 분출

놀이치료에서 에너지 분출을 위해 놀이를 이용하는 것이 치료적 접근으로 보이지 않을지라도 영유아는 사용하지 않거나 혹은 구속되어 있는 에너지를 자유롭게 표현할 수 있는 장으로서 놀이치료를 사용하는 것으로 보인다. 영유아는 에너지 분출을 위한 안전한 환경을 필요로 하는데 에너지가 소비되면 집중된 치료 작업이 가능해진다.

4) 놀이치료사의 행동원리

놀이치료사는 영유아의 감정과 행동에 초점을 맞추어 적절한 관계를 맺음으로써 영유아를 안정된 환경에서 있는 그대로 받아들이고 하나의 독립된 인격체로 존중하여야 한다.

치료사의 행동원리는 다음과 같다(황선희, 2018).

- 보다 더 좋은 의존대상이 되어야 한다.
- 영유아들이 감정의 표출이나 요구의 행동화를 꾀한다.
- 새로운 행동패턴의 학습을 돕는다.
- 치료사의 감정이나 의지의 비언어적 표출에 관심을 갖는다.

5) 놀이치료사의 자질

놀이치료사는 전문적 자질인 놀이치료의 지식과 기술을 갖추고 자신의 무의식적 욕구를 파악하여 자신의 내재된 갈등을 해결함으로써 치료자의 태도나 인격적 성숙 등 효과적인 치료관계를 만들고 유지해야 한다. 이에 놀이치료사는 놀이에 대한 많은 경험과 인간적 자질이 요구된다.

구체적인 내용은 다음과 같다(장성화 외, 2015; Corey & Corey, 2016; Geldard & Geldard, 1997; Lee, 2001).

(1) 전문적인 놀이치료사

① 놀이치료 방법에 대한 전문적인 훈련이 필요하다.

② 다양한 치료적 경험을 통해 내담 영유아와의 관계를 치료적으로 이끌 수 있어야 한다.

③ 인간적인 자질과 균형 있는 발달이 이루어질 수 있도록 할 필요가 있다.

④ 놀이치료사는 영유아와 함께하면서도 영유아와 분리될 수 있어야 한다.

⑤ 영유아를 충분히 공감하면서도 영유아가 보지 못하는 면, 지각하지 못하는 면을 지각하고 비출 수 있어야 한다.

(2) 효과적인 놀이치료사

① 영유아가 놀이의 세계로 들어가도록 격려하고 영유아가 주도하도록 도우며 영유아에게 선택권과 책임을 돌려주는 사람이다.

② 치료사는 객관적이면서도, 폐쇄된 마음이 아니라 개방된 마음을 가지고 있어야 한다.

③ 영유아가 성장하고 있다는 점을 잊지 말고 영유아가 지금 이 순간에도 변하고 있다는 것을 기억해야 한다.

④ 치료사는 자신의 자아에 대한 탐색과 이해가 장기간에 걸쳐 훈련되어야 한다. 영유아 자신의 부적절한 내면을 드러내어 다룰 수 있도록 온화하고 수용적인 태도를 지니고 정서적으로 분리될 수 있어야 한다.

(3) 실수를 인정하는 놀이치료사

① 치료사는 자신의 욕구를 영유아와의 관계로부터 구분하여 완전히 분리시킬 수 없다는 것을 인정한다.

② 치료사는 내담자의 행동을 왜곡된 방식으로 지각하지 않고 반응하기 위해 자신의 개인문제가 치료적 관계의 질에 영향을 미칠 수 있음에 대해 자각한다.

③ 치료사는 자신의 취약한 부분에 대해 인식하고 스스로 충분히 다룰 수 있어야 한다.

④ 치료사는 내면의 내적 영유아와 접촉할 수 있어야 하며 치료과정에 부정적인 방식으로 내담자를 다루게 되면 상담관계를 방해할 수 있다는 것을 알아야 한다.

6) 놀이치료의 과정

놀이치료 과정은 4단계로 초기 단계, 중기 단계, 말기 단계, 종결 단계로 나누어 살펴볼 수 있다(장성화 외, 2015).

(1) 초기 단계

치료사와 유아가 친숙한 관계를 맺는 과정으로 상담실과 상담사에 대한 탐색 단계이므로 내담자와의 안정적 관계를 통해 영유아의 문제행동이 급격히 감소하고 빠른 기능의 개선을 보이는 단계이다. 상담유아가 가지고 있는 문제가 비교적 가볍다거나 어머니의 양육기술에서의 미숙함으로 인한 문제인 경우에는 초기단계에서 문제가 해소되어 종결되기도 한다.

상담자는 수용적인 태도를 보이면서도 내담자가 한계를 지킬 수 있도록 도와줄 수 있는 능력이 있는 사람으로 보여야 한다. 즉, 영유아의 감정은 수용해 주지만 행동의 허용한계는 분명하게 알려주는 일관된 반응을 보여주어야 한다.

(2) 중기 단계

상담 중기 과정에서는 내담자가 자아 존중감을 형성하기 위한 통찰력을 갖도록 도와주고 성취감을 느낄 수 있는 기회를 갖도록 치료를 계획하여야 한다. 영유아의 경우에는 세심한 배려를 통해 내담자가 갈등을 느끼는 상황을 스스로 견딜 수 있는 기회를 갖도록 치료를 계획하여야 한다. 즉, 상담 중기 단계는 상담의 대부분을 차지하는 과정으로, 유아는 자신의 문제에 직면하고 이를 다루고자 자신의 내적인 힘을 키우려고 시도하는 과정에서 보여지는 모습이라 할 수 있으며, 이 시기의 유아들은 다양한 행동들을 표출하고 주변을 시험하며 자신에 대한 신뢰와 믿음을 만들어 간다.

(3) 말기 단계

내담자는 자신의 문제를 있는 그대로 수용할 수 있으며 자신의 장점을 존중하며 적극적으로 현실에 대처하는 모습을 보인다. 발달이 지연되었거나 결핍된 부분에 대한 재교육을 받을 수 있도록 병행하여 성장 · 발달할 수 있게 도와주어야 하며 종료를 위해 사전에 계획하고 내담자와 합의하는 과정이 필요하다.

(4) 종결 단계

목표가 달성되었을 때 종료하게 되며 상담이나 심리치료의 목표는 내담자가 현실 문제를 잘 해결할 수 있고 치료 초기에 설정한 목표에 도달했으면 일단 종료할 수 있다. 초기의 목표가 달성되었다 하더라도 또 다른 문제에 부딪혀 힘들어하게 된다면 영유아나 부모와 함께 세운 목표에 대해 검토하고 새로운 문제 해결을 위한 다각적인 접근방법을 모색해야 한다. 모든 문제가 해결되어 잘 적응할 수 있을 때까지 상담을 하는 것은 아니나 상담의 필요성은 내담자의 욕구가 제일 중요하므로 상담사가 보기에 충분하다고 보아도 내담자가 종결을 받아들이지 못한다면 다시 탐색해 보아야 한다.

2. 미술치료

1) 미술치료의 이해

미술은 말보다는 그림으로써 자신에게 일어나는 내적 욕망이나 꿈, 환상을 직접적으로 표현하도록 한다. 영유아는 미술활동을 통한 경험을 기초로 새로운 것들을 발견할 수 있는 창조력을 기를 수 있게 된다. 영유아는 그림을 그리며 자신의 감정을 표현하게 되므로 긴장을 풀 수 있고 표현을 통한 만족감으로 감수성이 풍부해진다. 미술활동을 통해 손가락의 탄력성과 손목, 팔의 소근육 발달, 손과 눈의 협응을 통한 조화능력 등 신체의 감각기능 향상을 도모한다. 영유아는 그림을 그리는 동안 아름다움을 느끼고 꾸밀 수 있는 능력을 길러주어 심미적 표현을 가능하게 한다. 또한 그림으로 나타난 것은 영속성이 있어서 내용 자체가 망각에 의해 지워지지 않으며 그 내용을 부정하기 힘들다(양은진, 2005; 황선희, 2018).

2) 미술치료의 의미

미술치료는 내담자들의 객관적이고 의식적인 서술만으로는 파악하기 어려운 무의식의 세계를 탐구해 가는 효과적인 치료기법이다. 즉, 미술치료는 미술이라는 기법으로 내담자의 상상력을 동원하여 진실 되고 자발적으로 내담자 자신을 표현하는 기회이며 성취감으로 이끌어 가는 경험이다. 미술치료는 상징적인 의사소통의 도구로 내담자와 치료자 사이에 언어적 소통능력을 증진시키고 새로운 이해와 직관을 촉진시킬 수 있으며 자신의 생각과 감정을 전달하기 위해 새로운 방법, 새로운 형태를 표현하는 과정이다. 특히 문제를 해결한 후 갈등을 해소하고 긍정적 변화와 성장, 치료를 이끌 수 있는 새로운 개념을 형성하도록 도와준다. 미술치료는 예술로서의 미술을 하는 것이 아닌 미술을 치료의 도구로 사용하는 것이다(기은정, 2006; 백수화, 2008).

3) 미술치료의 기능

미술치료에서 미술로 인해 제공되는 기능은 다음과 같다(백윤정, 2010; 양은진, 2005; 주리애, 2010; 최외선 외, 2015).

(1) 긍정적인 관계형성

미술치료는 내담자가 의식하지 못하는 자신의 태도나 불분명한 감정을 해석하는 것보다 시각적으로 표현되어 주저하거나 말이 없는 영유아와 친밀감을 형성하여 치료관계를 이루는 한 방법으로 치료자에게 유용하다.

(2) 의사소통의 기능

내담자가 자신의 표현을 억지로 하도록 유도해 내는 것이 아닌 안전한 환경 안에서 자연스럽게 자신의 이야기를 할 수 있도록 이끌어 준다. 즉, 치료자가 영유아의 마음이 다치지 않도록 유의하면서 영유아의 방어기제를 허용하며 무의식의 세계를 알 수 있다.

(3) 성취감 자아개념 인식

미술재료를 선택하고 미술작품을 통해 영유아는 성취감, 개인적인 만족감, 가치관을 느낄 수 있다. 또한 자신의 감정을 자연스럽게 표현하도록 돕고 긍정적인 상호작용을 통해 자신을 가치 있는 존재로 인식하게 되어 자아존중감을 높인다.

(4) 신체 · 정서 상태 기능발달

기분을 전환시키고 심신을 이완시키는 생리학 반응을 일으켜 신체에너지를 발산하고 정서적 안정감을 주어 긴장감을 낮추고 스트레스를 풀어주며, 미술매체의 유희성과 유연성으로 기쁨과 즐거움을 느끼게 하여 신체 · 정서 상태가 개선되면서 면역력을 증가시킬 수 있다. 또한 시간과 장소에 구애받지 않고 하나의 작품으로 과거와 미래를 한꺼번에 표현할 수 있는 공간성을 지니는 것과 더불어 창조성과 신체 에너지를 유발시킨다.

(5) 부정적인 감정 해소

사회적 수용과 해롭지 않은 방식으로 분노, 적대감정을 해소시킬 수 있는 정화의 기능을 가지고 있다. 또한 창작과정을 통해 사고를 유연하게 하며 결과물을 통해 자신과 타인에 대한 이해와 수용을 용이하게 하여 대인관계를 개선하고 삶을 능동적으로 영위하게 한다.

(6) 보충적인 자료 제공

미술치료는 여러 정보와 더불어 영유아에 대한 보충적 자료가 되므로 영유아를 진단하는 데 도움을 준다.

4) 미술치료의 과정

영유아 미술치료 과정은 초기 단계, 중기 단계, 후기 단계로 나눌 수 있다(황선희, 2018).

(1) 초기 단계

치료사와 영유아가 서로 소개하고 탐색하며 일시적으로 수용하는 단계로, 치료사와 영유아 사이는 안전하고 보호적인 관계를 형성하고 치료적 관계의 동맹을 통해 친밀한 관계가 형성되도록 하는 것이 중요하다. 치료자는 가능한 한 허용적인 태도로 대상 영유아를 관망하는 가운데 내담자와 라포 형성이 중요하며 신뢰도 높은 관계 형성을 위해 노력을 기울여야 한다. 치료자는 인내심을 가지고 영유아가 적응할 때까지 서두르지 않고 기다리는 마음가짐을 갖도록 한다.

(2) 중기 단계

영유아의 미술치료가 계속되면서 치료사와 영유아는 점진적으로 친밀한 관계를 맺으며 신뢰감이 형성되어 간다. 영유아의 마음속에 내재되어 있는 감정표출을 촉진하고 욕구를 행동으로 나타내도록 하는 적절한 계기를 마련해 주어 영유아가 욕구를 표현하도록 도와준다. 영유아는 상담실에 대해 자기만의 공간이며 치료사는 자기를 위한 존재라는 인식이 형성됨에 따라 긍정적인 감정이 자연스럽게 나타나기 시작한다.

영유아는 부모와의 관계에서 결핍 혹은 왜곡된 부분을 수정하고 교정하는 경험을 분석하게 된다. 또한 해석을 통해 자신의 과거에 겪었던 충격적인 사건을 재통합하고 스스로 성장하게 된다. 즉, 치료사와의 적절한 치료적 관계를 통해 영유아의 마음을 재창조하도록 계획된 교정적인 과정을 통해 치료가 이루어지고 해석을 통해 성장하게 된다.

(3) 후기 단계

영유아의 일상생활에 필요한 적응의 기술이나 문제해결의 방법을 학습시킨다. 영유아가 자신의 문제를 그대로 수용할 수 있으며 자신의 장점을 존중하고 자아존중감이 향상되어 적극적으로 현실에 대처할 수 있는 능력이 생긴다. 이 단계에서는 치료의 종료를 위해서 사전에 계획하여야 하며 영유아와 합의하는 과정도 필요하다. 종결 시에는 영유아가 직접 종결에 대해 이야기하는 것이 좋고 영유아가 종료를 받아들이지 않을 때에는 치료과정에 대해 한번 생각해 보는 기회를 갖는 것이 좋다.

5) 미술치료사의 행동원리 및 자질

미술치료사들이 갖추어야 할 행동원리 및 자질의 구체적인 내용은 다음과 같다(양은진, 2005; Corey, 2013).

(1) 영유아를 좋아하고 사랑하여야 한다

- 영유아가 어려운 순간을 극복하도록 도와주어야 한다.
- 즐거움을 창조적이고 진보적인 단계에 이르도록 해준다.
- 영유아와 같은 사고, 감정, 그리고 충동에 익숙해져야만 한다.
- 충동을 수용할 수 있는 애정적인 치료사이어야 한다.

(2) 영유아의 성장능력과 치료과정에 신뢰하는 마음을 가져야 한다

- 진실성, 일관성과 무조건적인 관심의 수용과 배려를 지녀야 한다.
- 안정적이며 낙천적인 태도를 지녀야 한다.
- 영유아의 주관적 세계를 깊이 이해해야 한다.
- 정확한 공감능력은 내담자의 잠재력을 끌어낼 수 있다.
- 사고와 감정을 전달하기 위해 솔직해야 한다.
- 영유아의 정서와 개성을 존중해야 하며 영유아 자체에 대해 경외감과 겸손함을 가지고 있어야 한다.

(3) 발달이론뿐 아니라 정신역동성 이론에도 정통해야 한다

- 치료목표를 설정하고 일관성 있게 치료과정을 이끌고 가야 한다.
- 모든 비언어적인 메시지를 이해하고 의사소통할 수 있어야 한다.
- 영유아의 신체, 미술발달 및 발달병리 등에 대한 지식을 갖추어야 한다.
- 다양한 표현 형태를 통해 영유아를 다룰 수 있는 능력을 가져야 한다.

(4) 전문성과 융통성을 가져야 한다

- 영유아가 자연스럽고 편안하게 움직일 수 있도록 허용해야 한다.
- 영유아의 긍정적인 변화를 도울 수 있도록 미술치료에 대한 복합적인 전문적 지식을 갖추어야 한다.
- 영유아의 자유를 향상시킬 뿐 아니라 자신의 자아를 통제할 수 있어야 한다.
- 치료사는 자신이 중요한 도구이며, 가장 강력한 기법은 활기 있게 살아가는 모습과 현실을 직시하는 것이다.
- 칭찬은 치료사를 좋아하도록 하는 데 필수적이다.
- 지나친 제한은 해롭지만, 반대로 지나친 융통성도 삼가는 것이 좋다.
- 영유아에 대해 지나친 확신뿐만 아니라 자만심을 갖지 않아야 한다.

3. 음악치료

1) 음악치료의 이해

음악은 감정표현을 가능하게 하고 비언어적 소통의 보편적인 도구라고 말할 수 있으며, 음악이 가지는 비언어적 소통의 수단은 많은 사람들에게 참여와 교류를 제공하고, 나아가 사회에서 적응할 수 있는 독립적인 능력을 기를 수 있도록 도와준다. 음악의 즐거움은 집단 참여에 동기를 부여하고 타인과 적극적으로 상호작용하도록 한다. 또한 음악은 집단의 상호작용을 향상시키기 때문에 소심하고 불안해하는 영유아를 사회적으로 용납되는 방법으로 상호작용하도록 변화시킴으로써 말에 의존하지 않고도 서로 상호작용하고 협동하는 수단이 될 수 있게 한다. 특히 음악은 유아들의 생각과 느낌을 음악적 요소를 통해 자신을 표현할 수 있도록 기회를 제공하여 유아들의 표현력, 정서적 안정을 도와주는 역할을 한다. 동작을 통한 음악활동은 직접적 경험과 상징적 표상을 연결할 수 있는 인지능력을 갖게 함으로써 유아에게 적절한 음악의 제공은 언어발달, 사회성 발달, 신체적 발달에 긍정적 영향을 미치고 수많은 기능이나 역량을 향상시킬 수 있는 다양한 감각적 경험을 제공한다. 음악을 통한 자극들은 신체의 모든 감각이 성인에 비해 민감하고 개방된 유아의 성장과 발달에 영향을 준다(엄정애 외, 2008; 이현주, 2010; 정현주, 2015).

2) 음악치료의 의미

미국음악치료협회(American Association for Music Therapy)에 의하면 음악치료란 "자격 있는 음악치료사가 건강이나 학습의 문제를 가진 개인들의 심리적, 신체적, 인지적 또는 사회적 기능에 긍정적인 변화를 유발하도록 음악을 계획하고 체계적으로 사용하는 것이다"라고 언급하였다. 따라서 음악치료는 신체적 반응, 심리적 반응, 사회적 반응을 바탕으로 음악이라는 언어적 · 비언어적 의사소통 매체를 통하여 인간의 심신에 활력을 줌으로써 병의 증상을 개선하고 치료하는 데 도움을 준다. 또한 음악치료는 음악경험을 지지 기반으로 하여 자동적 인지 및 사고의 수정에 영향을 주고 심리적 안정과 내면 자원 강화로 환경과의 상호작용에서 효과적으로 기능할 수 있도록 함으로써 적응적인 행동변화를 유도할 수 있다(Howard, 1997). 음악의 여러 가지 요소를 활용하여 주의집중력의 향상을 도울 수 있으며, 그중에서도 가장 기본이 되는 리듬은 자연과 우리의 신체 그리고 모든 예술에 내재되어 있다(윤은미, 2007). 즉, 음악치료에서 내담자의 음악적 경험, 치료적 과정 및 결과물은 내담자의 역동에 의해 결정되며 언어적 기법보다는 사회적 음악경험이 동시에 일어나며, 내담자가 선택하는 악기, 연구방법, 참여수준을 치료사가 관찰하며 내담자의 문제를 탐구할 수 있는 대표적인 치료방법이다(Wigram, 2006).

3) 음악치료의 기능

(1) 정서적 안정

음악치료는 음악에 대한 미적 감수성과 음악적 사고를 바탕으로 주체적인 자기표현의 도구로서 음악을 이용하는 것이며, 음악의 아름다움을 창조하는 자기표현의 도구로써 순화된 정서를 기른다(장성화 외, 2015).

(2) 대인관계 향상 및 다양한 사회적 기술

음악치료는 외적으로 혹은 내재되어 있는 문제행동 및 사고에 체계적으로 적용하여 재경험하게 함으로써 집단에 쉽게 적응할 수 있도록 도와주는 도구로 사용된다. 음악은 적응과정에 도움을 줄 수 있는 생활양식, 감정표현의 수단, 긍정적 자기지각, 개인 내적인 자원과 지지적인 도움을 주어 단절되었던 가족, 친구 같은 사회적 관계의 속성을 지닌 지지자의 역할을 대신하여 줄 수 있다. 다양한 음악활동을 통해 친밀감과 신뢰감을 경험하여 긴장 및 고립감에서 탈피하여 대인관계와 사회적 교류에 도움을 준다. 사회성을 높이기 위한 음악치료는 구조화된 단계로 적용할 수 있는데 탐색, 모방, 즉흥, 창작이라는 단계별 접근으로 타인의 감정을 적절하게 수용, 공감하며 자신의 정서를 표현하도록 돕고 긍정적인 관계 안에서 타인과 협력을 시도하도록 해야 한다(장호정, 2001; 주빛나, 2014).

(3) 특정한 감정상태 표현

음악치료는 자기표현과 성찰, 자기이해에 대한 보상적 칭찬과 격려, 상호 간의 지지와 타인에게 수용되는 경험을 제공한다. 음악적 자극과 악기는 사회와 연결된 통로를 통해 부정적인 감정을 발산하도록 도와주고 위축된 감정으로부터 벗어나게 해줌으로써 음악치료를 통해 내담자로 하여금 자신의 감정에 얽매이지 않고 자기를 개발하게 한다. 또한 자신의 본성을 깨달을 수 있도록 도와주고 창조적인 음악적 경험을 통해 자신의 유능함을 느낄 수 있도록 한다. 특히 음악 감상에 사용되는 노랫말은 내담자의 인생에서 특정 시기를 표현할 수 있으며 마음을 활성화시킬 수 있는 많은 다양한 사건을 기록하여 음악 단어의 조합을 통해 특정한 감정 상태를 표현하는 것을 돕는다(최시온, 2017; Howard, 1997).

(4) 자신감과 자아 존중감 회복

노래 만들기와 같은 창작경험을 통해 자신의 행동을 통찰하고 활동에 몰입하도록 도우며 창작과정에서 발생되는 언어적 · 비언어적 상호교류에서 긍정적 상호관계에 영향을 주어 내담자로 하여금 자신감을 가지게 하여 자아존중감을 회복시키는 데 도움을 준다. 특히 창작단계에서는 기존의 곡에 노랫말을 채우거나 창작한 리듬과 선율로 악보를 만들고 상호작용을 통해 집단에서 느끼는 소속감과 성취감을 얻을 수 있다. 단순한 아이디어를 확장하고 조직화하는 것을 어려워하는 대상자들에게 구조화된 틀을 제공하여 좀 더 쉽게 활동을 수행할 수 있도록 유도하며 성공적인 과제수행을 통해 대상자들은 활동에 대한 자신감과 만족감을 경험할 수 있다. 특히 손이나 채로 치거나 두드리는 방식으로 소리를 내는 타악기는 연주방법이 간단하여 활동에 대한 참여자의 부담과 불안 수준을 낮출 수 있으므로 신체적 혹은 인지적으로 다양한 수준을 보이는 사람들의 자아존중감 향상을 위해 활용하기에 접근성이 높다(고난영, 2008; Watson, 2002).

4) 음악치료의 과정

영유아 음악치료 과정은 초기 단계, 중기 단계, 종결 단계로 나눌 수 있다(정인선, 2007).

(1) 초기 단계

음악치료를 받으려는 내담자의 기능을 진단, 파악하는 단계로 내담자의 음악선호도, 치료에 대한 요구, 음악적 능력 등을 들 수 있다. 치료자는 온정적이고 수용적인 태도를 통해 친밀한 관계가 형성되며 음악에 몰입하게 되면 의구심이나 두려움이 극복된다. 치료자는 보다 효율적으로 활동목표를 세우고 치료자가 내담자를 이해할 수 있도록 도와주며 이 과정에서 수집된 자료로 음악치료 활동이 진행되는데 이는 평가를 위한 준거로 제공된다. 내담자의 건강상태나 조건 등에 특수한 변화를 유도하여 치료사가 가장 적절한 방법으로 선택하고 음악경험의 디자인, 음악자료 준비, 각 활동계획, 치료환경 조성, 그리고 실제적인 음악활동 진행을 포함해 치료과정에서 치료자는 음악을 개입의 수단으로 사용할 수 있다.

(2) 중기 단계

신뢰와 수용의 분위기에 더욱 안전감을 느끼게 되면서 문제점들을 조사하고 시험적인 해결책을 적용해 볼 수 있다. 직접적인 음악적 체험이 제공되며 유기적으로 연결되어 첫 번째 진행된 활동의 음악적 경험이 다음 활동에 토대를 제공해 주고 더욱 심화된 음악적 경험을 형성하여 최적의 치료조건을 갖춘다. 음악치료는 문제의 발견과 해결책을 설정하는 데 도움이 되어 영유아가 자아실현을 증진시킬 수 있다.

(3) 종결 단계

성취된 목표와 치료의 산물들이 내담자의 기록 자료로 보고된다. 평가를 통해 치료의 목적이 달성되면 그것으로 치료가 종결된다. 내담자의 문제행동이 변화, 개선되지 않았다면 그것은 치료전략의 비효율성에 기인한다고 볼 수 있다. 내담자의 진보기록은 다양한 치료적 개입과 전략의 효율성을 평가하는 데 복잡하게 연결된다.

5) 음악치료의 기법

음악치료의 기법은 듣기, 노래 부르기, 악기연주, 창작활동으로 살펴볼 수 있다(이민정, 2011; 이홍수, 1990; 황선희, 2018; 황정숙, 2011).

(1) 듣기

음악은 듣고 즐기면서 자신의 잠재된 능력과 감정을 표현하고 음악의 모든 세부 영역에 걸쳐 나타나는 포괄적인 활동이며 모든 음악적 활동의 기본적인 내용이다. 듣기활동은 단순히 들려오는 소리를 듣는 활동에 그치지 않고, 음악을 듣고 선율을 그려보거나 떠오르는 장면을 글로 써보거나 그림으로 표현하는 활동을 해보는 것도 좋은 방법이다. 곡을 들으면서 몸동작을 해보거나 지휘를 해보는 것도 다양한 듣기활동의 한 방법이다.

(2) 노래 부르기

노래 부르기는 노랫말에 담긴 의미를 즐기기도 하고 음악에 내포되어 있는 다양한 음악적 개념과 만나고 탐색하고 반응하는 경험에 몰두하게 된다.

노래 부르기의 효과는 다음과 같다.

- 영유아가 자기 신체의 일부분을 소리의 도구로 사용함으로써 누구나 아무 준비 없이도 노래를 부를 수 있다.
- 노래는 언어적 의사소통의 통로가 되므로 서로에게 감정과 생각을 구체적으로 전달할 수 있게 돕는다.
- 집단으로 노래를 부를 경우 집단 구성원에게 공동의 목표를 제시해 주고 공동의 경험을 갖게 함으로써 집단의 결속력을 높여준다.

- 집단에서의 노래 부르기는 영유아 자신이 집단활동에 공헌하게 함으로써 자긍심을 높여주며 대인관계 기술을 발달시킬 수 있는 기회를 마련해 준다.
- 노래는 영유아가 정서적 안정감을 갖도록 한다.

유아들의 노래 부르기 활동에서 개별 유아들이 직접 노래 부르고 자신의 목소리를 감상할 수 있는 구체적인 경험으로 개별화 교수법이 강조된다. 교사는 노래 부르기 활동의 전개 단계에서 유아들이 다양한 방법으로 노래를 익숙하게 부를 수 있도록 지원해야 한다.

(3) 악기연주

음악치료에서의 악기연주는 많은 음악적 기술이 필요하지 않은 간단한 리듬막대나 멜로디언, 피리, 트라이앵글, 실로폰, 하모니카, 캐스터네츠 등을 이용하여 치료에 임하고 또한 이러한 비형식적인 방법이 치료자에게 더욱 알맞다. 영유아가 직접 악기를 연주해 보고 그로 인해 소리를 만들어 보는 것, 더 나아가서 간단한 곡을 악기로 연주하는 것은 매우 중요하다. 영유아를 대상으로 하는 음악치료에서는 영유아가 악기와 친해질 수 있도록 악기를 만지고 두드리며 흔들어 보는 기회를 제공해 주는 것이 필요하다.

악기연주의 효과는 다음과 같다.

- 음악적 행동을 구체적인 형태로 구조화시킨다.
- 음악적 활동에 대한 참여를 증가시킨다.
- 정서를 자극하여 느슨하게 한다.
- 성취감을 즉각적으로 갖게 한다.
- 눈–손, 귀–손의 협응력을 증진시킨다.

- 청감각, 시감각, 촉감각을 향상시킨다.

(4) 창작활동

창작활동은 음악의 공통요소 개념을 구조화시켜 탐색, 발견, 판단하는 단계를 거쳐 음악창작, 연주, 감상, 평가 등의 음악활동을 직접 체험하여야 한다. 또한 청감각 기능과 연주, 악보사용 등의 기능적인 능력도 길러주어야 한다. 이러한 음악활동을 통합적으로 체험하게 함으로써 포괄적인 음악성의 계발과 심미적 안목을 길러 자신만의 방식으로 탐색하고, 상상하며, 표현하는 창의적 음악적 경험을 통해 음악을 창조적인 자기구현의 방법으로 활용할 수 있다.

창작활동의 효과는 다음과 같다.

- 계획과 조직력을 발달시킨다.
- 창의적 문제해결력을 발달시킨다.
- 책임감을 증진시킨다.
- 기억력을 증진시킨다.
- 내면경험에서 대화로 이끌어 준다.
- 노래가사를 통해 치료적 목적을 알아가도록 한다.
- 부분을 전체로 결합시키고 통합하는 능력을 발달시킨다.

참여해 봅시다

1. 놀이치료의 기능에 대해 알고 바람직한 치료사의 행동원리 및 자질에 대해 토론해 봅시다.
2. 미술치료사에게 미술치료가 진행되고 있는 영유아에게 영유아교육기관에서 교사의 바람직한 역할에 대해 이야기를 나누어 봅시다.
3. 음악치료를 받았던 경험이 있는지 이야기해 보고, 있다면 어떤 점이 좋았고 어떤 점이 힘들었는지 공유해 봅시다.

Chapter 9

영유아 문제행동 지도의 실제

이 장에서는 영아와 유아에게서 나타날 수 있는 문제행동에 대하여 그 원인, 증상, 지도 방법을 고찰하고 이해하여 영유아가 건강하고 행복한 삶을 영위하도록 돕기 위해 교사 및 양육자가 해야 할 일들을 탐색하고자 한다.

학습목표

1. 유아의 사회 · 정서와 관련된 문제의 사례를 탐색하고 유아의 문제를 해결하기 위하여 유아교육기관과 부모의 지도 방법을 설계할 수 있다.
2. 유아의 지적발달과 관련된 문제의 사례를 탐색하고 유아교육기관과 부모의 지도 방법을 설계할 수 있다.
3. 유아의 언어습관과 관련된 문제의 사례를 탐색하고 유아의 문제를 해결하기 위하여 유아교육기관과 부모의 지도 방법을 설계할 수 있다.
4. 유아의 건전한 성 발달을 해치는 요소들을 점검하고 건전한 성 발달을 위한 지도 방법을 이해하고 실천하기 위한 방안을 탐색한다.

1. 사회 · 정서발달 관련 사례

1) 싸움의 사례와 지도 방안

유아기에 나타나는 공격성의 문제 중 가장 쉽게 발견할 수 있는 것은 싸움이라 할 수 있다. 유아기 싸움의 중요 원인은 유아기 사고의 특징인 자기중심성이다. 즉, 유아는 타인의 입장을 잘 이해하지 못하기 때문에 자기중심적 사고는 싸움을 일으키는 가장 큰 요인으로 작용할 수 있는 것이다.

유아의 싸움은 쉽게 발생되고 쉽게 회복되는 특징이 있다. 그러나 쉽게 회복되는 특징이 있다고 하여 교사와 부모는 싸움을 방관하면 안 된다. 싸움이 일어나는 상황, 폭력의 사용 여부, 싸움 발생의 빈도, 드러나고 숨겨진 정도 등 싸움의 특성을 면밀하게 살펴야 할 필요가 있다. 싸움의 특성을 면밀하게 살펴서 대처한다면 유아의 싸움은 사회적으로 적절한 기술과 태도를 익히는 배움의 시간이 될 것이다.

(1) 원인

유아기 싸움의 가장 빈번한 원인은 소유권을 침해받거나, 놀이를 방해받는 것이다. 또한 서로 부딪힌 경우와 같이 타인의 행동이 유아에게 불쾌한 감정을 유발하게 되면 싸움이 빈번하게 발생한다.

싸움의 주요 원인이 되는 요인들 중 심각하게 받아들여야 하는 것은 열등감, 질투, 성인의 엄격함에서 비롯되는 경우이다. 열등감, 질투, 교사나 부모의 엄격함에서 비롯되는 싸움은 영유아들에게 심각한 정서적 · 사회적 상처를 줄 수 있기 때문이다. 이러한 원인으로 발생하는 싸움을 구체적으로 살펴보도록 한다.

① 열등감

열등감이란 다른 사람에 비해 뒤떨어졌다거나 능력이 없다고 생각하는 만성적인 감정이다. 유아의 경우 자기 힘을 정확하게 평가하지 못하기에 열등감을 잘 느끼지 않는다. 그렇지만 친구들의 조롱이나 성인의 부당한 꾸지람을 듣는 경우에 열등감을 느낄 수 있다. 열등감을 느낀 유아는 자신을 방어하는 방법으로 폭력적 행동을 하기 쉽고, 폭력적 행동은 싸움을 불러오게 된다.

② 질투

질투는 자신의 것이라고 생각하는 사랑이나 인정을 경쟁자에게 빼앗길 것 같은 상황에 처했을 때 느끼는 감정이다. 교사나 성인이 불공정하게 유아들을 대우한다면 질투심을 유발하게 되고, 질투심은 친구들과의 싸움을 일으키는 공격적 행동의 원인으로 작용할 수 있다.

교사나 성인의 불공정한 대우는 유아들의 공격적 행동의 원인으로 작용할 수 있다. 그림이나 작품이 성인에게 인정받지 못하는 경우, 자신만 칭찬을 듣지 못하였다고 생각할 경우, 자신에게 오는 사랑을 다른 친구에게 빼앗겼다고 생각할 경우 등에서 질투심을 느끼게 된다. 질투심이 있는 유아들은 교사나 성인의 행동과 감정에 민감하게 반응하며, 행동과 감정의 움직임을 항상 감시하고 눈치를 본다.

③ 교사나 성인의 엄격함과 거부

교사와 성인이 과도하게 엄격하거나 거부적 태도를 보이게 되면 유아는 심한 정서적 불안정감을 가지게 된다. 무시한다든지, 행동을 부인하고, 금지하고, 벌을 주고, 비웃고, 잔소리하게 되면 유아는 마음에 상처가 생기게 된다. 또한 이러한 행동은 유아가 교사와 성인에게 신뢰를 받지 못한다고 생각하게 만든다. 성인과 유아 간의 신뢰 문제는 여러 가지 문제행동을 유발할 수 있는데, 가장 대표적인 것이 공격적 행동이다.

유아의 공격적 행동은 교사와 성인의 무시, 부인, 명령, 간섭, 금지 등의 행동이 많을수록 증가한다. 성인에게 이러한 대우를 받는 유아는 무의식적으로 복수심이 생기게 되고 복수심은 공격적 행동을 유발한다. 공격적 행동의 대상은 교사나 성인뿐만 아니라 주위에 있는 모든 사람으로 확대된다. 그러므로 이러한 취급을 받은 유아는 유아교육기관의 친구들에게 폭력을 휘두르거나 난폭하게 행동하는 경우가 많다.

(2) 유아교육기관에서의 지도방법

유아교육기관에서 유아들의 싸움은 빈번히 일어난다. 빈번히 일어나는 유아들의 싸움에 대처하는 교사의 자세는 매우 중요한데, 교사의 싸움에 대한 가치관과 태도는 유아들에게 직간접적인 영향을 미치게 된다. 교사는 싸움이 항상 나쁘다고 생각하는 가치관에서 벗어나야 한다. 싸움을 나쁘다고 생각하는 교사는 누가 먼저 잘못했는지 판단하는 재판관의 역할을 하게 된다. 싸움의 재판관으로서의 교사는 교사가 없으면 싸움이 해결되지 않는 상황을 만드는 오류를 범할 수 있다. 따라서 교사는 싸움에 적절하게 대처하는 올바른 방법과 기술을 알아두어야 한다.

싸움에 적절하게 대처하는 전략을 정리해 보자(Betsy Evans, 2002).

〈표 9-1〉 싸움에 대처하는 전략

단 계	싸움에 대처하는 전략
1단계	싸움의 규칙을 세운다.
2단계	문제의 현장에 조용히 접근한다. 위험 요소를 수반한 공격적 행동이 있는지 파악하고, 위험 요소를 수반한 공격 행동은 즉시 멈추게 한다.
3단계	유아가 느끼고 있을 감정을 공감하고 인정한다.
4단계	문제 상황에 대한 정보를 수집한다.
5단계	문제를 재정립한다.
6단계	여러 가지 해결방법이 있음을 알리고, 스스로 해결 방법을 찾을 수 있게 한다. 다양한 방법 중 해결 방법을 결정한다.
7단계	추가적 지원이 필요한지 상황을 살핀다.

출처 : Betsy Evans(2002) 재구성.

싸움이 발생하기 전에 싸울 때 지켜야 하는 규칙을 세워야 한다. 한가하고 평화로운 시간을 이용하여 유아들이 싸울 때 지켜야 하는 규칙을 스스로 세울 수 있도록 하고, 확정된 규칙은 종이에 써서 문서로 남기며, 교실 한쪽에 게시한다.

싸움이 발생한다면, 싸움하는 유아들이 규칙을 잘 지키고 있는지 확인하고 문제의 현장에 조용히 접근한다. 폭력이나 욕과 같은 위험 요소들이 있는지, 그 이상의 공격적 행동이 있는지 파악하고, 위험 요소를 수반한 공격 행동은 즉시 멈추게 한다.

위험 요소를 수반한 공격적 싸움을 즉시 멈추게 한 후, 교사는 각각의 유아들에게 개별적으로 상호작용한다. 이때 주의해야 하는 것은 교사가 누구에게 먼저 가느냐의 문제인데, 주로 더 약하거나 왜소하거나 불리하다고 판단되는 유아에게 먼저 상호작용을 한다. 교사와 유아의 상호작용에서 주안점을 두어야 하는 것은 유아들 각각의 불편하고 화가 난 감정을 인정해 주고 공감해 주는 일이다. 유아가 느꼈을 불편한 감정, 쉽게 줄어들지 않는 불쾌한 감정을 교사가 이미 이해하고 있다는 것을 알린다.

문제 상황에 대한 정보를 수집하는 일은 유아들의 마음이 평정을 어느 정도 찾은 후 진행한다. 이 단계에서 중시해야 하는 것은 교사가 정보를 수집하는 것 자체보다는 유아들이 자신에게 어떤 일이 발생하였고, 원하는 것이 무엇이었는지, 원하는 것을 위해 어떤 행동을 할 수 있을지 찬찬히 생각할 수 있도록 돕는 일이다.

문제 상황이 어느 정도 파악되고 상태가 수습이 되었다면, 교사는 상황을 정리하고 순화된 언어를 사용하여 바꾸어 설명한다. 교사의 입장에서 문제 상황을 규정하고 객관적 태도와 언어로 상황을 정리한다. 교사가 객관성을 잃으면, 좋지 않은 상황이 다시 발생할 수 있기에 객관적이고 공정한 태도로 문제 상황을 정리하는 것이 필요하다.

문제의 상황이 정리되었다면, 유아들이 해결방법을 찾도록 돕는 질문을 한다. 교사는 유아들이 제시하는 해결방법을 조율하고 합의하는 일을 도와주고, 직접 적용해 볼 수 있도록 격려한다.

(3) 가정과의 연계방법

문제의 상황은 가정과 반드시 연계한다. 교사는 문제가 되었던 상황, 해결이 되기까지의 상황을 양육자에게 알려야 한다. 또한 부모에게 유아가 상대 유아를 비난하거나 책망하지 않도록 긴밀한 협조를 부탁한다. 폭력적 행동, 욕, 상대 유아에 대한 비난이 발생할 때 가정에서도 단호히 금지해야 함을 알리고, 따뜻한 애정과 이해를 통해 평화적인 행동을 격려해야 함을 제시한다.

(4) 참고할 만한 동화 자료

- **제목** : 모르는 척 공주
- **작가** : 최숙희
- **출판사** : 책읽는곰
- **출판일** : 2012. 10. 10.

엄마와 아빠의 싸움에 불안하고 공포스러운 유아들의 마음을 잘 표현한 동화이다. 일반적으로 유아들의 싸움은 가해자의 입장에서 진행되기 때문에, 피해자의 입장을 생각하지 못하게 된다. 동화를 통해 싸움의 피해자로서 유아 자신을 생각해 볼 수 있도록 한다.

- **제목** : 싸움에 관한 위대한 책
- **작가** : 다비드 칼리
- **그림** : 세르주 블로크
- **번역** : 정혜경
- **출판사** : 문학동네
- **출판일** : 2014. 11. 24.

싸움에 대한 유아들의 관점을 잘 표현한 책이다. 유아들에게 싸움의 개념을 구체적으로 제시할 수 있다. 책을 읽고 싸움에 대한 다양한 후속 활동을 계획하기에 용이하다.

2. 지적발달 관련 사례

1) 소유개념과 관련된 문제의 사례와 지도 방안

소유개념과 관련된 문제의 대표적인 예는 훔치는 행동이다. 훔치는 행동은 자신의 것이 아닌 것을 소유하는 것을 의미한다. 유아기에 나타나는 훔치는 행동은 성인기에 나타나는 도벽과는 다른 특성이 있으며, 유아기에는 진정한 의미의 도벽이 나타나지 않기 때문에 어린 시기의 행동은 그리 심각하게 생각하지 않아도 되지만, 교사와 양육자는 지속적으로 관심을 기울여야 하겠다.

소유개념의 발달을 살펴보자. 2~3세 유아들은 친구의 장난감을 갖기 위해 떼를 쓰거나 유아교육기관의 물건을 한두 번 집에 가져간 경험이 있다. 이는 아직 소유개념을 정확하게 인식하지 못하기 때문이며, 내 것과 남의 것을 분별하는 것이 어렵기 때문이다.

4세경이 되면 소유개념이 분명해지고 내 것과 남의 것을 어느 정도 정확하게 구분하게 된다. 유아가 만 5세경이 되면 도둑질이 나쁘다는 것을 어느 정도 알게 되며, 도덕성도 발달하게 되어, 다른 사람의 물건을 허락 없이 가지고 가서는 안 된다는 것을 명확히 깨닫게 된다.

4~5세가 지나면 소유개념이 명확해지고 도덕성이 어느 정도 형성된다. 때문에 4~5세 이후에도 타인의 물건을 허락 없이 가지고 오는 행동이 반복된다면 주의 깊게 지켜보고 더 나쁜 습관으로 발전되지 않도록 지도와 교육이 필요하다.

(1) 원인

유아기 훔치는 행동의 주요 원인은 소유개념이나 도덕성이 아직 미숙하여 발생되는 것이 대부분이다. 이 외에 심리적 원인으로 성인의 애정이 부족한 경우 관심을 끌기 위한 행동으로 발생되거나 복수나 불만으로 발생되기도 한다. 그 구체적인 원인들을 살펴보면 다음과 같다.

① 소유개념 부족

자신의 것과 타인의 것을 구별할 줄 모르는 경우 아무런 의식이 없이 물건을 가지고 온다. 소유개념이 부족한 유아는 자기가 가지고 싶은 것이 타인에게 중요한 것이라는 인식을 하지 못한다. 어릴 때부터 자신의 요구를 모두 만족한 경험이 있는 유아들은 이러한 행동을 많이 나타낸다. 또한 타인의 물건을 소중히 여기는 것을 배우지 못한 유아에게서도 나타난다.

② 관심을 끌기 위한 행동

충분한 애정을 받지 못한 유아들의 경우 관심을 끌기 위한 목적으로 물건을 소유하는 경우가 있다. 중요한 물건을 가지고 있는 유아는 성인의 관심이 집중되며, 성인의 관심 집중은 관심을 받기 위한 목적으로 훔치는 행동을 한 유아에게 만족감을 줄 수 있다. 또한 물건의 소유는 애정을 대체하는 수단으로도 작용할 수 있다.

유아들 간에도 매력적인 물건은 관심의 대상이다. 연필, 지우개, 블록 한 조각, 등 처음에는 자신이 가지고 있는 작은 물건 한 가지가 대상이 된다. 유아들은 자신이 가지고 있는 물건을 자랑하기도 하고 물물교환 하기도 하는데, 매력적인 물건은 유아들 모두에게 관심거리이며 소유하고 싶은 물건으로 보인다. 유아들은 더욱 매력적인 물건을 소유하기 위해 집에 있는 중요한 물건을 가지고 가서 나누어 주는 경우가 발생한다. 성인이 이러한 행동을 꾸짖게 되면 집 밖의 물건을 훔쳐서 주는 경우가 발생할 수 있다.

이 외에 힘이 없는 유아, 소심한 유아, 육체적 어려움이 있는 유아 등 소외되고 열등감을 가진 유아들이 이것을 만회하는 수단으로 매력적인 물건을 소유하려 한다.

③ 복수나 불만의 표시

성인의 냉정하고 무관심한 양육태도는 유아에게 비정상적인 행동을 유발하는 원인이 된다. 유아에게 냉정하고 무관심한 부모의 태도는 유아에게 자신의 존재와 소유에 대한 불신의 감정을 발생시키는데, 부모에게 미움받고 있다는 생각과 불안정한 감정으로 발전된다. 미움받고 있다는 생각과 불안정한 감정은 부모에 대한 불만과 비합리적인 자기주장을 폭발적으로 나타내게 한다. 그 과정에서 부모에 대한 불만을 충족하기 위한 행동의 한 형태로 훔치는 행동이 발생할 수 있다. 훔치는 행동은 냉정하고 무관심한 부모에게 복수하는 행동이 되는 것이다.

복수나 불만의 표시로서 훔치는 행동이 발생되었다면, 부모는 사랑과 따뜻함으로 유아를 대해야 한다. 부모로서의 강력한 권위는 어떤 도움도 줄 수 없다. 오히려 부드러운 웃음으로 격려하여 유아의 마음을 안정시켜 주고, 유아의 행동과 말을 인정해 주고 인내하여 서로에게 신뢰를 형성해야 할 것이다. 유아가 마음을 안정시키고 신뢰감을 갖게 된다면 복수나 불만의 표시로서 발생된 훔치는 행동은 사라질 것이다.

④ 계획적이고 병적인 행동

계획적으로 훔치는 행동이 나타난다면, 이러한 행동은 가장 나쁜 행동이다. 나쁜 친구들과 어울려서 계획에 가담하고, 나쁜 것을 알면서 친구들에게 미움받기 싫고, 무서워서 훔치는 행동을 할 수 있다. 훔치는 행동에서 의도는 매우 중요한 도덕적 기준이 된다. 교사나 양육자가 이러한 잘못된 행동과 의도를 파악하였다면 다양한 방법을 사용하여 단호하게 중지시켜야 할 것이다.

병적인 원인으로 훔치는 행동이 나타나는 경우가 있다. 이상 성격, 낮은 지능, 의지의 부재, 뇌전증의 몽롱 상태 등이다. 또한 독립심이 결여되었거나 자신의 행동과 감정을 통제하지 못하는 경우에도 훔치는 행동이 나타날 수 있기 때문에 영유아의 건강과 질병 상태를 관찰할 필요가 있다.

(2) 유아교육기관에서의 지도방법

물건을 훔치는 유아는 반복적인 학습을 통해 행동을 개선할 수 있다. 우선 유아의 물건은 항상 일정한 장소에 두어, 장소와 물건을 연결해서 인식할 수 있도록 한다. 만약 다른 사람이 유아의 물건을 사용하려 한다면, 유아에게 반드시 허락을 받도록 한다. 또한 유아가 다른 사람의 물건을 사용하려 할 때도 유아는 반드시 물건 소유자에게 허락을 받고 사용해야 한다는 것을 반복적으로 지도한다. 사용한 후에는 되돌려 주어야 하고 감사의 표현을 해야 한다는 것도 인식하도록 반복적으로 지도한다. 이러한 훈련은 2세에서 5세까지의 유아에게 특히 중요하다.

만약 유아교육기관에서 도난사건이 일어났다면, 교사는 과민하게 반응하지 말아야 한다. 교사의 과민 반응은 오히려 유아들에게 부정적인 영향을 줄 수 있기 때문이다. 또한 교사는 전체 유아를 조사한다거나, 정황적인 근거나 심증을 토대로 한 유아를 지목한다거나, 지목된 유아의 부모에게 연락하는 등 성급한 행동을 하지 말아야 한다. 교사가 정황적인 근거나 심증이 있는 경우에도 여유를 가지고, 그 유아가 정말 훔쳤는지 관찰할 필요가 있다. 한 유아의 행동이 확인되었다면, 그 유아가 물건을 훔치게 된 이유는 무엇인지 파악하는 것이 중요하다. 훔치게 된 원인이 유아교육기관에서의 지도로 해결될 수준인지 전문적인 상담을 받아야 해결될 수준인지 구분하고, 부모에게 알리기 전에 동료 교사나 기관장과 상의하는 과정을 먼저 갖는다.

훔친 유아가 발견되었을 경우, 그 유아를 처벌하는 것보다는 원인을 제거하는 것이 교사와 유아의 신뢰 관계를 증진시킬 수 있다.

(3) 가정과의 연계방법

양육자가 유아를 지나치게 꾸짖는 것뿐만 아니라 모르는 척 넘어가는 행동은 모두 역효과를 가져올 수 있다. 유아를 지나치게 꾸짖는 행동은 정서적으로 불안감을 유발하게 되고 본질을 잊은 채 불편한 감정만을 남게 한다. 결국 이러한 양육자의 행동은 훔치는 행동을 더 강화할 가능성이 있다. 반면 모르는 척 넘어가는 행동은 도덕성을 기르는 기회를 놓치게 한다. 유아기는 도덕성 발달에 매우 중요한 시기이다. 따라서 양육자는 유아를 엄중하고 진실하게 타일러야 한다. 부드러운 마음을 갖되 굵고 단호한 목소리와 엄중한 얼굴 표정을 한다. 훔치는 행동은 어떤 행동인지, 왜 나쁜지 깨닫도록 한다. 그리고 훔치는 행동 속에 숨겨진 유아의 욕구가 무엇인지를 파악하고, 유아의 욕구를 만족시켜 주도록 노력해야 한다.

양육자가 할 수 있는 구체적인 행동요령을 알아보자.

- 행동에는 책임이 뒤따른다는 것을 알게 한다.
- 감정적인 대처를 하지 않는다.
- 훔치는 행동 속에 숨겨진 유아의 욕구를 찾아본다.
- 훔친 물건의 주인을 찾아간다.

- 훔친 물건의 주인에게 부모와 함께 사과한다.
- 훔친 물건의 값을 치른다.
- 허락을 받고 물건을 사용하는 습관을 기른다.
- 감사하는 태도를 기른다.
- 한 번에 개선되지 않더라도 일관성 있는 태도로 지속적인 훈육을 한다.

(4) 참고할 만한 동화 자료

- **제목** : 꼬마 책도둑
- **작가** : 헬렌 도허티
- **그림** : 토머스 도허티
- **번역** : 박철화
- **출판사** : 봄볕(꿈꾸는꼬리연)
- **출판일** : 2017. 05. 10.

이야기책을 훔쳐간 꼬마 책도둑. 동화를 읽으며 배려와 나눔을 배울 수 있는 내용이다. 스웨덴, 독일, 미국, 일본 등 전 세계 10개국에 출간되었고, 2015 책둥이 추천도서, 전국도서관사서연합회 추천도서로도 선정되었다.

배려와 나눔의 마음을 갖기 위해서 훔치는 행동이 얼마나 나쁜 행동인지를 토론할 수 있다.

- **제목** : 생선 도둑을 잡아라!
- **작가** : 최옥임
- **그림** : 민은정
- **출판사** : 아이세움
- **출판일** : 2012. 01. 05.

생선가게 앞에 있던 네옹. 네옹은 생선냄새를 참지 못하고 생선을 도둑질한다. 도둑의 흔적을 찾던 브르독 형사는 도둑을 잡기 위한 단서를 하나하나 찾아내기 시작한다. 쫓고 쫓기는 과정에서 수학의 다양한 개념을 배울 수 있는데, 훔치는 행동과 관련하여 유아들과 흥미로운 토론을 할 수 있다.

- **제목** : 친구
- **작가** : 김성미
- **출판사** : 책읽는꿈
- **출판일** : 2025. 05. 07.

단짝 친구 여우와 사자는 서로 오해와 불안 속에 점점 멀어진다. 사자는 여우가 원숭이와, 여우는 사자가 너구리와 더 가까워진 것 같아 고민한다. 올바른 관계 형성을 돕기 위한 내용으로 좋은 친구 관계에 대해 유아와 이야기할 수 있다.

3. 언어발달 관련 사례

1) 거짓말의 사례와 지도 방안

유아기에 나타나는 언어 문제 중 거짓말에 대해 알아보자. 거짓말이란 사실이 아닌 것을 사실인 것처럼 꾸며대어 말을 하는 것(표준국어대사전)으로, 상대방을 속여 말하여 타인에게 잘못된 정보를 주고 결국 잘못된 판단을 하도록 의도하는 것을 의미한다.

그런데 유아기에 나타나는 거짓말은 의도적인 나쁜 마음에서 나타나는 거짓말이 있는가 하면 의도하지 않은 말실수나 과장된 말까지 폭넓게 분류되고 있다. 유아기에 나타나는 거짓말을 폭넓게 분류하는 이유는 유아들이 의도를 고려하지 못한 채 결과를 중심으로 거짓말 여부를 판단하는 경향이 있기 때문이다. 유아들은 도덕적 추론 능력이 형성되는 8세 이후가 되어야 비로소 의도를 고려한 판단을 할 수 있게 된다고 하는데, 최근에는 의도를 고려한 판단을 8세보다 더 어린 나이에 할 수 있다는 연구들이 보고되고 있다.

유아기에 나타나는 거짓말의 형태는 친사회적 거짓말, 반사회적 거짓말, 유희적 거짓말, 이타적 거짓말 등 여러 가지 형태로 나눌 수 있다.

(1) 원인

유아의 거짓말에 영향을 주는 요인은 크게 개인 외적 요인과 개인 내적 요인으로 나누어 살펴볼 수 있다.

① 개인 외적 요인

개인 외적 요인으로는 부모, 교사, 또래, 형제자매 등의 영향을 들 수 있다. 특히 친사회적 거짓말의 경우 부모의 영향을 많이 받는 것으로 보고되고 있다.

유아기는 부모와 접촉하는 시간이 가장 많으며, 부모의 도덕적 및 사회적 기준이나 가치, 행동이 학습되는 중요한 시기이다. 특히 부모의 훈육 방식은 자녀에게 도덕적 및 사회적 문제나 갈등을 해결하는 방식을 가르쳐 줌으로써 도덕성 및 사회성 발달에 영향을 미친다. 이는 훈육에 포함된 부모의 내면화된 요인들이 유아에게 전달되는 것으로, 유아는 부모로부터 규준에 대한 지식을 얻게 되고 사회적 동기를 갖게 되기 때문이다(정혜린 · 이순형, 2014). 부모가 온화하고 비처벌적 훈육방식을 사용한다면, 유아의 친사회적 행동에 유의한 효과를 미친다고 보고되고 있다.

친사회적 거짓말과 관련된 대표적인 예는 탈와르, 머피 그리고 리(Talwar, Murphy, & Lee, 2007)의 연구에서 찾아볼 수 있다. 이들은 예절 바른 행동을 하기 위한 목적으로 친사회적 거짓말을 말하는 아동을 비교하고 그들의 부모를 연구하였다. 원하지 않는 선물을 받고 나서 상대방을 고려하여 마음에 든다고 친사회적 거짓말을 한 아동과, 원하지 않는 선물이라고 거짓말하지 않고 말한 아동을 나누어 비교하였다. 원하지 않는 선물을 받고 상대방을 고려하여 친사회적 거짓말을 말한 아동의 부모는 세부적이고 적극적인 자녀 훈육방법을 사용하였는데, 이러한 부모의 태도는 친사회적 거짓말 행동에 유의미한 영향을 주는 것으로 나타났다.

② 개인 내적 요인

개인 내적 요인으로는 언어 이해 수준과 같은 인지적 요인, 연령과 성별 요인 등을 들 수 있다.

유아의 개인적 언어 이해 수준은 규칙의 추론 능력과 언어 누출 억제 능력과 함께 거짓말을 유지하기 위한 중요한 능력이다. 거짓말은 한번 이야기하면 그것을 지속적으로 유지하기 위하여 관련된 추론을 지속하거나, 진실을 누설하지 않기 위한 억제 능력이 함께 작동해야 한다. 이와 같은 능력은 인지적 요인으로서 3~4세 유아는 언어 누출 억제 능력이 결여되어 있기 때문에 금지된 장난감을 만지거나 놀지 않았다고 이야기하면서도 동시에 장난감이 무엇인지 이야기하는 실수를 한다(이예지, 2010).

연령은 거짓말에 영향을 미치는 요인이다. 유아는 연령이 증가하면서 결과보다는 의도를 더 많이 생각할 수 있게 된다. 동시에 연령이 증가하면서 거짓말의 횟수도 증가하고 정교화된다고 한다.

③ 기타 거짓말을 하는 이유

인간은 자신을 방어하기 위해 거짓말을 한다. 유아들도 과도한 공격이나 요구 등 자신이 상처나 스트레스를 받게 되는 상황에서 이를 방어하기 위한 수단으로 거짓말을 사용하는 경우가 있다. 교사나 부모에게 꾸지람을 듣게 되는 경우, 교사나 부모의 과도하고 엄격한 훈육에 억눌리는 경우, 무관심에 상처 입은 유아가 상처를 덮거나 보상하려는 경우, 원하는 것을 절대 들어주지 않거나 무조건 들어주는 경우 등 유아와 성인 간의 적절하지 못한 상호작용이 원인이 되어 이를 방어하기 위한 수단으로 거짓말을 할 수 있다.

이 외에 거짓말이 나타날 수 있는 상황을 정리해 보자(한춘근, 2019).

- 부모가 사 주지 않는 물건이나 문구류 등을 선물로 받았다거나 길에서 주웠다고 말하는 경우
- 부모와 약속한 일을 하지 않았으면서 했다고 하는 경우
- 텔레비전을 보거나 컴퓨터 게임을 한 뒤 안 했다고 하는 경우
- 형제끼리 싸우고 난 뒤, 상대방에게 책임을 미루는 경우
- 가족에게 자기 능력을 과시하고 싶은 경우
- 어른의 관심을 끌거나 칭찬을 받기 위해, 일어나지도 않은 일을 있었던 것처럼 말하는 경우

(2) 유아교육기관에서의 지도방법

교사는 유아가 거짓말을 했다는 사실을 인지하더라도 언성을 높이거나 혼을 내서는 안 된다. 먼저 거짓말하는 행동이 습관화된 행동인지 단순히 일회적으로 발생한 행동인지 파악해야 한다. 일회적으로 발생한 행동이라면 재미있는 놀이 활동을 계획하여 유아의 행동을 지도할 수 있다.

거짓말하는 유아의 행동을 개선하기 위한 놀이를 소개하면 다음과 같다(한춘근, 2019).

- 거짓말을 하는 동물을 역할극에 등장시켜 거짓말에 속아 넘어간 친구의 어려움을 느껴본다. 그리고 무엇이 잘못인지 구분할 수 있도록 한다.
- 거짓말하는 유아의 이야기를 들려주고 이후 주변 상황을 살펴볼 수 있도록 한다.
- 가상의 인물을 통하여 이야기를 풀어나가면서 거짓말에 관한 유아의 생각을 들어본다.
- 거짓말과 관련된 이야기책이나 문학작품을 활용한다.

(3) 가정과의 연계방법

거짓말이 습관화되기 이전에 교사와 양육자는 긴밀하게 상호작용하고 연계하는 것이 필요하다. 우발적으로 발생한 거짓말이라고 할지라도 교사는 양육자와 행동지침을 공유할 필요가 있다.

교사와 양육자가 공유해야 하는 행동 지침들을 점검해 본다.

- 거짓말을 하는 이유는 무엇인지 교사와 부모가 함께 찾아본다.
  - ✓ 부모의 과도하고 엄격한 훈육이 문제인가?
  - ✓ 무관심한 성인의 태도가 문제인가?
  - ✓ 교사와 양육자는 유아와의 약속을 성실히 지키려고 노력하였는가?

✓ 무조건적인 거부나 무조건적인 욕구 충족이 있었는가?

✓ 상상이나 창의력이 급증하는 시기에 있는가?

✓ 유아에게 정신적 또는 심리적으로 과도한 스트레스가 있었는가?

- 거짓말이 발생한 상황과 교사의 대처 방식을 공유한다.
- 가정에서 발생하였던 거짓말에 대한 부모의 대처 방식을 공유하고, 가정에서 거짓말이 나타날 경우에 부모가 할 수 있는 행동 지침을 알려준다.

✓ 거짓말을 한 상황과 이유에 대해 생각해 보기

✓ 혼을 내거나 화를 내는 방식 등 감정적인 대처 하지 않기

✓ 거짓말을 한 상황과 이유에 대한 유아의 생각 듣기

(4) 참고할 만한 동화 자료

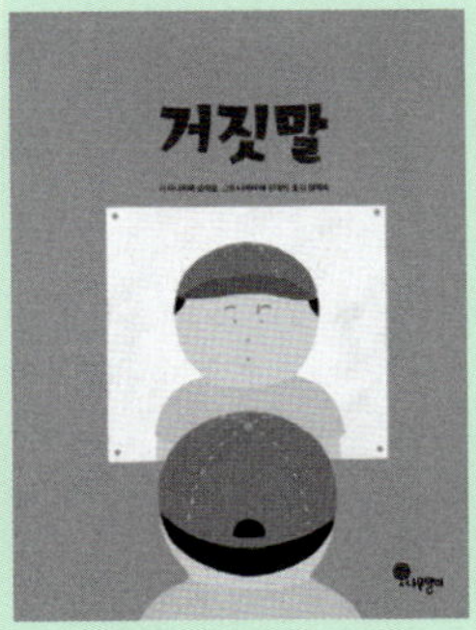

- **제목** : 거짓말
- **작가** : 다니카와 순타로
- **그림** : 나카야마 신이치
- **번역** : 엄혜숙
- **출판사** : 나무말미
- **출판일** : 2025. 02. 18.

거짓말의 본질과 의미를 탐색하는 그림책이다. 거짓말은 괴로운 동시에 아무렇지도 않게 반복된다. 유아 내면의 목소리는 무엇인지 알고자 한 책이다.

- **제목** : 입에 딱 달라붙은 거짓말
- **작가** : 엘리센다 로카
- **그림** : 크리스티나 로산토스
- **번역** : 김정하
- **출판사** : 노란상상
- **출판일** : 2016. 07. 22.

거짓말을 하는 것보다 정직한 말을 하는 것이 더욱 즐겁고 행복한 일이라는 관점에서 서술한 책이다. 거짓말을 하지 말라고 명령하기보다는 거짓말을 하지 말아야 하는 이유를 돌아보아 유아들의 인성을 함양시키고자 한 책이다.

- **제목** : 단어수집가
- **작가** : 피터 H. 레이놀즈
- **그림** : 피터 H. 레이놀즈
- **번역** : 김경연
- **출판사** : 문학동네
- **출판일** : 2018. 06. 20.

단어를 수집하는 주인공 제롬을 통해 다양한 단어를 접할 수 있다. 고운 말, 바른 말을 사용하자는 관점에서 읽어보면 유익하게 활용 가능한 책이다. 유아기에 할 수 있는 나쁜 말들을 찾아보고 정직하고 아름다운 말로 바꿔보는 활동과 연계 활동을 할 수 있다. 또한 단어들을 사용하여 시, 노래 등을 만들어 보고 아름다운 말이 주는 감동을 느낄 수 있다.

4. 기타 사례

1) 성행동 문제의 사례와 지도 방안

프로이트(Freud)는 심리성적 발달 단계를 5단계로 분류하고 발달적으로 성적 욕구가 존재하는 시기를 유아기 3~5세라고 설명하였다. 프로이트(Freud)는 3~5세의 유아들을 남근기라고 명명하였는데, 이 시기는 오이디푸스 콤플렉스와 엘렉트라 콤플렉스 현상이 나타나고, 성기관을 중심으로 관심과 쾌감이 발생한다고 설명하였다. 성기관을 중심으로 관심과 쾌감은 자신의 신체에 대한 관심과 타인을 인식하게 되는 기초가 되다. 오이디푸스 콤플렉스와 엘렉트라 콤플렉스 현상은 동성의 부모를 모방하고 자연스럽게 사회적 규칙과 규범을 익혀 도덕성을 자라게 하는 기초가 되는 것이다.

따라서 유아기에 나타나는 성적인 놀이는 발달적으로 자연스러운 것이며, 다른 놀이와 마찬가지로 어느 정도의 흥미가 나타나다가 자연스럽게 사라지기도 하는 발달적인 놀이라고 할 수 있다. 그러므로 성적인 놀이를 대하는 교사와 성인의 태도는 무엇보다 중요하다. 만약 교사와 성인이 이러한 놀이를 하는 유아를 보고 놀란다거나 야단을 친다거나 채벌을 한다면 유아는 이러한 놀이에 의미를 부여하게 될 것이다. 즉, 성적 놀이와 성인에 대한 반항이 연결된다거나, 성인의 반응을 보고 새로운 흥미가 발생할 가능성도 있는 것이다. 유아들이 성행동에 대하여 새로운 의미를 부여하는 순간, 발달적으로 자연스럽게 생성되고 없어질 수 있었던 성적 놀이는 특별한 흥미를 포함하는 놀이로 발전하게 되고, 발전된 성적 놀이는 반복적인 행동으로 고착화될 가능성이 생기게 되는 것이다.

(1) 원인

유아의 성행동은 발달적으로 자연스러운 행동으로 보는 견해, 불만 · 불안과 같은 심리적 요인, 청결 등 위생적인 요인 등으로 나누어 살펴볼 수 있다.

① **발달적으로 자연스러운 행동**

프로이트 이론에 근거한 자연스러운 행동으로서의 성행동으로 보는 견해이다. 이 시기의 성행동은 자신의 몸과 타인의 몸에 관심을 기울이고 자신과 타인을 구분하는 기초가 된다.

② **심리적 요인**

유아가 어떤 불만이나 불안이 있는 경우가 있다. 예를 들면, 이유(離乳)를 잘 못해서 불안정감이 쌓인 유아, 밑의 동생에 대해서 질투심을 가진 유아, 형제 가운데서 무시당한 유아, 부모의 사랑을 받고 있지 않다고 생각하는 유아, 친구가 없는 유아 등이 해당한다. 이런 유아들은 공허함이나 고독감을 대체하는 한 방법으로 성기를 만지게 되고, 이런 행위를 반복하는 동안에 쾌감을 맛보게 된다. 이러한 흥미에 대치할 수 있는 다른 기회를 가질 수 없으면 성행동은 습관화되기 쉽다(정사영, 1993).

③ **위생적인 요인**

성기관의 청결에 문제가 있는 유아는 지속적으로 손을 성기관에 가져가는 행동을 보인다. 이는 위생적인 요인에 문제가 생긴 것이므로 청결을 유지한다면 성행동은 자연스럽게 사라진다. 위생적인 원인으로 성행동을 지속하게 된다면 성기관의 염증을 유발할 수 있으므로 교사나 양육자는 주의를 기울여야 한다.

(2) 유아교육기관에서의 지도방법

유아교육기관에서의 유아 성행동 지도방법은 성교육의 차원에서 다루어지는 것이 효과적이다. 유아 성교육이란 유아의 정서적, 신체적, 심리적 건강한 발달을 돕고 타인과의 차이를 이해하며 배려할 줄 아는 긍정적인 성가치관, 성태도, 성역할, 성행동, 성도덕이 형성될 수 있도록 유아의 발달 단계를 고려한 교육 방법으로, 성숙한 자아가 되어 원만한 사회생활을 영위하게 해주는 교육이라고 정의(한정윤, 2018)할 수 있다.

유아교육기관은 기초적인 성교육이 이루어지는 장소이며, 교사의 태도에 따라 그 성과가 차이가 있기 때문에 교사의 성에 대한 태도는 매우 중요하다. 유아가 성에 대한 질문을 한다면 당황하지 말고 자연스러운 태도로 사실적 설명보다는 정직한 입장에서 발달과 학습의 원리에 적합한 상호작용을 하는 것이 발달 수준에 알맞은 현명한 태도이다.

교육부(2015)가 제시하는 유아 성교육의 목표와 내용은 다음과 같다.

- 성에 대한 과학적 지식을 통해 성 건강에 필요한 요소와 기능을 습득하고 성에 대한 긍정적인 인식으로 성 건강 증진 생활을 실천할 수 있는 능력과 태도를 기른다.
  - ✓ 나의 출생과 성장과정, 내 몸의 구조와 기능, 나의 감정 알고 조절하기, 남녀의 신체적 특징 등을 포함한 신체적 변화를 긍정적으로 인식하고 내 몸의 소중함에 대한 이해를 통해 건강한 성 의식을 갖는다.
  - ✓ 가족의 역할과 예절, 가족과 화목하게 지내기, 친구의 의미와 친구 간의 예절, 결혼으로 형성되는 가족과 부모와 나와의 관계 등에 대한 이해를 토대로 인간관계를 형성, 유지하는 사회적 능력을 지닌다.
  - ✓ 자신의 몸에 대한 청결한 관리와 상황에 따른 적절한 옷차림의 필요성을 이해하여 건강한 생활을 할 수 있는 방법을 익혀 실천한다.
  - ✓ 성역할과 양성평등에 기초한 역할 변화와 역할 수행을 이해하고, 타인으로부터 행해질 수 있는 원치 않는 성적 강요 행동과 언어, 성폭력이 일어날 수 있는 위험한 상황에 바르게 대처하며, 인터넷 등의 미디어가 갖는 특성에 따라 바르게 사용할 수 있는 방법을 익혀 실천한다.

(3) 가정과의 연계방법

가정에서 자연스럽게 성역할을 익히고 친밀한 부모의 행동을 관찰할 수 있는 유아는 성에 많은 관심이 없다. 발달적으로 발생할 수 있는 돌발적인 성적 질문과 행동에도 부모의 자연스러운 태도와 지혜로운 답변은 성에 대한 올바른 태도를 형성하도록 돕는다. 부모와 함께 목욕탕에 간다거나 자연스러운 스킨십을 하는 행동도 유아들이 성에 대한 올바른 태도를 갖게 하는 데 도움을 준다.

(4) 참고할 만한 동화 자료

- **제목** : 아기 씨와 아기 알이 만나면
- **작가** : 김인숙
- **그림** : 백정석
- **출판사** : 스마일북스
- **출판일** : 2016. 02. 01.

남녀의 생활을 비롯한 나의 출생과 성장과정, 엄마 몸 속의 신비 등을 내용으로 유아들과 다양한 토론을 유도할 수 있는 책이다.

- **제목** : 이럴 땐 싫다고 말해요!
- **작가** : 마리-프랑스 보트
- **그림** : 파스칼 르메트르
- **번역** : 홍은주
- **출판사** : 문학동네
- **출판일** : 2010. 04. 20.

유아 및 아동을 대상으로 하는 여러 가지 성범죄와 학대에서 자신의 몸을 지키기 위해 할 수 있는 일들을 제시한 책. 유아들이 실천에 옮길 수 있도록 돕는 구체적인 전략들을 제시하고 있어 유아들과 활동하기에 적합하다.

- **제목** : 좋아서 껴안았는데, 왜?
- **작가** : 이현혜
- **그림** : 이효실
- **출판사** : 천개의바람
- **출판일** : 2015. 11. 25.

서로 친하게 지내기 위해서는 일정한 거리를 두는 것이 좋다. 유아의 일과 속에서 만날 수 있는 다양한 사람들을 그리고 있어 일상생활 속에서 쉽게 적용하고 실천할 수 있도록 하였다.

참여해 봅시다

1. 유아의 사회·정서와 관련된 문제는 어떤 것들이 있는지 목록으로 작성하고 그 원인을 찾아봅시다. 원인으로 나타난 것들 중 교사와 성인의 적절한 역할의 부재에서 발생한 것들은 무엇이며, 유아의 문제를 해결하기 위하여 유아교육기관과 부모의 지도방법을 토론하여 기록해 봅시다.
2. 유아의 인지발달과 관련된 문제의 사례를 목록으로 작성하고 그 원인을 찾아봅시다. 원인으로 나타난 것들 중 의학적 도움을 필요로 하는 것들은 무엇인지 토론하고 지역사회와의 연계방법을 토론해 봅시다.
3. 유아의 언어발달과 관련된 문제의 사례를 탐색하고 유아기, 아동기, 학동기, 청소년기, 청년기 등 인생 전반에 걸쳐 영향을 미치는 요인들을 토론해 봅시다.
4. 유아의 건전한 성 발달을 해치는 요소들을 점검하고 건전한 성 발달을 위한 활동안을 작성해 보고 모의수업을 진행해 봅시다.

참고문헌

강혜원 · 김성원 · 석은조 · 오성숙 · 최효정(2012). **유아 생활지도 및 상담**. 경기 : 양서원.

고난영(2008). 치료적 노래 만들기를 통한 뇌졸중 성인의 장애수용변화. 이화여자대학교 대학원 석사학위논문.

공석영 · 이규명 · 이은상 · 방인옥 · 김명숙(2005). **유아생활지도**. 경기 : 양서원.

곽금주 · 성현란 · 장유경 · 심희옥 · 이지연 · 김수정 · 배기조(2005). **한국영아발달연구**. 서울 : 학지사.

교육부(2015). 유치원 성교육 표준안. 교육부 유아교육정책과.

______(2015). 유 · 초 · 중 · 고 발달단계별 '학교 안전교육 7대 영역 표준안' 발표, 보도자료. 2월 26일.

______(2024). 2024 개정 표준보육과정(0~2세) 해설서. 교육부.

교육부 · 경상남도교육청 · 학교안전공제중앙회(2016). 학교안전교육 7대 표준안 유치원용. 서울 : 학교안전공제중앙회.

교육부, 17개 시 · 도교육청, 학교안전중앙공제회(2024). 학교안전교육 7대 표준안 유치원용. 서울 : 학교안전공제중앙회.

구광현 · 이희경 · 김보현(2012). **유아사회교육의 이해**. 서울 : 동문사.

권민균 · 권희경 · 문혁준 · 성미영 · 신유림 · 안선희 · 안효진 · 이경옥 · 천희영 · 한유미 · 한유진 · 황혜신(2012). **아동발달**. 서울 : 창지사.

권순남(2015). 소비자교육프로그램이 유아의 소비인식과 친사회적 행동에 미치는 영향. 단국대학교 대학원 박사학위논문.

권정윤 · 안혜준 · 송승민 · 권희경(2013). **유아생활지도**. 서울 : 학지사.

______________________(2014). **유아생활지도**. 서울 : 학지사.

권향임 · 김나영 · 김양이 · 김현옥 · 박미정 · 박성석 · 박정숙 · 백종욱 · 이영실 · 정옥희 · 조금화 · 조미숙 · 형성훈(2013). **인간행동과 사회환경**. 서울 : 창지사.

권희경(2009). 아버지 양육참여도, 어머니 양육행동 및 양육효능감, 유아의 학습관련 사회적 기술과의 관계. **유아교육학논집, 13**(4), 79-98.

기은정(2006). 집단미술치료프로그램이 초등학생의 자아존중감과 정서지능에 미치는 효과. 전주교육대학교 대학원 석사학위논문.

김경연(2018). 단어수집가. 피터 H. 레이놀즈 원작. 문학동네.
김나영 · 이경열 · 정욱호 · 홍계옥(2005). 영유아발달. 경기 : 양서원.
김대현 · 김석우(1996). 교육과정 및 교육평가. 서울 : 학지사.
김미경(2016). 아동생활지도. 서울 : 교육아카데미.
김상희 · 김지신 · 박긍임 · 이사라 · 한세영(2018). 영유아발달. 경기 : 파워북.
김성미(2025). 친구. 서울 : 책읽는곰.
김수자(2012). 불안정 애착 유아의 극 놀이에서 나타난 정서 · 행동에 관한 연구. 백석대학교 기독교전문대학원 박사학위논문.
김숙령(2006). 교사-영아 간 애착 증진 프로그램 개발 및 적용 효과. 한국영유아보육학, 45, 1-26.
김신옥 · 민혜영(2015). 아동연구 및 관찰. 경기 : 공동체.
김양선(2009). 5세 유아의 지적 능력과 만족지연능력 간의 관계. 한국교원대학교 교육대학원 석사학위논문.
김은심 · 조정숙(2013). 영유아 언어교육의 이론과 실제(개정판). 경기 : 정민사.
김이영 · 김태인 · 김현정 · 송명숙 · 이지민 · 한석실(2015). 아동관찰 및 행동연구. 경기 : 정민사.
김인숙(2016). 아기씨와 아기 알이 만나면?. 스마일북스.
김재은 · 김태련(2009). (유아교육)보육용어사전. 경기 : 교육과학사.
김정아(2006). 영아 언어발달을 위한 상호작용적 그림책 읽기 모형의 적용 및 효과. 전남대학교 대학원 박사학위논문.
김정애(2000). 정서교육활동 경험이 유아의 감정이입 및 대인문제해결과 친사회적 행동에 미치는 효과. 경남대학교 대학원 석사학위논문.
김정하 역(2016). 입에 딱 달라붙은 거짓말. 엘린센다 로카 원작. 노란상상.
김진경(2002). 전통유아교육 원리를 적용한 유아사회생활지도 모형연구. 신라대학교 교육대학원 석사학위논문.
김혜경(2012). 어린이집 개원하기. 경기 : 공동체.
다니카와 순타로(2025). 거짓말. 서울 : 나무말미.
류진희 · 황환옥 · 최명의 · 정희정 · 김유림(1999). 유아의 발달에 적합한 신체활동. 경기 : 양서원.
박성연(2006). 아동발달. 경기 : 교문사.
박정옥 · 김태인(2011). 아동생활지도. 경기 : 양서원.
__________(2013). 아동생활지도. 경기 : 양서원.
__________(2016). 아동생활지도. 경기 : 양서원.
박찬옥 · 김영중 · 황혜경 · 엄정례 · 조경서(2010). 유아사회교육. 경기 : 정민사.
박철화 역(2017). 꼬마 책도둑. 토머스 도허티 원작. 봄별(꿈꾸는 꼬리연).
백수화(2008). 수도권 지역아동센터 미술치료 상황에 대한 실태조사: '치료환경' 중심으로. 명지

대학교 대학원 석사학위논문.
백윤정(2010). 대학생의 미술치료에 대한 인식연구. 영남대학교 환경보건대학원 석사학위논문.
보건복지부(2001). **영유아 예절 및 전통보육프로그램, 제3권 교사수지/부모수지.** 서울 : ㈜문영사.
보건복지부 · 육아정책연구소(2013). **영유아 문제행동 지도 프로그램 개발 : 영유아 문제행동지도를 위한 어린이집 보육교사지침서.** 서울 : 보건복지부.
보건복지부 · 한국보육진흥원(2019). 어린이집 평가 지표.
삼성출판사(2015). **임신 출산 육아대백과.** 서울 : ㈜삼성출판사.
서울대학교병원 의학정보(2018). 영아 산통. http://www.snuh.org
서원경(2004). 보육교사와 영아의 애착 증진을 위한 야간보육프로그램 개발 및 적용. 서울여자대학교 대학원 박사학위논문.
서의정 · 전연주 · 박지영 · 유지은 · 김용숙(2014). **유아생활지도 및 상담.** 경기 : 양서원.
서현아 · 좌승화 · 엄세진 · 안영혜 · 허수윤 · 박소윤(2016). **영유아 생활지도.** 경기 : 공동체.
성미영 외(2017). **아동관찰 및 행동연구.** 서울 : 학지사.
성미영 · 권유정 · 유주연(2012). **영유아 언어지도.** 서울 : 학지사.
성영란(2016). 유아 경제교육 프로그램 개발 및 적용 효과 연구. 중부대학교 대학원 박사학위논문.
성영혜(2000). **치료놀이.** 서울 : 형설출판사.
송명자(2008). **발달심리학.** 서울 : 학지사.
송미영(2004). 통합적 미술감상활동 경험이 유아의 정서이해 및 대인문제해결에 미치는 영향. 충남대학교 교육대학원 석사학위논문.
신숙재 · 이영미 · 한정원(2000). **아동중심 놀이치료 : 아동상담.** 서울 : 동서문화원.
신지연(2004). 2세 영아의 어머니와 보육교사에 대한 복합 애착과 사회 · 정서적 행동. 서울여자대학교 대학원 박사학위논문.
신화식 · 이영미 · 윤길근 · 이희경 · 김지영 · 진성애 · 심윤희 · 김민선(2015). **유아교육기관 운영관리.** 경기 : 양서원.
심성경 · 함은숙(2015). **유아교육기관 현장관찰 및 평가.** 경기 : 공동체.
심우경(2013). 유치원 물리적 환경 구성 평정척도 개발과 물리적 환경 구성이 유아의 사회 정서 능력에 미치는 영향. 강릉원주대학교 대학원 박사학위논문.
심은혜(2001). Montessori 일상생활훈련 프로그램이 유아의 기본생활습관형성에 미치는 효과. 계명대학교 교육대학원 석사학위논문.
안선희 · 문혁준 · 김양은 · 김영심 · 안효진 · 이경옥 · 신혜원(2015). **아동관찰 및 행동연구.** 서울 : 창지사.
안선희 · 문혁준 · 김연하 · 김정희 · 임연진 · 한세영(2017). **영유아발달.** 서울 : 창지사.
양은진(2005). 학교교육에 미술심리치료를 위한 교육 프로그램 연구 : 초등학교 저학년을 중심으로. 원광대학교 대학원 석사학위논문.

엄정애 · 송 정(2008). 유치원 교사의 음악적 개념에 대한 인식 및 활동 수행 정도. 교과교육학연구, 12(2), 471-491.

오만록(2017). 생활지도 · 상담 이론과 실제. 경기 : 정민사.

유효순 · 지성애(2010). 부모교육. 경기 : 정민사.

윤은미(2007). gordon의 음악학습이론에 기초한 유아 음악과 동작의 통합 활동 프로그램 구성 및 적용 효과 탐색. 중앙대학교 대학원 박사학위논문.

이 영 · 이정희 · 김온기 · 이미란 · 조성연(2017). 영유아발달. 서울 : 학지사.

이경노 · 홍자영(2010). 어린이집에서 예절 교육이 일상생활 습관형성에 미치는 영향. 복지행정연구, 26, 88-118.

이경숙(2017). 생활지도와 상담. 경기 : 정민사.

이기숙 · 정미라 · 윤선화(2011). 영유아안전교육. 경기 : 양서원.

이대균 · 송정원(2005). 유아교육기관에서의 유아생활교육. 경기 : 양서원.

이민정(2011). 노래부르기 활동에 적용한 개별화 교수법의 효과. 열린유아교육연구, 16(1), 71-89.

이선애 · 최현정 · 문성희(2014). 유아교육기관 운영관리. 경기 : 정민사.

이소은 · 이완정(2015). 아동생활지도. 서울 : 한국방송통신대학교출판문화원.

이순례 · 이현옥 · 박희숙(2014). 초임교사를 위한 영유아교육기관의 운영관리. 경기 : 공동체.

이순영 외(2013). 아동생활지도. 서울 : 학지사.

이순형 · 권미경 · 최인화 · 김미정 · 서준현 · 최나야 · 김지현(2010). 영유아언어지도. 경기 : 교문사.

이연승(2018). 유아교육기관 운영관리. 경기 : 공동체.

이영자(2013). 유아언어발달과 지도(3판). 경기 : 양서원.

이예지(2010). 부모의 언어통제유형이 유아의 거짓말행동에 미치는 영향. 인하대학교 대학원 석사학위논문.

이옥임 · 이혜경 · 박성희(2008). 2세 영아의 자율성 시도와 어머니 조절전략에 관한 연구 : 식사시간을 중심으로. 유아교육 · 보육복지학회, 12(1), 133-153.

이용주(2002). 영아의 어린이집 생활세계 구성 과정. 서울여자대학교 대학원 박사학위논문.

이인정 · 최혜경(2008). 인간행동과 사회환경. 경기 : 나남.

이차숙(2004). 유아언어교육의 이론적 탐구. 서울 : 학지사.

이현림(2007). 생활지도. 경기 : 교육과학사.

이현숙(2018). 어린이집 영유아 안전사고 영향요인에 관한 연구. 단국대학교 대학원 박사학위논문.

이현주(2010). 통합적 가족놀이치료를 통한 ADHD 아동 가족의 가족체계 변화 및 치료적 요인. 연세대학교 대학원 박사학위논문.

이현혜(2015). 좋아서 껴안았는데, 왜?. 천개의바람.

이홍수(1990). 음악교육의 현대적 접근. 서울 : 세광음악출판사.
임미혜 · 최경애 · 이혜원 · 황윤세(2018). 유치원 및 어린이집 운영관리. 경기 : 공동체.
임영진(2012). 보육교사의 직무환경이 이직의도에 미치는 영향에 관한 연구. 남부대학교 대학원 석사학위논문.
장상옥(2017). 유아 경제교육 관련 연구 동향: 학술지를 중심으로. 유아교육학논집, 21(1), 407-431.
장선철(2006). 아동생활지도. 서울 : 태영출판사.
장성화 · 이기영 · 이춘옥 · 최성열 · 권정해(2015). 아동생활지도. 경기 : 정민사.
장옥남(2004). 글 없는 그림책을 통한 극화활동이 유아의 그리기 표상능력 및 감정이입에 미치는 효과. 전남대학교 교육대학원 석사학위논문.
장혜순(2006). 유아사회교육. 서울 : 창지사.
장호정(2001). 집단음악활동이 비행청소년의 분노조절과 공격성 감소에 미치는 영향. 숙명여자대학교 대학원 석사학위논문.
정계숙 · 김명애 · 김혜금 · 문혁준 · 심희옥 · 안효진 · 양성은 · 이정희 · 이희선 · 정태회 · 제경숙 · 한세영(2007). 부모교육. 서울 : 창지사.
정동화(2012). 생활지도와 상담. 경기 : 서현사.
정사영(1993). 어린이 문제와 지도. 학문사.
정옥분(2008). 사회정서발달. 서울 : 학지사.
정용부 · 고영인 · 신경일(1998). 아동생활지도와 상담. 서울 : 학지사
____________(2003). 아동생활지도와 상담. 서울 : 학지사.
정인선(2007). 음악치료가 학습부진아의 자아존중감에 미치는 효과. 대구교육대학교 대학원 석사학위논문.
정현주(2015). 음악치료학의 이해와 적용. 서울 : 이화여자대학교출판부.
정혜경 역(2014). 싸움에 관한 위대한 책. 다비드 칼라 원작. 문학동네.
정혜린 · 이순형(2014). 유아의 친사회적 거짓말과 관련변인. 열린유아교육연구, 19(4), 287-309.
정혜자(2008). 어린이 마음 치료. 서울 : 교양인.
정희영 · 이성복 · 김성원 · 윤선화 · 김정희 · 김선아 · 방승미(2014). 유아발달. 경기 : 파워북.
조숙영 · 원혜경(2015). 유아 「안전교육」 관련 내용 분석 : 5세 누리과정 교사용 지도서를 중심으로. 열린유아교육연구, 20(6), 155-178.
조운주 · 최일선(2011). 개정 유아교육기관에서의 유아생활지도. 서울 : 창지사.
____________(2015). 유아교육기관에서의 아동생활지도. 서울 : 창지사.
조윤경 · 김경혜(2010). (잘 가르치기 위한) 아동관찰 및 행동연구. 경기 : 공동체.
____________(2015). (잘 가르치기 위한) 아동관찰 및 행동연구. 경기 : 공동체.
주리애(2010). 미술치료학. 서울 : 학지사.

주빛나(2014). 악기연주 중심 음악치료가 시설보호아동의 또래 유대감 증진에 미치는 효과. 이화여자대학교 대학원 석사학위논문.

주영애(2017). 유아인성예절지도. 서울 : 신정.

주은자(2013). 만 1세 영아반에서 놀이중심 배변학습의 교육적 의미 탐색. 배재대학교 대학원 석사학위논문.

지성애 · 홍혜경(2008). 영 · 유아생활지도. 경기 : 양서원.

최경숙 · 박영아(2006). 아동발달. 서울 : 창지사.

최석란 · 조성연 · 김선영(2007). 학술논문작성과 출판 : 한국아동학회 기획. 경기 : 학지사.

최숙희(2012). 모르는척 공주. 책읽는곰.

최시온(2017). 치료적 음악활동이 노숙인의 우울감소 및 자존감 향상에 미치는 영향. 경기대학교 문화예술대학원 석사학위논문.

최영희 · 홍종원 · 배경란(2018). 아동생활지도. 경기 : 공동체.

최옥임(2012). 생선도둑을 잡아라. 아이세움.

최외선 · 이근매 · 김갑숙 · 최선남 · 이미옥(2015). 마음을 나누는 미술치료. 서울 : 학지사.

최혜순(2013). 유아생활지도. 서울 : 신정.

하수연 · 정재은 · 김명지 · 김연옥 · 김보경(2017). 유아교사를 위한 생활지도 및 상담. 경기 : 공동체.

한국보육진흥원(2011). 보육교사승급 교육교재.

한국소비자보호원 정책연구실, 소비생활연구팀(2002). 소비자교육 종합 발전계획. 서울 : 한국소비자보호원.

한국소비자보호원(2002). 소비자 교육 종합 발전계획. 서울 : 한국소비자보호원.

한국유아교육학회(1999). 유아교육사전 : 용어 편. 한국사전연구사.

한국행동과학연구소 (1983). 생활지도 유아교육자료.

한영미(2009). 유아의 도덕적 자아와 정서조망수용 및 정서조절능력의 관계. 이화여자대학교 대학원 석사학위논문.

한정윤(2018). 자연친화적 유아 성교육 연구. 선문대학교 대학원 석사학위논문.

한춘근(2019). 우리 아이 인생 습관을 만드는 하루하루 행동코칭. 청어람Life.

홍은주(2010). 이럴 땐 싫다고 말해요!. 마리-프랑스 보트 원작. 문학동네.

황선희(2018). 유아교사를 위한 생활지도 및 상담. 경기 : 양서원.

황옥경(2014). 아동생활지도. 서울 : 창지사.

황정숙(2011). 교실악기 합주 방법을 통한 효과적인 음악 듣기 활동 연구. 광주교육대학교 교육대학원 석사학위논문.

황해익(2009). 유아교육평가의 이해. 경기 : 정민사.

황해익 · 송연숙 · 정혜영(2004). (유치원 교육과정에 따른) 유아행동 관찰법. 서울 : 정민사.

황해익 · 최혜진 · 정혜영 · 권유선(2014). 아동관찰 및 행동연구. 경기 : 공동체.

______________________(2016). 아동관찰 및 행동연구. 경기 : 공동체.

Berk, L. E.(2005). *Infants and Children : Prenatal through Middle Children*(5th ed.). Allyn & Bacon.

Betsy Evans(2002). *You Can't Come to My Birthday Party! : Conflict Resolution with Young Children*. HighScope Press.

Corey G.(2013). *Theory and Practice of Counseling and Psychotherapy*(9th ed.).

Corey M. S., & Corey G.(2016). *Becoming a Helper*. 이지연 · 김아름 공역. 좋은 상담자 되기. 서울 : 사회평론아카데미.

Denham, S. A., & Kochanoff, A. T.(2002). Parental contribution to preschooler's Preschool to School. *Journal of Abnormal Child Psychology, 39*(1), 71-81.

Fraiberg, S.(1959). *The magic years : Understanding and Handling the Problems of Early Childhood*. New York : Scribner's.

Freud, S.(1905/2000). *Three essays on the theory of sexuality* (J. Strachey, Trans.). Basic Books. (Original work published 1905)

Furth, H. G.(1980). *The World of Grown-ups : Children's Conceptions of Society*. New York : North Holland.

Geldard, K., & Geldard, D.(1997). *Counselling Children : A Practical Introduction*. London : Sage.

Howard, A. A.(1997). The effects of music and poetry therapy on the treatment of women and adolescents with chemical addictions. *Journal of Poetry Therapy, 11*(2), 81-102.

Kagan, J.(1981). *The Second Years*. Cambridge : Harvard University Press.

Landreth, G. L.(1991). *Play Therapy : The Art of Relationship*. Texas : Accelerated Development Inc.

______________(2012). *Play Therapy : The Art of Relationship*(3rd ed.). Hakjisa Publisher, Inc.

______________(2015). 유미숙 역. 놀이치료 : 치료관계의 기술. 서울 : 학지사.

Largo, Remo, H.(2007). Entwicklung und Erziehung in den ersten vier Jahren. 박미화 역(2014). 0~48개월 초보부모가 읽어야 할 첫 번째 육아책, 베이직 육아바이블. 경기 : 이마고.

Lee, M. K.(2001). Play therapy supervision : Struggle & process. Paper presented at the meeting of the Rocky Mountain Association for Counselor Education and Supervision(RMACES) 2001 Conference, Breckenridge, Co.

O'connor, K. J.(1991). *The Play Therapy Primer : An Integration of Theories and*

Techniques. New York : Wiley.

Ray. *Advanced Play Therapy : Essential Conditions, Knowledge, and Skills of Child Practice*. 이은아김 · 민성원 공역(2016). **고급놀이치료 아동상담임상을 위한 필수조건, 지식 그리고 기술**. 서울 : 시그마프레스.

Roseberry–Mckibbin, C., & Hegde, M. N.(2006). *An Advanced Review of Speech-language Pathology*(2nd ed.). PRO–ED.

Saracho, O. N.(1988). A study of the roles of early childhood teacher. *Early Child Development and Care, 38*, 43-56.

Schaffer, H. R., & Emerson, P. E.(1964). The development of social attachments in infancy. *Monograph of the Society for Research in Child Development, 29*(3, Serial No. 94)

Shaffer, D. R., & Kipp, K.(2013). *Developmental psychology : Childhood and adolescence* (9th ed.). Wadsworth Cengage Learning.

Talwar, V., Susan M. Murphy, & Lee, K.(2007). White lie telling in children for politeness purpose. *International Journal of Behavior Development, 31*(1), 1-11.

Watson, D. M.(2002). Drumming and improvisation with adult male sex offenders. *Music Therapy Perspectives, 20*, 105-111.

Whitehurst, G. J., Arnold, D. S., Epstein, J. N., Angell, A. L., Smith, M., & Fischel, J. E.(1994). A Picture book reading intervention in day–care and home for children from low–income families. *Developmental Psychology, 30*, 679-689.

Wigram, T.(2004). 김진아 역(2006). **즉흥연주**. 서울 : 학지사.

찾아보기

인명

내용

저/자/약/력

■ 김정희
총신대학교 유아교육과 교수

■ 이용주
경동대학교 유아교육과 교수

■ 조숙영
세한대학교 유아교육과 교수

[제3판]

영유아 생활지도

|공저자| 김정희 · 이용주 · 조숙영

|1판 1쇄| 발행 2019년 2월 25일
|2판 1쇄| 발행 2019년 8월 30일
|3판 1쇄| 발행 2025년 8월 25일

|발행인| 김 동 훈
|발행처| 공 동 체

|주소| 경기도 고양시 일산동구 호수로 358-39, 동문타워 I 905호(백석동)
|전화| 031) 814-3000(대표)
|팩스| 031) 814-3100
|홈페이지| http://www.compub.co.kr
|전자우편| compub@naver.com
|출판등록| 2005년 10월 6일
|등록번호| 제396-2005-36호

|ISBN| 979-11-6725-952-3
정가 21,000원

저자와 협의하여 인지를 생략합니다.
무단전재와 복제를 금합니다.